Karl Gottlob Hausius

Materialien zur Geschichte der kritischen Philosophie

Karl Gottlob Hausius

Materialien zur Geschichte der kritischen Philosophie

ISBN/EAN: 9783743670112

Hergestellt in Europa, USA, Kanada, Australien, Japan

Cover: Foto ©ninafisch / pixelio.de

Weitere Bücher finden Sie auf **www.hansebooks.com**

Materialien zur Geschichte der critischen Philosophie.

Dritte Sammlung, praktischen Innhalts.

―――――――――――

Leipzig,
verlegts J. G. J. Breitkopf und Comp.
1793.

Laudatur ab his culpatur ab illis.

I.
Ueber den Grund
der Sittlichkeit.
von
Augustin Schelle.
Benedictiner aus dem Stifte Tegernsee Salzburg. 1791.

Im ganzen Gebiete der Wahrheiten, sind diejenigen bey weitem die allerwichtigsten, welche uns anzeigen, wie wir unsere freyen Handlungen einrichten sollen; und, wenn es bey irgend einer Classe von Wahrheiten wichtig ist, einen allgemeingültigen Grundsatz zu finden, aus welchem sich alle zu eben derselben Classe gehörenden Wahrheiten leicht und auf eine, auch dem gemeinen Menschenverstand, faßliche Art ableiten lassen; so ist das im höchsten Grade wichtig bey den Wahrheiten, wodurch die Sittlichkeit unserer Handlungen bestimmt wird. Dieß stellt Niemand in Abrede, als etwa die wenigen Elenden, wenn's doch welche giebt, die alle Sittlichkeit läugnen, alle Handlungen für gleich gut, und Tugend für Chimäre halten.

Dem ungeachtet sind die Gelehrten noch nicht einig, eder bey einzelnen Sätzen, welche die Sittlichkeit einiger Handlungen anzeigen sollen, noch bey dem Grunde, d. i. bey der Natur und dem Wesen der Sittlichkeit, welcher einen Satz geben sollte, an welchem, wie an einem Spiegel,

gel, man sowohl die Qualität, als die Quantität der Sittlichkeit einer jeden einzelnen Handlung sehen könnte. Es sind nun schon mehr als zweytausend Jahre, daß die Menschen angefangen haben Wahrheiten zu classificiren, und für jede Classe einen höchsten Grundsaß zu suchen. Vieles ist entdeckt, alle Wissenschaften sind erweitert, erleichtert, und besser geordnet worden: aber soweit ist man bis jeßt weder bey der Classe der Wahrheiten, welche die Sittlichkeit unserer Handlungen erklären, noch überhaupt bey den philosophischen gekommen, daß man allgemeingeltende Grundsäße für die hierher gehörigen Wahrheiten aufgestellt hätte. Nur so weit haben es Theils unsere Vorfahren, Theils unsere Zeitgenossen gebracht, daß wir jeßt von manchen, in den vorigen Zeiten als solche Gründe aufgestellte Säßen ihre Untauglichkeit hierzu einsehen. Immer ein nichtzuverachtender Gewinn; wenn es wahr ist, daß die Menschen nach allen um die in der Mitte thronende einzige Wahrheit herumstehende Scheinwahrheiten greifen, ehe sie jene anfassen: und wenn sie selbe einmal gefaßt haben, nicht mehr verlassen. Was besonders die Sittenphilosophie anbelangt, so schien es von etwa 1760 bis 1785, als wenn der Saß: **Befördere deine und des Ganzen Glückseligkeit** als höchster Grundsaß des ganzen Sittengeseßes allgemein geltend werden wollte. Die meisten und die besten Sittenlehrer nahmen ihn an, erläuterten ihn von allen Seiten, und zeigten seine Anwendung. Sogar Theologen fanden nun — da sie immer mehr anfingen, alle positive Offenbarung bloß als Nachhilfe unserer beschränkten Vernunft, als Erläuterung, Bekräftigung, zum Theile auch als Zusaß zu den Vernunftwahrheiten anzusehen — in der Sittenlehre des Evangeliums weiter nichts als die Glückseligkeitslehre für das Menschengeschlecht, und stellten sie auch unter diesem Gesichtspunkte, wie mich dünkt, nicht ohne großen Nußen vor. Auf einmal erschien im Jahre 1785, des schon früher durch andere Schriften, und vornehmlich durch eine **Critik der rei-**
nen

der **Sittlichkeit**.

tien Vernunft berühmt gewordenen Immanuel Kant Grundlegung zur Metaphysik der Sitten, und 1788 eben desselben Critik der praktischen Vernunft, in welchen beyden Schriften alle bis dahin vorgetragene Systeme der Sittenlehre, und vornehmlich das System der Glückseligkeit als ganz unzulänglich, unschicklich, ja sogar schädlich erklärt werden. Kant hat, besonders seit der Ausgabe seiner Critik der praktischen Vernunft, viele Anhänger erhalten. Doch hat auch das Glückseligkeitssystem noch seine wichtigen Vertheidiger: und bey der noch fortdauernden Fehde der beyden Partheyen glaube ich eine nützliche, den Umständen der Zeit und des Orts angemessene Arbeit zu unternehmen, wenn ich beyde, gewiß einander nicht ganz entgegenstehende Systeme so nebeneinander hinstelle, daß man ein jedes leicht übersehen, und die Punkte, worin sie miteinander übereinstimmen, oder voneinander abweichen, bemerken kann. Bisweilen werde ich auch versuchen irgend etwas näher zu bestimmen, oder doch anzeigen, wo ich glaube, daß nähere Bestimmung nothwendig, oder nützlich sey. Vielleicht zeigt sich am Ende, daß wenigstens die Hauptsätze der beyden Systeme in der Anwendung könnten zusammengenommen werden. Meine Absicht hierbey ist 1) denen, welche durch die eigene Terminologie und andere Beschwerlichkeiten von Lesung der kantischen Schriften sich haben abhalten lassen, einen, soviel möglich, hinlänglichen Begrif vom Systeme der kantischen Sittenlehre beyzubringen, ihnen das Verstehen der Grundlegung zur Metaphysik der Sitten, und der Critik der praktischen Vernunft zu erleichtern, und sie zum Studium dieser und ähnlicher Schriften zu reizen *). 2) Den noch obwaltenden und vielleicht bisher zu hitzig geführten Streit um einen Schritt dem Ziele näher

---

*) Es scheint dieß Studium von Tag zu Tag nicht nur für Philosophen von Profession, sondern auch für Theologen und alle, welche von der Religion mehr als populäre Kennt=

zu bringen, dadurch daß ich zu neuen Erläuterungen und nähern Bestimmungen einiger Punkte Anlaß gebe. 3) Zu zeigen, wie wenigstens ein Theil von den kantischen Lehren schon jetzt könne benutzt werden, und immer werde benutzt werden können, wenn auch sein System ganz genommen, wie es jetzt vor Augen liegt, nie allgemein geltend werden sollte. Freylich gehe ich nur schüchtern an diese Arbeit. Die vielen Klagen der Kantianer, daß man sie nicht verstanden habe, machen mich fürchten, daß auch mir eben dasselbe begegnet seyn möchte, und daß ich also wohl gar kein Theilchen von meinem Zwecke erreichen werde. Doch will ich es immer wagen: denn auch in diesem Falle bleibt noch die Hoffnung, daß ich durch diese Schrift hellersehenden und nachsichtigen Gelehrten Gelegenheit gebe, mich und andere, die eben so, wie ich, irren, eines Bessern zu belehren.

Um, wenn ich allenfalls die kantischen Begriffe und Ideen hin und wieder unrecht verstanden hätte, nicht auch andere

Kenntnisse haben sollen, oder wollen, nothwendiger zu werden. Denn man fängt an, die kantischen Grundsätze, vornehmlich diejenigen, welche sich auf Sittlichkeit beziehen, auf die Religion anzuwenden, und manche in den letzten Jahren erschienene Religionsschriften setzen dieselben voraus, und sind darauf gebauet. Z. B. Einzigmöglicher Zweck Jesu aus dem Grundgesetze der Religion entwickelt. 8. Berlin 1789. Ueber reinen Naturalismus und positive, insonderheit christliche Religion und deren Verhältnisse zur Volksaufklärung. 8. Berlin 1790. Ueber den Geist der Sittenlehre Jesu und seiner Apostel von Dr. Joh. Wilhelm Schmid. 8. Jena 1790. Hr. Schmid findet die kantischen Grundsätze der Sittlichkeit noch weit klarer, deutlicher, und vielfältiger im Evangelium, als Steinbart, Bahrdt, und andere die Glückseligkeitslehre darin gefunden haben. Nur wird ihm immer im Wege stehen, daß Christus öfter die ewige Glückseligkeit als Beweggrund zum Guten empfiehlt.

andere in Irrthum zu führen, habe ich Anfangs versucht, die Vorstellung des kantischen Systems bloß mit den Worten des berühmten Philosophen zu geben. Ich merkte aber bald, daß den nach dieser Regel gemachten Auszug aus dem I. Buch des I. Theils der Critik der praktischen Vernunft viele nicht, oder nur schwer, und mit vieler Anstrengung verstehen würden, von denen ich verstanden zu werden wünsche. Ich entschloß mich also einige Gedanken über den Ideengang des Hr. Kant, die ich mir aus verschiedenen Schriften gesammelt habe, und die meines Erachtens das Verstehen des folgenden Auszugs erleichtern können, voranzuschicken. Sie bestehen im folgenden.

Kant setzt voraus, daß jeder Mensch durch das gemeine, sich allmählig entwickelnde Erkenntnißvermögen gewisse, dunkle, oder klare Begriffe von Pflicht, Recht, Unrecht, Tugend und Laster, vom Guten und Bösen in den menschlichen Handlungen entdecke, welche den Neigungen und ihren Ansprüchen entgegen gesetzt sind. Daß diese Begriffe auf unsere Urtheile, Gefühle und Handlungen Einfluß haben; daß wir sie nicht wegvernünsteln; daß wir ihnen innerliche Achtung nicht verweigern können, auch wenn ihnen die stärkste Neigung in der Ausübung entgegen steht. Aus diesen Begriffen entsteht nach Kant das Bewußtseyn einer Freyheit im Handeln, das ist, einer von der ganzen Sinnenwelt unabhängigen Handlungsart: denn wir sind uns bewußt, daß wir gegen die stärksten Neigungen handeln können. Es müssen also die Begriffe selbst, durch die so eine Handlungsart möglich wird, nämlich die Begriffe von Pflicht 2c., und folglich auch ein Gesetz, ohne welchem jene Begriffe sich nicht denken lassen, von der Sinnenwelt ganz unabhängig, d. i. Begriffe a priori, rein an sich, und in ihrem Ursprunge seyn. Der Populärsittenlehrer braucht mehr nicht, als auf diese, jedem sich selbst darbietende Begriffe aufmerksam zu machen, und ihre an sich schon praktische Kraft vorzüglich durch Wegräumung der von der Sinnlichkeit herrührenden Hindernisse zu stärken

ken; der kritische Philosoph aber muß zeigen: wie diese Begriffe und so ein Gesetz möglich, wie sie in der Natur unsers Erkenntnißvermögens gegründet, und an sich selbst, ohne fremde Beyhilfe praktisch seyen, ja alle von außen herkommende Hindernisse, alles Entgegenstreben der Neigungen überwinden können. Dieß versuchte Kant in seiner Grundlegung zur Metaphysik der Sitten und in der Critik der praktischen Vernunft, und fand, daß jene unverweigerliche Achtung, die wir für Pflicht und Recht, und dann auch gegen uns selbst haben, wenn wir aus Pflicht handeln, daraus entstehe, daß unser edelstes Vermögen, unsere Vernunft, unabhängig von allem andern die Urheberinn des Gesetzes sey, das wir, dieser Unabhängigkeit wegen, Gesetz der Freyheit und der Sittlichkeit nennen; daß wir folglich nur unsere eigenen Gesetze beobachten. Kant wollte und mußte also zeigen, daß die Vernunft nicht bloß rein seyn, das ist Urtheile, und Grundsätze unabhängig von aller Erfahrung, ganz a priori hervorbringen könne; sondern auch, daß sie praktisch sey, d. i. daß diese a priori hervorgebrachten Grundsätze einen Bestimmungsgrund des Begehrungsvermögens enthalten. Wie er das gethan habe, kann man nun aus folgendem Auszug, wenigstens einiger Maaßen ersehen.

I.

Vorstellung des kantischen Systems.

1. Die Vernunft (das Vermögen etwas aus Principien, das besondere aus dem Allgemeinen zu erkennen) ist rein, wenn sie Begriffe, und synthetische Urtheile *), unabhängig von den Sinnen und vom Verstande (dem

---

*) Durch Begrif versteht Kant eine allgemeine Vorstellung. Eine einzelne Vorstellung nennt er Anschauung. Das Pferd überhaupt wird durch einen Begrif vorgestellt; ein einzelnes durch Anschauung. — Das Urtheil ist synthetisch, wenn man ein Prädikat mit einem Subjekte verbindet,

(dem Vermögen sinnliche Gegenstände zu denken, Begriffe und Urtheile von ihnen zu bilden) schlechthin a priori hervorbringt. Crit. b. rein. Vern. S. 306.

2. Die reine Vernunft ist praktisch, wenn die von ihr hervorgebrachten Begriffe, Urtheile, Grundsätze ꝛc. hinreichenden Grund zur Willensbestimmung *) enthalten. Crit. b. prakt. Vern. S. 36. Grundsätze, welche bloß auf Erfahrung gebauet, bloß durch Erfahrung erkannt sind, heißen empirische Grundsätze, und gehören nicht der reinen Vernunft an.

3. Ein praktischer Grundsatz, der ein Objekt, oder eine Materie des Begehrungsvermögens, d. i. einen Gegenstand voraussetzt, dessen Wirklichkeit begehrt wird, ist ein bloß empirischer Grundsatz. Critik der prakt. Vern. S. 38. Denn die Begierde nach diesem Gegenstande würde vor-

det, in welchem dasselbe nicht liegt, ob es gleich zu ihm gehört: wo also zum Subjekte etwas hinzugesetzt wird. Es ist dem analytischen Urtheile entgegengesetzt, wo die Verknüpfung des Prädikats mit dem Subjekte durch den Begrif des letztern selbst nothwendig bestimmt wird; wo also das Prädikat selbst schon im Subjekte liegt, und das Ganze nur eine Zergliederung und Erläuterung ist. Die analytischen Urtheile sind rein, wenn schon der Begrif auf Erfahrung beruht; weil, nachdem der Begrif einmal vorhanden ist, zum Urtheile weiter keine Wahrnehmung, sondern nur Anwendung des Satzes des Widerspruchs auf den Begrif nöthig ist. Die synthetischen Urtheile fließen nicht aus dem Satze des Widerspruchs.

*) Wille ist ein Vermögen nach Vorstellungen zu handeln. Vernünftiger Wille ein Vermögen nach Principien, d. i. nach Vorstellungen von Gesetzen zu handeln. Der vernünftige Wille ist reiner, absolut freyer Wille, wenn er bloß durch Principien der reinen, von Sinnlichkeit unabhängigen Vernunft bestimmt wird. Er ist empirischer, sinnlich afficirter Wille, wenn er durch empirische, von der praktischen Sinnlichkeit abhängige, Vernunftgrundsätze bestimmt wird. Grundl. zur Metaph. der Sitten.

vor der praktischen Regel hergehen, und die Bedingung seyn, sich die Regel zum Princip zu machen, und die Vorstellung sammt der Lust an der Würklichkeit eines Gegenstandes müßten als Bedingung der Möglichkeit der Bestimmung der Willkühr vorausgesetzt werden. Es kann aber von gar keiner Vorstellung a priori erkannt werden, ob sie mit Lust oder Unlust verbunden sey; der Bestimmungsgrund der Willkühr wäre also in diesem Falle empirisch *).

4. Wenn ein praktischer Grundsatz bloß *subjektiv* ist, d. i. wenn die darin enthaltene Bedingung der Möglichkeit der Bestimmung der Willkühr nur als für den Willen des Subjekts gültig von ihm angesehen wird, so heißt er **Maxime**: ist er aber *objektiv*, d. i. wird die Bedingung als für den Willen jedes vernünftigen Wesens gültig erkannt, so ist er **praktisches Gesetz**. Crit. der prakt. Vern. S. 36. — Alle empirische Grundsätze können nur Maximen, nie Gesetze seyn; weil sie als empirisch nur subjektiv seyn können **).

5. Hier-

―――――――――――――

*) Es kann freylich kein Wollen ohne Materie oder Gegenstand seyn; nur darf die Materie oder der Gegenstand des Wollens nicht der Bestimmungsgrund der Willkühr seyn, wenn nicht der Bestimmungsgrund selbst empirisch werden sollte. Denn ist der Gegenstand des Wollens auch Bestimmungsgrund, so ist die Erwartung der Existenz des Gegenstandes die bestimmende Ursache, und die Abhängigkeit des Begehrungsvermögens von der Existenz irgend einer Sache wird dem Wollen zum Grunde gelegt: eine solche Abhängigkeit des Begehrungsvermögen kann aber immer nur in empirischen Bedingungen gesucht werden. Z. B. Glückseligkeit fremder Wesen kann das Objekt des Willens eines vernünftigen Wesens seyn; aber nicht der Bestimmungsgrund. Wäre sie das, so müßte man voraussetzen, daß das vernünftige Wesen an dem Wohlseyn anderer nicht nur ein natürliches Vergnügen, sondern auch ein Bedürfniß finde, welches nur durch Erfahrung erkannt werden kann.

**) Z. B. Wenn die Glückseligkeit fremder Wesen als Bestimmungsgrund angenommen wird, so kann der Grundsatz

5. Hieraus folgt, daß, wenn ein vernünftiges Wesen sich seine Maximen, als allgemeine Gesetze denken will, es dieselben nur als solche Principien denken könne, welche nicht der Materie, welche der Gegenstand des Wollens ist, sondern nur der Form *) nach den Bestimmungs-

grund satz nur eine Maxime, nicht ein moralisches Gesetz geben. Denn, wenn man auch annimmt, daß alle Menschen nicht nur ein natürliches Vergnügen, sondern auch ein Bedürfniß an dem Wohlseyn anderer finden, so kann man das doch nicht bey allen vernünftigen Wesen, bey Gott gar nicht, voraussetzen. — Daß aber alles Empirische von solcher Beschaffenheit sey, läßt sich daher leicht begreifen, weil die Erfahrungen bey verschiedenen Subjekten ganz verschieden sind, ja, bey eben demselben Subjekt sich von Zeit zu Zeit ändern: also die auf Erfahrung gebauten Grundsätze immer nur für das Subjekt, das gerade diese Erfahrungen hat, Bestimmungsgrund seyn können. Bey einem Gesetze aber kann man nicht anders, als einen für alle diejenigen gültigen Bestimmungsgrund denken, für die es ein Gesetz seyn soll. Das Vernunftgesetz soll aber für alle vernünftige Wesen ein Gesetz seyn; es darf also keine Erfahrung dabey vorausgesetzt werden.

*) Form ist bey Kant überhaupt soviel als Bestimmung; sie ist der Materie, dem Bestimmbaren, dem Gegebenen entgegengesetzt. Insbesondere ist Form dasjenige, wodurch eine gewisse Art der Verknüpfung von Vorstellungen bestimmt wird, und heißt dann Form der Erkenntniß. Sie ist Form des Anschauens, oder Form des Denkens. Jene besteht in der Art, wie die Sinne etwas vorstellen. Diese ist wieder zweyfach: Form des Denkens im Verstande, welche auch Form der Erfahrung, Verstandesform heißt, und nichts anders ist, als die Art, wie der Verstand die Anschauungen behandelt, nämlich, daß er sie unter Begriffe und Regeln bringt: und die Form des Denkens in der Vernunft, welche Form der Vernunfterkenntniß heißt, und nichts anders ist, als die Art und Weise, wie sich die Vernunft etwas denkt, nämlich so, daß sie die Verstandesbegriffe und Regeln unter noch höhere Einheit und Allgemeinheit bringt. Alle diese Erkenntnißformen sind subjektiv, a priori und vor aller gegebenen Materie in uns, und erst durch

grund des Willens enthalten. Denn wäre die Materie der Bestimmungsgrund des Willens, so wäre er empirisch, folglich subjektiv, und nicht allgemein. Wenn ich aber die Materie weg thue, so bleibt nichts übrig, als die Form; es kann also die Maxime bloß der Form nach als Gesetz gedacht werden.

6. Die Form, welche etwas als Gesetz bestimmt, besteht in der Allgemeinheit. Crit. d. prakt. Vern. S. 36. Meine Maxime erhält also Gesetzeskraft, wenn ich mir denken kann, daß sie zugleich als Princip einer allgemeinen Gesetzgebung gelten könne, oder wenn ich wünschen kann, daß alle vernünftige Wesen sie als Gesetz befolgen möchten: denn nur so enthält sie einen zureichenden Bestimmungsgrund des Willens für alle vernünftige Wesen *).

7. Der erste negative Begrif von unserer Freyheit besteht in nichts anderm als in einer Unabhängigkeit von dem Naturgesetze der Erscheinungen: der zweyte, positive sagt uns, sie sey das Vermögen einer Substanz, ihre Wirksamkeit oder Selbstthätigkeit nach Regeln zu bestimmen.

durch sie wird die objektive Form der vorgestellten Gegenstände bestimmt. Crit. d. rein. Vern.

*) Diesemnach wäre der höchste Grundsatz für die vernünftige Willensbestimmung folgender: **Handle so, daß die Maxime deines Willens jederzeit zugleich als Princip einer allgemeinen Gesetzgebung gelten könne.** Und, wenn ich wissen will, ob eine Handlung zu der ich diesen oder jenen Bestimmungsgrund in mir fühlte, der Vernunft gemäß und gut sey, z. B. ob es auch recht sey, ein Versprechen, das ich jetzt bereue, und das zu halten mir schwer fällt, nicht zu erfüllen; so darf ich nur mich selbst fragen, ob ich wollen kann, daß alle sich es zum Gesetze machen, so ein Versprechen nicht zu halten, und es wird sich zeigen, daß ich das nicht wollen kann; weil es dann bald gar keine Versprechungen mehr geben würde, daß es also Unrecht, böse sey, das Versprechen nicht zu halten. Crit. d. prakt. Vern. S. 54.

men. Crit. d. prakt. Vern. S. 53. Ein Wille, welchem die bloße gesetzgebende Form der Maximen zureichender Bestimmungsgrund ist, hat Freyheit im negativen Sinn. Denn die bloße gesetzgebende Form enthält keine Materie, und ist also von dem ganzen Naturgesetze der Erscheinungen unabhängig; und, was daraus folgt, es ist auch der Bestimmungsgrund eines solchen Willens, und dann der Wille selbst davon unabhängig. Er hat aber auch Freyheit im positiven Sinne: denn, da die gesetzgebende Form, die bloß von ihm selbst herrührt, als vermögend angenommen wird, ihn zu bewegen, so hat er ein Vermögen, seine Selbstthätigkeit nach Regeln zu bestimmen. — Eben so muß man auch sagen, daß ein ganz und absolut freyer Wille nur die in der Maxime befindliche gesetzgebende Form zum Bestimmungsgrunde haben kann. Denn sobald der Bestimmungsgrund in irgend einer Materie, in einem Gegenstande des Wollens liegt, so ist er von dem Naturgesetze der Erscheinungen abhängig, und also nicht frey. Wenn der menschliche Wille sowohl durch Maximen als Maximen bestimmt werden kann, als auch durch die bloße gesetzgebende Form, so hat er relative Freyheit.

8. Wir sind uns bewußt, daß die bloße gesetzgebende Form für unsern Willen ein Bestimmungsgrund sey, der alle sinnliche Antriebe überwiegen kann, daß also das N. 6. angegebene Grundgesetz existire; und dieses Bewußtseyn ist Factum der Vernunft. (Crit. d. prakt. Vern. S. 56.) weil man es nicht aus vorhergehenden Factis der Vernunft herausgrübeln kann, und selbst der Begrif von Freyheit erst daraus entsteht, daß die Vernunft dieses Grundgesetz als einen durch sinnliche Bedingungen nicht zu überwiegenden, ja davon gänzlich unabhängigen Bestimmungsgrund darstellt *).

9. Alle

---

*) Die reine Vernunft ist also für sich allein praktisch, und giebt ein allgemeines Gesetz, welches wir das Sittengesetz

9. Alle **Heteronomie**, d. i. aller Einfluß einer Materie auf die Willensbestimmung, als Bedingung der Möglichkeit derselben, gründet gar keine Verbindlichkeit, sondern ist vielmehr dem Princip derselben, und der Sittlichkeit des Willens entgegen, wenn gleich die Handlung gesetzmäßig seyn sollte. Denn wo Heteronomie ist, da ist Abhängigkeit vom Naturgesetze, irgend einem Antriebe oder einer Neigung zu folgen, und der Wille giebt sich nicht selbst das Gesetz, sondern nur die **Vorschrift** zur vernünftigen Befolgung pathologischer Gesetze.

10. Bey endlichen Wesen, deren Vernunft und Wille eingeschränkt ist, wird das praktische Gesetz ein **Imperativ**. Denn endliche Wesen haben Bedürfnisse, können also auch Maximen haben, welche dem Vernunftgesetz widerstreiten, und folglich einer Nöthigung, zwar durch bloße Vernunft, und derselben objektives Gesetz bedürfen. Ein **Imperativ** ist also eine Regel, die durch ein **Sollen**, welches die objektive Nöthigung der Handlung ausdrückt, bezeichnet wird, und bedeutet, daß, wenn die Vernunft den Willen gänzlich bestimmte, die Handlung unausbleiblich nach dieser Regel geschehen würde. Wenn der Imperativ die Bedingungen der Caussalität des vernünftigen Wesens, als wirkender Ursache bloß in Ansehung der Wirkung und Zulänglichkeit zu derselben bestimmt, so ist er ein **hypothetischer** Imperativ, bestimmt er aber nur den Willen, er mag zur Wirkung hinreichend seyn, oder nicht, so ist er ein **kategorischer** Imperativ. Crit. d. prakt. Vern. S. 36, 37. Der hypothe-

---

nennen. Autonomie des Willens ist das alleinige Princip aller moralischen Gesetze, und der ihnen gemäßen Pflichten; d. i. das Princip der Sittlichkeit besteht allein in der Unabhängigkeit des Willens von aller Materie des Gesetzes, nämlich von einem begehrten Objekte, und in der Fähigkeit eben deßselben durch die bloße allgemeine gesetzgebende Form bestimmt zu werden.

pothetische Imperativ ist **praktische Vorschrift**, aber kein Gesetz. Die Imperativen sind als objektiv geltend von den Maximen verschieden. — Die Nöthigung, welche der categorische Imperativ ausdrückt, heißt **Verbindlichkeit**, und die Handlung, die aus dieser Nöthigung folgt, heißt **Pflicht**. Critik der prakt. Vern. S. 143.

11. Wie ein Gesetz für sich und unmittelbar Bestimmungsgrund des Willens seyn könne, das ist ein für die menschliche Vernunft unauflösliches Problem und mit dem einerley, wie ein freyer Wille möglich sey. S. 128. Weil aber das Bewußtseyn des Gesetzes ein Factum der Vernunft ist, wodurch sie sich als ursprünglich gesetzgebend ankündigt S. 56, folglich das Grundgesetz nicht anders gedacht werden kann, als so, daß es eine **Triebfeder** des menschlichen Willens (Elater animi) schon enthalte, und man zum Behufe des moralischen Gesetzes keine andere Triebfeder suchen darf S. 128, so braucht man nicht a priori anzuzeigen, aus welchem Grunde das moralische Gesetz in sich eine Triebfeder abgebe, sondern nur das, was dasselbe, soferne es eine solche ist, im Gemüthe wirke.

12. Die Wirkung des moralischen Gesetzes, als Triebfeder ist zuerst bloß negativ, und besteht darin, daß sie keiner sinnlichen Antriebe als mitwirkender bedarf, ja dieselben abweiset; und als solche kann sie a priori erkannt werden. Denn die negative Einwirkung auf sinnliche Antriebe, die auf Gefühl gegründet sind, ist selbst Gefühl folglich können wir a priori einsehen, daß das moralische Gesetz als Bestimmungsgrund des Willens durch den Abtrag, den es den Neigungen thut, ein Gefühl bewirken müsse, welches Schmerz genannt werden kann. Und hier haben wir den ersten, vielleicht auch einzigen Fall, wo wir aus Begriffen a priori das Verhältniß eines Erkenntnisses zum Gefühl der Lust oder Unlust bestimmen können, S. 128. und 129. Da aber doch das moralische Gesetz an sich

sich etwas positives ist, nämlich die Form einer intellectuellen Caussalität, d. i. der Freyheit, so ist es, indem es die Neigungen schwächt und niederschlägt, ein Gegenstand der Achtung, ja der größten Achtung, mithin auch der Grund eines positiven Gefühls, das nicht empirischen Ursprungs ist, und a priori erkannt wird. Diese Achtung ist das einzige Gefühl, welches wir völlig a priori erkennen, und dessen Nothwendigkeit wir einsehen können. S. 130.

13. Das sinnliche Gefühl, das allen unsern Neigungen zum Grunde liegt, ist zwar Bedingung derjenigen Empfindung, die wir Achtung nennen, und deßwegen kann dem höchsten, ja jedem von Sinnlichkeit freyen Wesen Achtung fürs Gesetz nicht beygelegt werden: aber die Ursache der Bestimmung desselben liegt in der reinen praktischen Vernunft; diese Empfindung kann daher, ihres Ursprungs wegen, nicht pathologisch, sondern muß praktisch gewirkt heißen. Man kann dieses Gefühl von ganz eigenthümlicher und sonderbarer Art das moralische Gefühl nennen, S. 134 und 135.

14. In dem unendlichen Wesen lassen sich keine Maximen denken, die nicht zugleich objektive Gesetze seyn könnten. Ein solcher Wille heißt heilig, und schließt zwar nicht alle praktische, aber alle praktisch-einschränkende Gesetze, mithin Verbindlichkeit und Pflicht aus. Heiligkeit des Willens ist also endlichen Wesen nie ganz erreichbar: aber sie ist gleichwohl das Urbild, welchem alle endliche vernünftige Wesen sich in einem unendlichen Progressus nähern sollen. Die Sicherheit von diesem in's Unendliche gehenden Progressus seiner Maximen und von der Unwandelbarkeit derselben zum beständigen Fortschreiten heißt Tugend, das höchste, was endliche praktische Vernunft bewirken kann. Die Tugend selbst ist, wenigstens als natürlich erworbenes Vermögen nie vollendet, weil die Sicherheit in solchem Falle niemals apodiktische

Ge=

der Sittlichkeit.

Gewißheit wird, und als Ueberredung sehr gefährlich ist. Ich breche hier den Auszug ab, theils weil mir das Gesagte zu meinem Zwecke hinreichend scheint, theils weil mir die Umstände eine größere Weitschweifigkeit nicht erlauben.

II.

Bedenklichkeiten, Zweifel, Fragen über das kantische Grundgesetz der Sittlichkeit.

In der kantischen Darstellung des Grundes der Sittlichkeit, von der ich so eben einen gedrängten Auszug gegeben habe, ist mir einiges unbegreiflich, einiges unverständlich, und wieder etwas nicht genugsam erwiesen vorgekommen. Darüber mit dem großen Manne zu polemisiren habe ich keine Lust; und, wenn ich sie auch hätte, und dazu mehr Kraft, als ich mir bewußt bin, so erlaubte mir das der Ruhm nicht, den sich Hr. Kant beym gelehrten Publikum erworben hat, und noch weniger die Achtung, die ich insbesondre für seine Verdienste habe. Aber einige Zweifel, die mir bey wiederhohltem, bedachtsamen Durchlesen seiner Schriften aufgestoßen sind, und dann einige Fragen, deren Beantwortung meine Zweifel lösen könnte, darf ich doch wohl vortragen, ohne den Vorwurf befürchten zu müssen, daß ich nur durch den Nahmen eines berühmten Mannes auch mir einen Ruf verschaffen wolle.

Die Vernunftform besteht nach Kant in der Allgemeinheit; oder, wie er sich an einem andern Orte ausdrückt, die Art, nach welcher die Vernunft ihre Gegenstände (Verstandesbegriffe, Regeln) behandelt, besteht darin, daß sie in dieselben, indem sie noch mannigfaltig sind, Ordnung, System, und Einheit bringe. Die Gesetzesform besteht auch in der Allgemeinheit: denn die Maximen erhalten nach Kant dann Gesetzesform, wenn man sie als allgemeingeltend für alle vernünftige Wesen denken kann. Herr Kant wird also auch den Satz: Handle allezeit der Vernunft gemäß, als höchstes Sittengesetz anerkennen, wovon die drey von ihm aufgestellten Formeln nur weitere Expositionen sind. Er kann nicht entgegen seyn, wenn man sagt: Jede Handlung, welche der Vernunft gemäß ist, ist gesetzmäßig, und jede Handlung, welche man deßwegen zu Stande bringt, weil man sie als vernunftmäßig erkennt, ist gut. Kant nennt auch immer das Sittengesetz ein Vernunftgesetz; und, wenn wir gut handeln wollen, müssen wir, seinen Vorschriften zufolge, aus Achtung für das Vernunftgesetz handeln. Die Vernunft gebietet aber gewiß alles, und nur das allein, was ihr gemäß ist; und, wenn wir deßwegen etwas thun, weil es der Vernunft gemäß ist, so thun wir es aus Achtung für das Gesetz der Vernunft. — So trägt ja aber Kant nichts Neues vor? Lehrt kein anders Princip der Moral, als das, welches schon vor ihm in allen Systemen ist gelehrt worden? — Kant sagt selbst in der Vorrede zur Crit. d. prakt. Vernunft S. 14. Anmerk. daß er nicht einen neuen Grundsatz der Sittlichkeit, sondern nur eine neue Formel eingeführt habe. Es scheint mir das schon mit dem nicht ganz übereinzukommen, was in der Folge gegen die Grundsätze des Glückseligkeitssystems vorgebracht wird; und, wenn man etwas weiter geht, so findet man bald, daß er bloß die ganz reine, nicht wie andere, auch die empirische Vernunft als Grund der Sittlichkeit gelten läßt. Ist denn aber empirische Vernunft nicht mehr Vernunft? Ja! aber die empirische Vernunft giebt nur bedingte, folglich nicht absolut allgemeine und nothwendige Grundsätze. Diese, wenn sie, wie bey dem vernünftigsinnlichen Wesen Imperative werden sollen, können nur hypothetische, nicht kategorische Imperativen werden. — Ist denn aber diese höchste unbedingte Allgemeinheit durchaus nöthig? Und kann sie nicht mehr erhalten werden, sobald man eine Materie, einen Stoff, einen Zweck des Begehrungsvermögens als Bestimmungsgrund vor-

der Sittlichkeit.

vorausseßt? — Hiervon weiter unten. Hier nur soviel. Die angewandte Moral kann unmöglich eine ganz reine Wissenschaft seyn. Kant will also nur in dem Sinne eine reine Moral, wie wir eine reine Mathematik haben: so, daß man sich in dieser Moral nicht um die Anwendung der Grundsätze auf die Handlungen in verschiedenen Verhältnissen bekümmern darf, wie man sich in der reinen Mathematik noch nicht um die Anwendung der Sätze auf das Feldmessen, auf die Maschinen ꝛc. bekümmert? *)

*) Ganz gewiß kann eine auf Menschen angewandte Moral nicht ganz rein, muß wenigstens zum Theile empirisch seyn. Aber es ist auch ganz gewiß für das wissenschaftliche sehr vortheilhaft, zuerst eine, soviel möglich, reine Moral aufzustellen. Aber ist auch eine ganz reine Moral möglich? Kant macht, um eine ganz reine Moral zu erhalten, den Willensbestimmungsgrund unabhängig von allem Wohl und Wehe. Gesetzt, daß das angehe, wovon bald hernach, muß ich nicht doch noch einen bloß a posteriori vorstellbaren Gegenstand haben, wenn ich mir eine vernünftige Willensbestimmung denken will? Die Vernunftkraft muß wirken, muß ihre Handlungsweise, die Vernunftform realisiren; denn die Realisirung der Vernunftform außer dem Subjekte durch Handlung des Subjekts ist Gegenstand des Vernunfttriebes, sagt Reinhold Theor. des Erkennt. S. 569. Hierzu ist aber noch ein weiterer Gegenstand, ein Stoff nothwendig, an welchem diese Realisirung vor sich gehe, oder dessen objektive Form, die Vernunft, durch ihre subjektive Form bestimme, und welcher Gegenstand die Vernunftkraft zur Wirksamkeit reizen muß. Dieser Stoff muß aber doch wohl etwas Gegebenes seyn, und zwar a posteriori, nicht a priori, wie die Vernunftform. Will man nun die auf solche Art sich ergebende Willensbestimmung nicht mehr als rein gelten lassen, so weiß ich nicht, wie eine ganz reine Moral möglich ist. Will man aber eine solche Willensbestimmung noch rein und a priori nennen, deßwegen, weil die Vernunft ihre a priori gegebene Form dem Objekt mittheilt, so kann man eben das von der sogenannten, empirischpraktischen Vernunft sagen.

I. Ueber den Grund

Das auffallendste in der kantischen Grundlegung zur Metaphysik der Sitten, in desselben Critik der praktischen Vernunft und in allen Schriften, deren Verfasser die in den eben genannten kantischen Büchern vorgetragene Grundsätze angenommen haben, ist wohl das, daß es immer heißt: das Sittengesetz muß von aller Erfahrung, von aller Neigung, von allem Wohl und Wehe ganz unabhängig den Willen bestimmen. Man kann sich kein Gesetz ohne Sanction denken, das ist, sobald man ein Gesetz denkt, so denkt man sich auch einen Grund, welcher einen Willen zum Handeln oder Unterlassen bewegen kann. Dabey ist man es so sehr gewohnt, Theils von den positiven Gesetzen her, Theils von seinen eigenen und anderer Menschen Handlungen (wovon ganz gewiß die allermeisten durch ein Wohl oder Wehe bestimmt werden, und also nach Kant zwar Legalität, aber nicht Moralität haben *), diesen Grund in irgend ein Wohl oder Wehe, in irgend etwas Angenehmes oder Unangenehmes zu legen, daß es ganz befremdend kommt, einen andern auf keine Neigung sich gründenden Bestimmungsgrund des Willens angeben zu sehen. Hierzu kommt noch, daß Kant nicht nur allen auf eine Neigung sich beziehenden Bestimmungsgründen des Willens die Fähigkeit abspricht, den Handlungen Moralität zu verschaffen, sondern gar behauptet, daß, wenn ein solcher Bestimmungsgrund neben dem wahren moralischen wirksam ist, und auf die Handlung Einfluß hat, dann die Handlung gerade um so viel weniger Moralität habe, um wie viel stärker die Mitwirkung einer Neigung dabey ge-

---

*) Beyläufig bemerke ich hier, daß bey Kant die Ausdrücke: die Handlung ist pflichtmäßig, gesetzmäßig, hat Legalität; so viel heiße, als der alte Schulausdruck: *actio est materialiter bona, sed non formaliter*. Was ehedem *actio formaliter bona* war, das ist bey Kant eine Handlung aus Pflicht, aus Achtung für das Gesetz.

gewesen ist: woraus er dann schließt, daß es gefährlich sey, solche Bestimmungsgründe nur als mitwirkend zuzulassen. *)

Aber Kant beruft sich auf das Bewußtseyn nicht bloß des durch Vernunftcritik gebildeten, sondern auch des gemeinen Menschenverstandes, woraus wir wissen, daß wir uns zu einer Handlung bestimmen können, welche einen, oder mehrere, was immer für sinnliche Antriebe gegen, und keinen einzigen sinnlichen Antrieb für sich hat; daß wir eine solche Handlung für recht, für gut, und für Pflicht halten, und daß wir für ein so handelndes Subjekt Achtung haben.

Sagt uns das aber auch unser Bewußtseyn unfehlbar? Vielleicht sagt es uns nur, daß wir gegen einen, oder mehrere, in lebhaftem Bewußtseyn uns vorschwebende sinnliche Bestimmungsgründe handeln können, aber vermöge anderer, ebenfalls sinnlicher Bestimmungsgründe, deren wir uns jetzt gar nicht, oder doch nicht so klar, deutlich und lebhaft bewußt sind? Der Mensch weiß ja oft die wahren, und die am meisten wirksamen Bestimmungsgründe nicht: und Vorstellungen, die auch nicht im Bewußtseyn sind, wirken auf das Willensvermögen, d. i. sie sind praktisch **).

Doch

---

*) Es scheint diese kantische Behauptung einige Aehnlichkeit zu haben mit jener bekannten Fenelonischen von der reinen Liebe Gottes.

**) Ich weiß wohl, daß Reinhold sagt: Vorstellungen ohne Bewußtseyn seyen gar keine Vorstellungen. Aber auf die Benennung kommt es nicht an. Wenn, indem ich in einer tiefen Betrachtung bin, neben mir gesprochen wird, so höre ich zwar die artikulirten Töne, aber ich weiß es nicht, daß ich sie höre, auch nicht, was gesprochen wird. Wenn ich dann aus meiner Betrachtung gleichsam erwache, kommt mir manchmal noch etwas von dem in's Bewußt-

Doch das beyseits gelassen, und vorausgesetzt, wir haben aus dem Bewußtseyn Gewißheit, daß wir uns gegen was immer für sinnliche Antriebe nicht nur durch andere ebenfalls sinnliche Antriebe, sondern ganz unabhängig von aller Neigung, ohne alle Vorstellung von Wohl oder Wehe, von etwas Angenehmen oder Unangenehmen bestimmen können, so muß doch allemal ein Bestimmungsgrund da seyn, der erst die sinnlichen Antriebe zurückweiset, und dann den Willen zum Handeln oder Unterlassen bewegt. Worin besteht denn nun dieser Bestimmungsgrund? läßt sich sonst gar nichts von ihm sagen, als daß er da seyn müße? Ist sein Daseyn ein bloßes Postulat? Ist er ein gegebenes Factum der reinen Vernunft?

Kant sagt, das moralische Gesetz sey ein gegebenes Factum der reinen Vernunft, und zwar das einzige. Da sich kein Gesetz ohne Bestimmungsgrund denken läßt, so muß dann auch der von aller Neigung unabhängige Bestimmungsgrund als gegeben angesehen werden. — Kant sagt weiter; wenn man aus Pflicht handelt, oder unterläßt, so geschehe es aus bloßer Achtung für das Gesetz. Diese Achtung für das Gesetz wäre also der Bestimmungsgrund, der *Elater animi*. Ist denn aber diese Achtung nicht angenehm oder unangenehm? Mit einem Wohl oder Wehe verbunden? Kant selbst nennt sie ein Gefühl. Man hat sonst gesagt, das Gesetz hat zwey Theile, die

Regel,

wußtseyn, was ich vorher gehört hatte — mit der Bestimmung, daß es nicht erst jetzt gesprochen wird; sondern daß ich es schon ehemals gehört habe. Will man das Gehörte vor dem Bewußtseyn nicht als vorgestellt gelten lassen, so habe ich nichts entgegen, wenn man nur zuläßt, daß es in mir wirksam seyn könne. Und dann hat ja das Bewußtseyn Grade, und die Wirkung auf das Willensvermögen erfolgt nicht, wenigstens nicht allein, nach dem Verhältniße des Bewußtseyns. S. hiervon mehr in der phil. Biblioth. III. B. S. 165.

Regel, welche bestimmt, was gethan, oder unterlassen werden soll, und die Sanction, welche den Willen bewegen soll, nach der Regel zu handeln, oder zu unterlassen. Wenn ich hier die kantischen Ideen recht gefaßt habe, so ist beym Sittengesetz die Regel zugleich Sanction, oder das bloße Erkennen und Bewußtseyn der Regel ist Bestimmungsgrund für den Willen. Wie aber das möglich sey, wie ein Gesetz, bloß als Vorschrift, für sich und unmittelbar Bestimmungsgrund des Willens seyn könne, sagt Kant, das ist ein für die menschliche Vernunft unauflösliches Problem, und mit dem einerley — wie ein freyer Wille möglich sey. Sollte hier wohl die Gränze alles menschlichen Wissens seyn? Sollte dieses Wie, das jede Vernunft aufwirft, durch sie gar nicht beantwortlich seyn? Doch wir wollen zuerst das betrachten, was sich nach Kant a priori anzeigen läßt von den Wirkungen des moralischen Gesetzes, als einer Triebfeder im Gemüthe, und dann einen Versuch machen, auch auf dieses Wie noch etwas zu antworten.

Das Wesentliche aller Bestimmung des Willens durch das sittliche Gesetz ist: daß er, als freyer Wille, mithin nicht bloß ohne Mitwirkung sinnlicher Antriebe, sondern selbst mit Abweisung aller derselben, und mit Abbruch aller Neigungen, soferne sie jenem Gesetze zuwider seyn können, bloß durchs Gesetz bestimmt werde. Crit. der prakt. Vern. S. 128. Diese negative Wirkung des moralischen Gesetzes, nämlich die Abweisung der Neigungen, ist ein Gefühl, das Schmerz genannt werden kann, (denn daß die Neigungen abgewiesen werden, ist unangenehm) und hier hätten wir also den, vielleicht einzigen Fall, da wir aus Begriffen a priori das Verhältniß eines Erkenntnisses zum Gefühl der Lust oder Unlust bestimmen können, das. S. 129. Da aber das moralische Gesetz auch etwas an sich Positives ist, nämlich die Form einer intellectuellen Caussalität, der Freyheit, (da es nicht bloß die

Neigungen abweisen, sondern dann auch den Willen wirklich bestimmen muß) so ist es auch ein Gegenstand der Achtung, folglich der Grund eines positiven Gefühls, das nicht empirischen Ursprungs ist, und a priori erkannt wird, das. S. 130.

Wenn ich hier recht verstehe, so existiren diese beyden Gefühle, Achtung und Schmerz, doch in der Sinnlichkeit, und sie werden durch sinnliche Werkzeuge empfunden; nur ursprünglich sind sie nicht sinnlich, und der Anfang der Caussalität, durch welche sie ihr Daseyn erhalten haben, ist in der ganzen Sinnlichkeit nicht zu finden, sondern außer derselben, aber doch in dem Menschen anzutreffen; weßwegen auch der Mensch ein mit Freyheit begabtes Wesen, und das Sittengesetz ein Gesetz der Freyheit genannt wird. Wie eine nicht sinnliche Caussalität, eine nicht sinnliche Kraft, auf Sinnlichkeit wirke, das freylich ist für uns noch immer ein unauflösbares Problem, und, wenn Kants oben angeführte Worte nur das sagen wollen, so bin ich ganz mit ihm einverstanden. Also wäre dann der Elater animi an sich doch etwas Sinnliches, ein Wehe und ein Wohl, und das kantische System ist nicht sogar sehr befremdend, als es beym ersten Anblick scheint. Man hat bis auf Kant vernünftige Neigungen und sinnliche Neigungen und Triebe angenommen, und von einander unterschieden. Wenn man nun die zwey angeführten Gefühle a priori, vernünftige Neigungen nennt, das sie auch dem Ursprung nach sind, so weiset der Mensch mittelst des Sittengesetzes die sinnlichen Neigungen durch die vernünftigen zurück, und bestimmt sich nach diesen, und die kantische Philosophie erscheint von der bis auf sie gewöhnlichen, die Terminologie abgerechnet, wieder um einen Schritt weniger entfernt.

Achtung für das Gesetz! Ist doch wohl ein figürlicher Ausdruck, so sehr er auch gewöhnlich ist, und vielleicht eben deßwegen als eigentlicher Ausdruck angesehen wird.

wird. Kant selbst sagt S. 135. „Achtung geht jederzeit nur auf Personen, niemals auf Sachen." Also ist Achtung für das Gesetz eigentlich Achtung für das gesetzgebende Subjekt, für mein Ich, Selbstachtung. Sie entsteht aus dem Bewußtseyn der in mir wohnenden, jetzt sich äußernden Kraft der Vernunft den Willen zu bewegen. Sie ist ein angenehmes Gefühl, ein Theil der Selbstliebe. Und so wären die kantischen und die sogenannten Popularphilosophen *) einander schon wieder um einen Schritt näher. Daß Achtung, auch wenn wir sie gegen andere moralische Wesen fühlen, sobald sie uns das Vernunftgesetz in einer moralisch guten Handlung durch ein Beyspiel anschaulich machen, ein unangenehmes Gefühl sey, wie Kant S. 136 und 137. behauptet, sehe ich nicht ein. Wir finden das Prototypon in uns selbst; werden uns bewußt, daß wir eben dieselbe Kraft haben; die Handlungsart ist vernunftmäßig, sie ist der Vernunftform angemessen, und kann nicht anders, als ein angenehmes Gefühl erwecken, so gut, wie Wahrheit, das Produkt der speculativen Vernunft, uns angenehm ist, nicht nur wenn wir sie selbst gefunden, und gleichsam hervorgebracht haben, sondern auch wenn sie uns von andern gegeben, und mitgetheilt wird. Kants erste Formel für das Vernunftgesetz heißt:

Handle

―――――――

*) Man fängt an, kantische Philosophie und Popularphilosophie einander entgegen zu setzen, und das Wort Popularphilosophie als einen Schimpfnahmen zu brauchen. Das sollte man nicht thun. Jede Philosophie, sie mag nach den Grundsätzen eines Locke, eines Leibnitz, oder eines Kant behandelt werden, leidet critische und auch populäre Methode. Man hat critisch die Philosophie bearbeitet, ehe Kants Critiken erschienen sind, und auch jetzt thun es manche Nichtkantianer. Wenn mehr Populärphilosophisches als Critischphilosophisches gedruckt wird, so muß man denken, daß es auch weit mehr populäre als critische Leser giebt, und noch lange geben wird. Uebrigens sind wir Herrn Kant großen Dank schuldig, daß er die Critik geweckt hat.

Handle nach solchen Maximen, von denen du wünschen kannst, daß alle vernünftige Wesen sie als Gesetze gelten lassen. Wie kann ich denn wünschen, daß überall solche Handlungen entstehen, die mir unangenehme Gefühle verursachen? Daß sich zur Achtung gegen andere unangenehme Gefühle, z. B. des Neides, der Mißgunst ꝛc. gesellen, ist leicht begreiflich, aber Achtung an sich scheint doch immer ein angenehmes Gefühl zu bleiben. Damit bin ich ganz einverstanden, daß wir, eigentlich zu reden, Achtung nur für moralische Wesen, und nur der Sittlichkeit wegen haben. Andere Vollkommenheiten können Liebe, Furcht, Bewunderung erregen: aber das Gefühl, das wir Achtung nennen, entsteht nur durch das moralische Gesetz.

Eben das ergiebt sich, meines Erachtens noch einleuchtender, wenn man die Vernunft als eine übersinnliche Kraft betrachtet, und aus dem Begriffe Kraft herauszieht, was darin liegt. Man kann sich nicht eine Kraft denken, ohne zugleich einen Zweck zu denken, der durch die Wirkung der Kraft erreicht werden soll, also auch ein Objekt der Kraft, das durch sie hervorgebracht, oder in welchem durch sie eine Veränderung bewirkt werden soll. Jedes Wesen, das eine Kraft hat, und es giebt kein Wesen ohne Kraft, hat ein Bedürfniß zu wirken. Wenn nun z. B. die übersinnliche Kraft sich äußert, wenn das Bedürfniß derselben befriedigt, und der Zweck erreicht wird, so muß das Wesen, dem die Kraft angehört, wenn es zugleich Empfindungskraft hat, eine angenehme Empfindung erhalten: denn die wirkende übersinnliche Kraft muß mit der Empfindungskraft, da sie beyde Einem und demselben Wesen angehören, irgendwo zusammenhängen, auf irgend einer Seite mit ihr verbunden seyn. Wenn die Vernunft das zu thun befiehlt, was gerade auch ein sinnlicher Antrieb begehren macht, so entstehen zwey angenehme sinnliche Gefühle in zwey verschiedenen Theilen der

Sinnlichkeit; weil zugleich zwey Zwecke erreicht, zwey Bedürfnisse befriedigt werden. Die erste haben wir mit **Kant Achtung** genennt; die zweyte könnte etwa **Behaglichkeit** heißen. Beyde sind an sich sinnlich; aber jene ist übersinnlichen Ursprungs, und soferne von der ganzen Sinnenwelt unabhängig; diese ist in allem Betrachte sinnlich. Wenn die Vernunft etwas verbietet, wozu ein sinnlicher Antrieb da ist, so ist zugleich ein angenehmes und ein unangenehmes Gefühl in der Sinnlichkeit; jenes übersinnlichen Ursprungs, weil die Vernunftkraft ihren Zweck erreicht, ihr Bedürfniß befriedigt, oder doch es zu können sich bewußt ist; dieses ganz sinnlich, weil eine sinnliche Kraft ihren Zweck nicht erreichen, ihr Bedürfniß nicht befriedigen kann, oder doch nur unter der Bedingung ihren Zweck erreichen, und ihr Bedürfniß befriedigen kann, daß eine andere Kraft, die Vernunft, zurückstehe.

Das übersinnliche Sittengesetz, das Gesetz der Vernunft, der Freyheit, bestimmt also nicht unmittelbar den Willen; sondern mittelst des sinnlichen Gefühls der Achtung. Man kann nicht sagen, daß diese Achtung erst aus der Willensbestimmung entstehe, also nicht nächster Grund, sondern nächste Folge der Willensbestimmung sey. Sie entsteht schon, oder wird wenigstens vorhergesehen aus dem bloßen Bewußtseyn einer von aller Sinnlichkeit unabhängigen Kraft; sie liegt schon in der Richtung der Vernunft als Kraft auf ihren Gegenstand als ihren Zweck. Sobald mannigfaltige Begriffe der Vernunft als Stoff gegeben sind, so entsteht das Bedürfniß ihre Form zu realisiren. Dieß ist ein unangenehmes Gefühl, von dem sie sich durch wirkliche Realisirung losmacht.

Wenn aber der Bestimmungsgrund an sich selbst sinnlich, nur übersinnlichen Ursprungs ist, wie bestimmen dann reinvernünftige Wesen sich zum Handeln? — Ich glaube: in einem reinvernünftigen Wesen muß doch bey seiner sich äußernden Kraft, bey Befriedigung des Bedürfdürfnisses, bey Erreichung des Zweckes, etwas unsern sinnlich-angenehmen Empfindungen Aehnliches, oder Analoges entstehen, das man übersinnliche Annehmlichkeit nennen mag; und das kann als Elater animi, als Bestimmungsgrund des Willens angesehen werden. Auch im sinnlichvernünftigen Wesen entsteht vielleicht durch die Wirkung der reinen Vernunft zuerst eine solche übersinnliche Annehmlichkeit, welche sich dann der Sinnlichkeit mittheilt, oder in der Sinnlichkeit eine correspondirende anangenehme Empfindung hervorbringt, die wir in der innern Erfahrung von der producirenden übersinnlichen nicht genugsam unterscheiden.

Kurz! Da Vernunft als eine Kraft gedacht werden muß; Kraft sich nicht denken läßt ohne eine bestimmte Richtung, ohne Gegenstand, ohne Zweck, ohne Bedürfniß. Da weiters bey Erreichung des Zweckes, bey Befriedigung des Bedürfnisses in einem empfindsamen Wesen eine angenehme Empfindung, und in einem reinvernünfti- Wesen eine übersinnliche Annehmlichkeit, in einem sinnlich-vernünftigen Wesen beyde entstehen — so ist es nicht nothwendig den Willensbestimmungsgrund ohne alle Annehmlichkeit zu denken (welches dem gemeinen Sinn so widernatürlich vorkommt); und er kann deßwegen doch von aller Sinnlichkeit unabhängig gedacht werden. Ich glaube nicht, daß ich in diesem Punkte Kanten zum Gegner habe.

Ich komme nun zum zweyten Punkte, durch welchen Kant noch mehr, als durch den vorigen von der gewöhnlichen Moralphilosophie abzuweichen scheint — nämlich zu der Frage: ob bey einer Handlung aus Pflicht schlechterdings bloß die erwähnte übersinnliche Annehmlichkeit und auch allenfalls die aus ihr entspringende sinnliche angenehme Empfindung als Triebfeder wirken dürfen, und alle ganz sinnliche Antriebe so zurückgewiesen werden müssen, daß sie auf die Willensbestimmung gar keinen Einfluß mehr

mehr haben, oder daß doch, so ferne sie noch neben der übersinnlichen Triebfeder etwas wirken, die Handlung so viel an der Sittlichkeit verliere, als ihre Mitwirkung beträgt? Kant scheint dieses zu behaupten: die andern aber sind der Meynung, daß die Handlungen doch Sittlichkeit haben, wenn schon sinnliche Antriebe als Willensbestimmungsgründe da sind, wenn nur die sinnlichen Antriebe durch die Vernunft geleitet wären. Sind nun diese beyden Behauptungen einander gerade entgegengesetzt? Schließt eine die andere nothwendig aus? Liegt irgendwo ein Mißverstand? Und läuft etwa der ganze Streit zuletzt auf einen Streit über eine Benennung hinaus? Wir wollen sehen!

Darin kommen beyde Partheyen überein, daß der Mensch zu einer und eben derselben Handlung durch mehr als eine Triebfeder gezogen werde. Alle diejenigen Handlungen haben gar keine Sittlichkeit, und auch keine Freyheit, bey welchen die Vernunft nicht thätig seyn kann, und zu welchen wir uns, durch sinnliche Antriebe hingerissen, früher bestimmen, als die Vernunft sie beurtheilen kann. Auch hierinfalls kommen beyde Partheyen überein. Solche Handlungen sind weder aus Pflicht, weder gegen die Pflicht: denn es war kein Sittengesetz da, und konnte keins da seyn. Sie hießen in der alten Schulsprache *motus primoprimi*. Wenn das Sittengesetz allein Bestimmungsgrund ist bey reinvernünftigen Wesen, so hat die Handlung Moralität, aber sie ist nicht aus Pflicht und Verbindlichkeit *): denn da ist zwar ein praktisches Gesetz,

---

*) Kant sagt zwar das nur vom unendlichen Wesen: ja er sagt irgendwo ausdrücklich, daß endliche reinvernünftige Wesen pflichtfähig sind, weil sie Bedürfnisse haben. Allein da ich mir bey einem auch nur endlichen vernünftigen Wesen kein anders Bedürfniß denken kann, als das der Vernunftthätigkeit, weil es keine andere als Vernunftkraft hat; so kann ich mir auch keine Triebfedern denken, die

setz, aber kein praktisch einschränkendes, folglich keine Nöthigung — weil bey einem reinvernünftigen Wesen keine andere Triebfeder, welche müßte zurückgewiesen werden, sich denken läßt. Auch hierüber wird nicht leicht Jemand streiten wollen. Wenn bey einem sinnlichvernünftigen Wesen die vernünftige und die sinnlichen Triebfedern zugleich antreiben, so treiben entweder alle zu eben derselben Handlung oder Unterlassung an, oder es steht die vernünftige auf einer Seite, und alle sinnliche auf der andern — oder es steht die vernünftige und eine oder mehrere sinnliche auf einer Seite, und andere sinnliche auf der andern Seite. Wenn die sittliche Triebfeder allein auf einer Seite ist, und alle sinnliche auf der andern; so behält entweder jene das Uebergewicht, und wird Bestimmungsgrund oder diese. Im ersten Falle ist die Handlung aus Pflicht, aus Verbindlichkeit, sie ist moralisch gut. Im zweyten ist sie der Pflicht und Verbindlichkeit entgegen, sie ist moralisch bös. Auch hierinfalls sind, glaube ich, beyde Partheyen einstimmig. Wenn die vernünftige Triebfeder nebst einer oder mehrern sinnlichen zur Handlung antreiben, andere sinnliche aber entgegen stehen, so ist entweder die vernünftige Triebfeder allein, ohne die auf ihrer Seite stehenden sinnlichen, stark genug, die entgegenstehenden zu überwiegen; oder sie ist es nicht allein, wohl aber mit den auf ihrer Seite stehenden sinnlichen; oder sie ist es auch so nicht. Im ersten Falle würde die Handlung erfolgen, wenn auch die neben der vernünftigen Triebfeder stehenden sinnlichen von der Mitwirkung ausgeschlossen würden, und die Handlung würde ganz reinmoralisch gut seyn. Aber schließt die Vernunft wirklich die Wirksamkeit der sinnlichen Triebfedern, die zu dem antreiben, was sie selbst befiehlt, aus? Ist eine solche Ausschließung der Vernunft gemäß,

die durch das Vernunftgesetz müßten zurückgewiesen werden, und also auch keine Nöthigung, und im Kantischen Sinne keine Pflicht, keine Verbindlichkeit.

gemäß, nicht vielmehr ihr entgegen? Und, wenn sie wollte, wenn sie sollte, kann sie auch eine solche Ausschließung zu Stande bringen? Und, wenn die Ausschließung nicht geschieht, ist dann die Handlung nicht mehr reinsittlich? Wenn man die Sache sinnlich vorstellen darf, so scheint es zu seyn, wie bey einer Waage. Wenn ich in eine Schaale 3 Loth lege, und in die andere 5, so sind zwar 4 Loth genug, die eine Schaale sinken, und die andere steigen zu machen, aber das 5te Loth wirkt deßwegen doch, und macht, daß die eine Schaale tiefer sinkt, und die andere höher steigt. Alle Kräfte sind immer wirksam, wenn eine Objekt da ist, auf welches ihre natürliche Tendenz geht. Auch die auf der andern Seite stehenden sinnlichen Triebfedern sind wirksam, sonst wäre keine Nöthigung erforderlich; eben so, wie die 3 Loth nicht aufhören, ihre Schwerkraft zu äußern, wenn sie schon durch 5 Loth auf der andern Seite in die Höhe getrieben werden. Warum sollen denn die neben der vernünftigen Triebfeder stehenden sinnlichen abgewiesen werden können? Und wie könnten sie es anders, als durch ein Gegengewicht? Und wo ist dieses Gegengewicht? Lehrt uns nicht die Erfahrung, daß wir in diesem Falle die Handlung nur lebhafter wollen und eifriger verrichten? Man wird sagen, daß dieser Eifer, diese Lebhaftigkeit bloß sinnlich sey, und also die Sittlichkeit nicht vermehre. Erhalten denn aber die sinnlichen Triebfedern nicht übersinnliche Würde, sobald sie die Vernunft neben sich haben, und bleibt also nicht dem ungeachtet die Sittlichkeit rein? Entsteht nicht ein höherer Grad von Achtung durch das Bewußtseyn, daß die sinnlichen Kräfte mit der Vernunft harmoniren, daß die Vernunft dieselben nicht nur überwunden, und bezwungen, sondern auf ihre Seite gebracht hat? Das Harmonische gefällt uns sonst überall. Wir lieben das leicht Bewirkte in den Kunstsachen, und das Gezwungene mißfällt uns. Sollte es beym Moralischen nicht eben so seyn? Sollte es nicht mehr Selbstzufriedenheit; einen höhern Grad de

Selbst-

Selbstachtung bewirken, wenn es mit geringerer Nöthigung zu Stande gebracht wird? Sollte die Achtung für unser Ich nicht größer seyn bey dem Bewußtseyn, daß mehrere sinnliche Kräfte, mit welchen unsere Vernunftkraft verbunden ist, mit dieser harmoniren? Wie näher wir der Heiligkeit kommen, desto leichter wird uns das Moralischgute, ja es wird sogar Bedürfniß nicht bloß für die Verstandeskraft, sondern auch für die sinnlichen Kräfte (im kantischen Sinne, wenigstens soferne es gesetzmäßig ist) und das doch nicht bloß dadurch, daß die sinnlichen Kräfte an sich und unmittelbar schwächer — und die Geisteskraft stärker wird, sondern vorzüglich dadurch, daß die sinnlichen Kräfte immer mehr auf die Seite der Vernunft hinübertreten, und nur unter ihrer Leitung mehr zu wirken Bedürfniß haben. Gewiß ist die Achtung gegen uns selbst, und gegen andere Menschen um so viel größer, je näher wir der Heiligkeit gekommen sind; es muß also auch die Sittlichkeit der Handlungen immer größer werden. Es scheint aber das vorzüglich dadurch bewirkt zu werden, daß die sinnlichen Triebe neben der Vernunft zu eben derselben Handlung antreiben. Dieses Mitwirken kann also die Sittlichkeit in dem gesetzten Falle nicht vermindern. Aus eben der Ursache kann es auch nicht gefährlich seyn, neben der vernünftigen auch sinnliche Triebfedern zu gebrauchen, denn warum sollte es gefährlich seyn, wenn durch eine solche Mitwirkung die Sittlichkeit der Handlung nicht vermindert wird? Etwa deßwegen, weil eine Gewohnheit entstehen könnte nach sinnlichen Triebfedern zu handeln? Es kann aber hieraus keine Gewohnheit entstehen bloß nach sinnlichen Triebfedern ohne das Gutheißen, oder gar mit Abweisung der vernünftigen zu handeln; und eine Gewohnheit nach sinnlichen Triebfedern in Uebereinstimmung mit der vernünftigen zu handeln schadet nicht.

Wenn die vernünftige Triebfeder allein nicht, wohl aber sammt den auf ihrer Seite stehenden sinnlichen es ver-

vermag die entgegenstehenden abzuweisen, und die Handlung zu bewirken, so würde Kant einer solchen Handlung einige Grade von Sittlichkeit zugestehen; weil sie doch zum Theile durch eine Caussalität ist bewirkt worden, deren Anfang nicht in der Sinnenwelt zu finden ist, und weil sie ohne diese Caussalität gar nicht wäre zu Stande gekommen. — Im dritten Falle, wo die vernünftige Triebfeder sammt einigen auf ihrer Seite stehenden sinnlichen nicht Kräft genug hat, die entgegenstehenden zurückzuweisen, sondern vielmehr sie selbst sammt den neben ihr wirkenden sinnlichen Triebfedern zurückgewiesen wird, ist die Handlung gegen das Gesetz. Es ist zwar auch hier Bewußtseyn, daß unsere eigenen Kräfte wirken, daß sowohl die abweisenden, als die abgewiesenen uns angehören; aber es ist zugleich deutliches Bewußtseyn, oder doch klares oder deutliches Gefühl da, daß eine Kraft der andern Eintracht thue, und hinderlich sey, daß die Kräfte nicht im gehörigen Verhältniße stehen und wirken, daß unter den Kräften keine Einheit, kein System, keine Ordnung herrsche, und daß man gerade durch diese Handlung sich wieder um einen Schritt mehr davon entfernt habe. Es kann also jene Selbstachtung nicht entstehen, die bey dem Siege des Vernunfttriebes entsteht aus dem Bewußtseyn einer Annäherung zur Einheit und Ordnung der Kräfte.

Was den dritten Fall betrifft, werden die Verfechter des Glückseligkeitssystems ganz mit der kantischen Entscheidung einstimmig seyn: und was den ersten und zweyten betrifft, nur darin abweichen, daß sie keine Verringerung der Sittlichkeit gelten lassen, wenn die neben der Vernunfttriebfeder wirkenden sinnlichen selbst von der Vernunft gutgeheißen sind. Die Entfernung der beyden Partheyen von einander und die Abweichung der Systeme ist also in der Anwendung nicht groß.

Wem die bisher angeführten Bemerkungen einleuchten, und richtig scheinen, den kann es nun nicht mehr befremfremden, daß Kant behauptet: unser Wille sey durch die bloße gesetzgebende Form bestimmbar. Denn die gesetzgebende Form besteht nach Kant in der Allgemeinheit, und diese Allgemeinheit ist Zweck der Vernunftkraft; sie empfängt selbe nicht aus der Sinnenwelt, sondern trägt sie in dieselbe hinein, indem sie Einheit in die Erfahrungsbegriffe und in die sinnlichen Triebfedern bringt. Da nun die Vernunft ihr Bedürfniß befriediget, indem sie System, Ordnung und Einheit in die Triebe bringt, so muß auch, so oft das geschieht, etwas übersinnlich Angenehmes entstehen, das als solches unmittelbar, oder dadurch, daß es auch in der Sinnlichkeit eine angenehme Empfindung hervorbringt, den Willen bestimmen kann — und so wäre dann auch die Frage: Wie das Sittengesetz den Willen bestimme? einiger Maßen beantwortet.

Der Raum dieser Blätter, wie auch Zeit und andere Umstände erlauben mir nicht, noch mehr Bemerkungen über das kantische System herzusetzen. Auch glaube ich, daß das bereits gesagte zum leichtern Begreifen des Folgenden und überhaupt zu meinem Zwecke hinlänglich sey.

III.
Vorstellung des Glückseligkeitssystems.

Ich weiß wohl, daß die Vertheidiger dieses Systems verschieden von einander abgehen. Diese Verschiedenheiten alle oder auch nur die beträchtlichsten kann und soll ich hier nicht anführen; ich darf sie vielmehr als genugsam bekannt voraussetzen. Es wird genug seyn, dieses System, so, wie ich es mir jetzt denke, nachdem ich die kantischen Schriften hierüber durchstubirt habe, vorzulegen, und mit dem kantischen zu vergleichen.

1. Unser höheres übersinnliches Erkenntnißvermögen ist eine Kraft, und hat als solche Bedürfniß und Zweck.

der Sittlichkeit.

Zweck. Es ist ein Vermögen das Mannigfaltige unter Einheit zu bringen. Es ist also ein Trieb in uns, überall, wo Mannigfaltiges ist, System, Ordnung und Einheit hineinzubringen. Der Trieb zum Schönen, und der Trieb zum Wissen oder nach Wissenschaft können das bestärken und erläutern.

2. Neben den ebengenannten übersinnlichen Trieben sind auch noch mehrere sinnliche in uns. Es ist Bedürfniß für unsere höhere Erkenntnißkraft, auch unter alle diese Triebe System, Ordnung und Einigkeit zu bringen, das ist, alle diese zu einer Person gehörigen verschiedener Kräfte, oder verschiedene Anwendungen eben derselben Kraft so zu leiten und einzuschränken, daß nicht eine in die Gränzen der andern hinübergreife, eine der andern Thätigkeit hindere, sondern alle so wirken, daß im Ganzen die größtmögliche, in- pro- und extensive Thätigkeit aller Kräfte eben desselben Subjekts entstehe. Den Trieb dieses Bedürfnißes, nämlich Einheit in alle Triebe zu bringen, zu befriedigen, nenne ich den moralischen Trieb. Man könnte ihn Trieb der praktischen Vernunft nennen, so, wie man den Trieb zum Schönen Trieb der reinen Urtheilskraft, und den Trieb zum Wissen Trieb der speculativen Vernunft heißen dürfte.

3. Unser höheres Erkenntnißvermögen hat nicht nur ein Bedürfniß in alle unsere Kräfte Harmonie und Einheit zu bringen, sondern auch, indem wir das Aggregat dieser Kräfte wieder als den Theil eines größern Ganzen, der Menschheit betrachten, die Kräfte seines Individuums mit den Kräften anderer Individuen des großen Ganzen in Uebereinstimmung zu bringen, das ist, die unter seiner Leitung stehenden Kräfte nur so wirken zu lassen, daß dadurch die Thätigkeit der Kräfte im großen Ganzen mehr befördert, als gehindert werde.

4. Das Grundgesetz aller Sittenregeln heißt also: **Handle allemal so, daß durch deine Handlung**

lung die Thätigkeit der Kräfte im Ganzen mehr befördert, als gehindert werde. Der Bestimmungsgrund des Willens ist hierbey die Einheit und Uebereinstimmung der wirkenden Kräfte, und kann nach kantischer Art rein und a priori heißen. Denn, wenn schon die Kräfte größten Theils sinnliche Kräfte sind, so sind sie doch in der Sinnlichkeit nur einzeln, und mannigfältig; die Einheit trägt erst das höhere Erkenntnißvermögen in sie hinein. Sie kann aber den Willen bestimmen, weil sie Bedürfniß der Vernunft ist, und also Treibkraft haben muß: denn bey Befriedigung eines Bedürfnisses bleibt ein empfindendes Wesen nicht gleichgültig, sondern die Befriedigung muß ihm angenehm seyn, wie ihm jedes unbefriedigte Bedürfniß unangenehm ist.

5. Der Trieb der praktischen Vernunft beherrscht also alle andere Triebe, selbst die geistigen. Man kann und muß ihn als den Regenten, alle andere als Untergebene betrachten. Aber er beherrscht seine Untergebenen nicht despotisch. Er schränkt keiner einzigen Kraft Thätigkeit zu seinem Privatvortheil ein. Er hat vielmehr gar keinen Privatvortheil. Sein Vortheil ist der Vortheil jeder einzelnen Kraft, und der aus der Harmonie aller Kräfte resultirende Vortheil des Ganzen. So lange jede Kraft so wirkt, daß dadurch weder ihre eigene Wirksamkeit für die Zukunft, noch die Wirksamkeit einer andern höhern Kraft gehindert wird, hemmt er nicht nur die Freyheit *) der untergebenen Kraft nicht durch ein verbietendes Gesetz, sondern er giebt sogar seinen Beyfall, und verstärkt durch seine eigene Treibkraft die Triebfeder der untergebenen Kraft.

Jede

---

*) Freyheit heißt hier Abwesenheit der Hindernisse. In diesem Sinne kann einer jeden auch sinnlichen Kraft Freyheit zukommen. In einem ähnlichen Sinne braucht man das Entgegengesetzte, wenn man sagt: Der Mensch ist ein Sklave seiner Leidenschaften und in diesem Sinne kann Freyheit auch der praktischen Vernunft fehlen.

der Sittlichkeit.

Jede untergebene Kraft wirkt zur Erreichung ihres Zweckes so lange und so viel als sie kann, ohne Rücksicht auf andere Kräfte, bis Eine oder mehrere dieser andern Kräfte, wenn sie zu stark in ihr Gebieth eingreift, sich ihr entgegensetzen, oder die so stark wirkende Kraft selbst, indem sie endlich ist, ermüdet. Z. B. die Kräfte des Geschmacks verlangen so lange nach dem Schmackhaften der Speisen und der Getränke, bis sie ermatten, oder bis der überladene Magen und die Verdauungskräfte auf sie zurückwirken. Sinnliche Triebe können also andere sinnliche Triebe abweisen, oder unterstützen: aber dadurch wird eine Handlung nicht moralisch; weil dabey nur einige, nicht alle Kräften des Individuums in Harmonie erhalten, oder gebracht werden. Aus eben der Ursache ist die Handlung nicht moralisch, wenn auch der Trieb der spekulativen Vernunft einige andere Triebfedern abweißt, oder wenn einige Triebe ihm gemäß und mit ihm wirken. Nur der Trieb der praktischen Vernunft, der Mittelpunkt der Einheit, und der Probierstein aller andern Triebfedern theilt den Handlungen Moralität mit. Er allein kann jeden andern einzeln, oder auch alle zusammen abweisen, und gegen sie wirken, oder sie gutheißen, und mit ihnen zugleich antreiben. Nur durch das Wirken der praktischen Vernunft entsteht Bewußtseyn einer Kraft, durch welche ich auf alle andere zu meinem Ich gehörende Kräfte, ja noch weiter wirken, und Harmonie, System und Einigkeit in das Mannigfaltige der Kräfte und Triebfedern bringen kann. Durch das Bewußtseyn dieser Kraft allein entsteht Achtung für dieselbe, oder, wenn man will, für ihre Richtung, das ist, für die Form, für das Gesetz, nach welchem sie wirket, und im eigentlichen Sinne für das Subjekt dieser Kraft, für mein Ich. So oft eine andere Kraft diese überwiegt, und abzuweisen vermag, sehe ich in der Handlung Unordnung und Disharmonie unter meinen Kräften anschauend; und hieraus entsteht das unangenehme Gefühl, das man böses Gewissen nennt. Ueberwiegt aber diese Kraft die andern, und weißt sie ab, oder findet selbe mit ihr harmonisch, so sehe ich in der Handlung Harmonie und Uebereinstimmung anschauend, und es entsteht das angenehme Gefühl, das man gutes Gewissen nennt.

6. Da das Sittengesetz nichts anders ist, als die Richtung der praktischen Vernunftkraft, oder das Gesetz, nach welchem der Trieb der praktischen Vernunft wirkt; die Vernunft aber weder selbst eine sinnliche Kraft ist, noch auch, wenn sie schon empirische Verstandesbegriffe unter Einheit bringt, in ihrer Wirkung von der Sinnlichkeit abhängt, so ist das Sittengesetz auch im kantischen Sinne ein Gesetz der Freyheit. Es scheint, daß zuerst eine Art von Instinkt, hernach ein blinder Trieb das einiger Maaßen bewirke, was in der Folge durch den Trieb der praktischen Vernunft bewirkt wird, welcher immer mehr sich ausbreiten, und verstärken kann, je mehr die Vernunft sich entwickelt. Vervollkommnung der spekulativen Vernunft ist zwar nicht an sich Vervollkommnung der praktischen Vernunft; aber sie führt doch sicher dahin, wenn nur nicht von Seite der Sinnlichkeit die Hindernisse dieselben bleiben, oder gar vergrößert werden.

7. Weil bey Befriedigung der geistigen Triebe, folglich auch des Triebes der praktischen Vernunft ein übersinnlich angenehmes Gefühl entsteht, so darf man nicht den moralischen Trieb vom Glückseligkeitstrieb ausschließen, sie einander entgegensetzen, oder diesen jenem unterordnen. Der Trieb nach Glückseligkeit begreift auch den geistigen, auch den moralischen Trieb unter sich, und das sinnlichvernünftige Wesen ist weder durch die alleinige Befriedigung der sinnlichen, noch durch die alleinige Befriedigung der geistigen Triebe glückselig, sondern in der höchstmöglichen Befriedigung beyder — oder vielmehr der Trieb zur Glückseligkeit ist nichts anders, als der Trieb der praktischen Vernunft. Denn der Trieb zur Glückseligkeit ist doch nichts anders als ein Trieb zur höchstmöglichen Befriedigung aller Triebe, und je mehr die Kräfte in Harmonie sind, und je weniger

der Sittlichkeit.

ger eine die andere hindert, welches der Zweck des praktischen Vernunfttriebes ist, desto mehr können die Triebe befriedigt werden. Es ist also die Formel: **Handle allzeit so, daß die Glückseligkeit am meisten befördert werde,** ganz identisch mit der oben angegebenen: **Handle allzeit so, daß durch deine Handlung die Wirksamkeit der Kräfte im Ganzen mehr befördert, als gehindert werde.**

8. Das höchste Sittengesetz läßt sich auf die oben angezeigte Art rein und a priori darstellen, und gebietet kategorisch: allein bey der Anwendung desselben auf die einzelnen Handlungen, ist es doch nicht anders möglich, als daß man Erfahrung einmische. Um das Gesetz auf eine Handlung anzuwenden, muß ich die Handlung unter das Gesetz subsumiren, das ist, ich muß zu finden suchen, ob nicht die Kräfte im Ganzen mehr gehindert, als gestärkt werden, wenn ich jetzt diese Kraft, zu Erreichung dieses Zweckes so lange und so stark wirken lasse. Das kann ich aber bloß aus der Erfahrung, bloß aus den erkannten Folgen meiner Handlung lernen. Da nun Erfahrung nie apodiktische Gewißheit giebt, Theils weil sie bey verschiedenen Personen, ja bey eben denselben in verschiedenen Zeiten verschieden zu seyn pflegt, Theils weil sie nie vollständig ist; so ist jede einzelne Handlung doch nur hypothetisch geboten. Ich kann nicht mit Gewißheit wissen, es kann mir nur mehr oder weniger wahrscheinlich seyn, ob ich durch diese Handlung den Zweck, die Kräfte im Ganzen nicht zu hindern, sondern ihre Thätigkeit zu erleichtern, erreichen werde oder nicht. Nur daß ich ihn durch diese Handlung erreichen wolle, sagt mir das Bewußtseyn — und das ist genug, um jene Selbstachtung hervorzubringen. Wir können ein höchstes Princip der Sittlichkeit aufstellen, welches als Obersatz vollständige apodiktische Gewißheit hat, und kategorisch gebietet; aber nie werden wir es zuwege bringen, daß wir auch von den Untersätzen eben solche Gewißheit erlangen, und folglich wird auch der Schluß-

C 4   satz

satz fast immer nur wahrscheinlich seyn. Immer werden verschiedene Menschen nach der Verschiedenheit ihrer sinnlichen Natur, ihrer Bedürfnisse ꝛc. ganz verschieden subsumiren; immer wird es überwindliche und unüberwindliche Unwissenheit einzelner moralischen Gesetze geben — deßwegen hört aber das Gesetz nicht auf unveränderlich zu seyn. Allen ist dasselbe geboten; das Gebotene mag auf dieselbe Art gethan werden können oder nicht. Daher kommt es, daß im Moralischen das Wollen so gut, wie das Thun ist.

Kant subsumirt nicht die Handlung, sondern die Maxime, das ist, den Bestimmungsgrund, nach welchem ich zu handeln im Begriffe bin. Bey ihm heißt die Schlußrede so: Wenn ich nach einer Maxime handle, von der ich wünschen kann, daß alle vernünftige Wesen sie zum Bestimmungsgrund beym Handeln machen, so handle ich moralisch gut: meine gegenwärtige Maxime ist eine solche — die Handlung, die ich vorhabe, wird also moralisch gut seyn. Hier ist der Untersatz eben so wenig apodiktisch gewiß, als wenn ich die ganz genau bestimmte Handlung subsumire. Denn a) bleibt auch hier noch eine Frage übrig, wie sie überall bey der kantischen Deduction übrig zu bleiben scheint, deren Beantwortung gefordert wird, und möglich ist, nämlich die: Warum kann ich denn wünschen, oder nicht wünschen, daß meine Maxime von allen vernünftigen Wesen als Bestimmungsgrund angenommen würde? Man kann nicht sagen: Deßwegen, weil ich sie der Vernunft gemäß finde; denn das hieße im Cirkel herumgehen, und wenn ich wieder frage: Warum ist sie der Vernunft gemäß — so müßte ich wieder sagen: Deßwegen, weil ich wünschen kann ꝛc. Denn dieses Wünschen können beweiset mir ja erst, daß die Maxime Allgemeinheit habe, und folglich der Vernunft gemäß sey. b) Dieser Wunsch könnte wohl auch durch eine heftige Leidenschaft bewirkt werden; oder eine heftige Leidenschaft könnte mich so betäuben, daß ich dafür hielte,

alle

alle vernünftige Wesen könnten meine Maxime als Princip gelten laſſen. c) Ob es der Vernunft gemäß ſey nach einer gegebenen Maxime zu handeln, oder nicht, muß meiſtens erſt aus den Umſtänden der Perſonen, der Zeit, des Orts, des äußern Zuſtandes ꝛc. erkannt werden; ſo, daß es einmal recht und gut iſt, die Maxime befolgen, ein andermal unrecht und böſe. Z. B. Die Noth des Petrus treibt mich an, ihm zur Erleichterung derſelben einige Thaler zuzuwerfen. Wenn ich bloß frage: Kann ich wünſchen, daß alle vernünftige Weſen die Erleichterung fremder Noth zum Beſtimmungsgrund des Handelns machen, ſo könnte ſich ein Caſſirer, der keine Thaler in ſeinem Vermögen hat, aber unvermerkt ſie aus ſeines reichen Principals Caſſa nehmen kann, beſtimmen, fremde Noth mit fremdem Gelde zu erleichtern. Oder er könnte ſich beſtimmen, ſeine Familie darben zu laſſen, wenn er nur gerade ſo viel Thaler hat, als er zu ſeinem und der ſeinigen Unterhalt braucht. Oder er könnte ſich beſtimmen, ſeine Thaler dem nächſten Nothleidenden hinzuwerfen, ohne auf andere in größerer Noth ſich befindende und würdigere eine Rückſicht zu nehmen. Man muß alſo, um zu wiſſen, ob die Befolgung einer Maxime vernunftmäßig ſey, die Handlung, die ich nach der gegebenen Maxime verrichten will, mit allen ihren Beſtimmungen betrachten, oder, welches eins iſt, die Maxime ſo beſtimmt ſich denken, daß ſie nur auf dieſe Handlung paſſe. Man muß nicht nur fragen: Kann ich wünſchen, daß alle vernünftige Weſen dieſe Maxime als Geſetz befolgten, ſondern ich muß fragen: Ob ich wünſchen kann, daß alle vernünftige Weſen, wenn ſie gerade in den Umſtänden wären, in welchen ich bin, dieſe Maxime als Princip der Geſetzgebung gelten laſſen. Das kann aber nicht anders ſeyn, als dadurch, daß ich die Erfahrung zu Hilfe nehme, und die Folgen meiner Handlung nach den Regeln der Wahrſcheinlichkeit beurtheile, und die angewandte Moral kann nie ganz rein ſeyn.

9. Aber

9. Aber so ist ja die Vernunft im Dienste der Sinnlichkeit, und sie und die Menschheit werden ganz unanständig herabgewürdiget? — Sie ist in ihrem eigenen Dienst, wirkt nach der ihr eigenen Kraft, befriedigt ihr eigenes Bedürfniß. Freylich ist damit auch der Sinnlichkeit gedient, welche mit der Vernunft verbunden ist. Sage man immer, die Vernunft sey im Dienste der Sinnlichkeit, so wie der König im Dienste des Staates ist, von dem er als Haupt auch einen Theil ausmacht. Ich habe schon oben diese Vorstellungsart berührt; sie scheint mir das Ganze vortreflich zu beleuchten, und ließe sich durch alle Theile schön ausführen. Man hat schon lange dem Menschen das Prädikat Μικροκοσμος gegeben. Es kommt ihm noch mehr im moralischen Betracht, als im physischen zu. Ich stelle mir den Menschen als einen Staat vor, worin die Vernunft, oder der moralische Trieb Regent, alle übrigen Triebe die Unterthanen in verschiedenem Range und Würde sind. Die Untergebenen wirken aus Trieb zu ihrem Privatwohl, aber das Gesetz, der moralische Trieb, gebietet ihnen, das nur so ferne zu thun, als es das Wohl des Ganzen gestattet *). Das Bewußtseyn, daß alle die verschiedenen Kräfte und Triebe, demselben Subjekte angehören, und zusammen ein Ganzes ausmachen, verstärkt die Macht des Vernunfttriebes. Der Staat steht am besten, wenn die Untergebenen nichts anders wollen, als was sie sollen, das ist, wenn die untergebenen Triebe nur zu

dem

---

*) Wenn ich einen untergebenen Trieb befriedige, weil dessen Befriedigung der Vernunft gemäß ist, so will ich durch das untere Begehrungsvermögen das Objekt, wodurch dem Bedürfnisse abgeholfen, und der Trieb befriediget wird: durch das obere Begehrungsvermögen will ich unmittelbar die Realisirung der Vernunftform, und mittelbar auch das Objekt, weil jetzt nur gerade an diesem die Vernunftform realisirt werden kann. Und so entsteht Einheit des Wollens der beyden Vermögen, so wie im Staate ein einziger Wille ist, wenn alle die Gesetze beobachten.

der Sittlichkeit

dem antreiben, wozu auch der Vernunfttrieb antreibt. Dieser Zustand ist dem Menschen unerreichbar; er kann sich ihm nur nähern, und immer wird einige Nöthigung der Untergebenen nicht vermieden werden können, so wenig als Zwangsgesetze in den Reichen dieser Welt entbehrlich sind. Es entsteht eine Anarchie, wenn die Untergebenen dem Regenten zu stark werden, und er nicht mehr vermag sie zu nöthigen ꝛc. Pope sagt im zweyten Briefe über den Menschen: **Die Selbstliebe, die Triebfeder der Bewegung, treibt die Seele fort — die Vernunft mit ihrer vergleichenden Waagschale regieret das Ganze.** Dieses Gleichniß ist sehr passend; doch, wie fast alle Gleichnisse und poetische Ausdrücke nicht ganz genau und von allen Seiten wahr. Der Fuhrmann ist auch im Dienste der Pferde, und macht, daß sie mit weniger Anstrengung, und bälder die Last an Ort und Stelle bringen. Er weist die Kraft der Pferde nicht ab, sondern mäßigt und leitet sie nur durch den Zügel, treibt sie auch wohl an mit Sporn und Geisel.

Und nun, wenn keine von den beyden Partheyen auch nur in einem einzigen Punkte etwas nachgeben will, oder kann; wenn jede streng auf jeder ihrer Behauptungen besteht — wie weit stehen sie denn von einander?

1. Kant sagt, daß jede der Vernunft gemäße Handlung auch pflichtmäßig, und jede aus dem Beweggrunde der Vernunftgemäßheit entstandene eine gute Handlung sey. Das sagen auch die Verfechter des Glückseligkeitssystems. — Ist das nicht schon viel? Ist's nicht Uebereinkunft in der Hauptsache *)?

2. Wenn

---

*) Ein Mißverständniß scheint hier zwischen den beyden Partheyen zu herrschen: denn Kant redet manchmal so vom Glückseligkeitssysteme, als wenn die Vertheidiger desselben den Satz: **Thue das, was die Glückseligkeit**

am

2. Wenn die Handlung gut seyn soll, muß nach Kant Achtung für das Gesetz die einzige und vollständige Triebfeder seyn; alle andere müssen abgewiesen werden. Nach den Verfechtern des Glückseligkeitssystems aber bleibt die Handlung gut, wenn auch sinnliche Triebfedern mitwirken. — Auch hier ist der Abstand nicht groß. Denn die kantischen Ausdrücke aus **Achtung für das Gesetz** heißen doch im Grunde nichts anders, als das, was die andere Parthey durch die Worte sagen will: **Die Handlung muß deßwegen geschehen, weil sie der Vernunft gemäß befunden wird.** Es ist eine bloß spekulative Differenz, die in der Anwendung gar keinen Einfluß hat, wenn Kant behauptet, bey dem Handeln aus bloßer Achtung für das Gesetz, handle man unabhängig

am meisten befördert, als höchstes Sittengesetz aufstellten ohne Unterschied, ob ein Vernunft- oder ein bloß sinnliches Erkenntniß uns in den vorkommenden Fällen sage, daß durch diese oder jene Handlung die Glückseligkeit am meisten befördert werde. Das thun sie aber nicht! Auch nach den Lehrsätzen des Glückseligkeitssystems muß die Vernunft urtheilen, und entscheiden — freylich hier nicht eine ganz reine, sondern nur die empirische Vernunft. Da aber die angewandte Moral (wie auch Schmid Verf. einer Moralphil. §. 449. sagt) nur eine gemischte, Theils reine, Theils empirische Wissenschaft ist, so kann wohl mehr nicht gefordert werden. Daß es aber der Vernunft gemäß sey, daß ein vernünftig-sinnliches Wesen durch seine Handlungen alle seine Kräfte im höchstmöglichen Grade zu erhalten trachte dieser Satz steht doch wohl a priori fest, bloß durch die Begriffe Kraft, Vernunft ꝛc. Eben so und aus eben denselben Gründen steht auch der andere Satz fest: Es kann der Vernunft nie gemäß seyn zu handeln, wenn durch das Handeln die Kräfte im Ganzen mehr gehindert werden, als durch das Unterlassen. Und so wäre Glückseligkeit durch die Vernunft beurtheilt, nicht nur, wie Kant sagt, ein subordinirtes, und für die meisten Fälle passendes, sondern das ganz allgemeine *Principium obligandi* und *cognoscendi*, und der Glückseligkeitstrieb ist ein wenigstens comparative freyer Trieb.

hängig von allem Wohl und Wehe ꝛc., und der andere Theil gar nicht glaubt, daß eine Willenstriebfeder unabhängig vom Wohl und Wehe sich denken lasse — und dafür hält, daß bey jeder Handlung, welche deßwegen geschieht, weil sie der Vernunft gemäß angesehen wird, zuerst das unangenehme Gefühl des Bedürfnisses der praktischen Vernunft (unter die Triebe Einheit, Ordnung, und System zu bringen) welches sich äußert, sobald eine untergebene Kraft rege wird, und dann auch die Erwartung des angenehmen Gefühls bey der Befriedigung dieses Bedürfnisses antreibe. Doch hiervon ist oben schon genug gesagt worden. Kant nennt selbst die Achtung für das Gesetz ein Gefühl, welches wohl entweder angenehm oder unangenehm seyn wird, und einige, sonst eifrige Kantianer sind hierInfalls von ihm abgegangen.

Von mehr Bedeutung ist der zweyte hier berührte Punkt, in welchem die beyden Theile von einander abweichen; indem Kant behauptet, daß bey einer guten Handlung alle sinnlichen Triebfedern müssen abgewiesen werden: die andern aber lehren, daß es der Sittlichkeit nicht schade, wenn auch sinnliche Triebfedern von der Vernunft geleitet antreiben. Hier scheint mir Kant gar zu nahe bey den Ideen der Stoiker stehen geblieben zu seyn. Es scheint mir hieraus zu folgen, daß alle unsere sinnlichen Triebe uns gar zu nichts gut seyen ꝛc. Es scheint mir die Kluft zwischen den übersinnlichen und sinnlichen Kräften zu weit gelassen zu seyn, und man hat auf die Vereinigung der beyden Arten in Einem Subjekte, dem Menschen, gar nichts gebauet. Ein weiser Gesetzgeber promulgirt kein Gesetz, wenn er voraussieht, daß das ohne Befehl geschehen werde, was zweckmäßig ist, und geschehen soll — und die Handlungen sind dann zwar nicht einem besondern Gesetze, das nicht da ist, aber doch dem Geiste des allgemeinen Gesetzes und des Gesetzgebers gemäß. Auch hierüber ist schon oben genug gesagt worden.

3. Ob die kantischen Formeln des höchsten Grundsatzes der Sittlichkeit ganz rein und a priori fest stehen, und ob nicht eben das von den Formeln des Glückseligkeitssystems könne gesagt werden, ob diese sowohl als jene vermischt, Theils rein, Theils empirisch seyen — das möchte wohl zuletzt auf einen bloßen Wortstreit hinauslaufen. Was die Anwendung anbelangt, fährt man bald mit diesen, bald mit jenen leichter. Am Besten wird man thun, wenn man in zweifelhaften Fällen sowohl die erstern als die letztern zu Rathe zieht. Der Satz: Handle so, daß die Maxime deines Willens jederzeit zugleich als Princip einer allgemeinen Gesetzgebung gelten könne — und der andere: Handle so, daß durch deine Handlung die Glückseligkeit befördert werde — und der dritte: Handle so, daß die Kräfte im Ganzen nicht vermindert und gehindert, sondern vermehrt, und ihre Wirksamkeit erleichtert werde — können einander wechselweise erläutern.

Da, bey was immer für einer Formel, oder auch bey mehreren, welche das höchste Vernunftgesetz ausdrücken, sehr oft bey der Anwendung noch ein Zweifel übrig bleiben kann, so ist es gut, auch noch andere Grundsätze, die eben nicht das höchste Vernunftgesetz ausdrücken, zu Hülfe zu nehmen. Z. B. Das bey kaltem Blute gefällte Urtheil über eine Handlung ist dem in der Hitze der Leidenschaft aufsteigenden vorzuziehen. Was du im Allgemeinen als gut oder böse erkennst, mußt du auch in jedem einzelnen Falle als gut oder böse gelten lassen ɩc.

4. Nach den Grundsätzen des Glückseligkeitssystems, sagen die Kantianer, ist Klugheit und Sittlichkeit nicht verschieden, welche doch verschieden seyn müssen, und deren Verschiedenheit in der kantischen Deduktion schön und klar einleuchtet. Auch diese Verschiedenheit scheint mir von keiner Bedeutung zu seyn. Denn man nimmt das Wort Klugheit in so weitschichtigem Sinne, daß man darunter sowohl wahre, als Scheinklugheit, versteht. Jede sitt-

sittlich-gute Handlung ist auch eine wahrhaft kluge Handlung, und jede wahrhaft kluge Handlung kann auch eine sittlich-gute Handlung seyn: aber sie ist dieß und jenes in verschiedener Rücksicht. Die Handlung ist moralisch, in soferne durch sie die Vernunftform realisirt wird. Und sie ist wahrhaft klug, weil sie das beste Mittel ist, die Glückseligkeit soviel zu vermehren, als sie jetzt gerade vermehrt werden kann. Es sind also alle gesetzmäßige Handlungen, sie mögen aus Pflicht geschehen oder nicht, wahrhaft kluge Handlungen; und alle wahrhaft kluge Handlungen sind entweder aus Pflicht, oder doch gesetzmäßig. Alle nichtgesetzmäßige Handlungen sind nur scheinbar kluge Handlungen. Sie können die besten Mittel seyn — nicht zu einem wahren, sondern bloß zu einem Scheingut. Sie können die besten Mittel seyn zu etwas, das für einen einzelnen Trieb, ohne Rücksicht auf andere, ein Gut ist, dessen Genuß aber uns jetzt schon, oder für die Zukunft hindert, größere Güter zu genießen. Sollte Kant diese Sätze nicht als wahr gelten lassen? Sollten sie nicht seinen Grundsätzen gemäß seyn? Sollte es unklug seyn können, zur Erhaltung der Würde des Menschen, der Selbstachtung sinnliches Wohl aufopfern, das man genießen könnte? Sinnliche Schmerzen ertragen, die man abwerfen könnte? Oder sollte das Entgegengesetzte in irgend einem Falle wahrhaft klug heißen können?

Und nun, wenigstens für dießmal genug über den Grund der Sittlichkeit! Vollständig und ganz ausführlich konnte ich die Materie nicht behandeln, weil ich kurz seyn mußte. Wenn man meine gleich Anfangs angezeigte Absicht, besonders den ersten Punkt derselben nicht außer Acht läßt, wird man leicht Ursachen finden, warum ich dieses wegzulassen, jenes kurz, und das dritte etwas ausführlicher darzustellen für gut befunden habe.

II. Ue=

II.

Ueber das
höchste Princip der Sittlichkeit.
Aus der Berl. Monatsschr. Monat Mai. 1791.

Es sind zwey ganz verschiedene Fragen: Welches ist der **faßlichste und brauchbarste Grundsatz der Moral**? und: welches ist das **höchste einfachste Princip**, das bey einer **Metaphysik der Sitten** zum Grunde gelegt werden muß.

An brauchbaren Grundsätzen der Moral fehlt es uns nun gewiß nicht; und ich trage kein Bedenken, den von einigen so sehr herabgewürdigten Grundsatz der **Glückseligkeit** an ihre Spitze zu stellen. Er läßt sich auch, besonders wenn er gehörig verstanden und etwas allgemeiner ausgedrückt wird, noch sehr gut gegen die Einwürfe rechtfertigen, womit man ihn in neuern Zeiten bestritten hat.

Indeß hat doch weder dieser noch die andern bekannten Grundsätze diejenige **Einfachheit**, die man von dem höchsten Princip der praktischen Philosophie zu fordern berechtigt ist. Selbst dem Grundsatze, wodurch Herr **Kant** dem bisherigen Mangel in der Sittenlehre abzuhelfen gesucht hat, kann der Vorwurf gemacht werden, daß er gar nicht die zu wünschende Simplicität habe:

„**Handle so, daß die Maxime deines Willens jederzeit zugleich als Princip einer allgemeinen Gesetzgebung gelten könne.**"

Was ist Gesetz, Gesetzgebung, allgemeine Gesetzgebung? wie muß eine Gesetzgebung beschaffen seyn,

seyn, wenn sie **allgemein** genannt werden soll? wie muß eine Maxime beschaffen seyn, um zu einer allgemeinen Gesetzgebung zu taugen? — Lauter Fragen, die bey diesem sehr zusammengesetzten Grundsatz in Vorwurf kommen, die aber der berühmte Verfasser der **Critik der praktischen Vernunft,** der überhaupt kein Freund von Definitionen ist, unerörtert gelassen hat.

Es ist, dünkt mich, ein sehr natürlicher, und dem wissenschaftlichen Kopfe sich leicht durch die Analogie darbietender Gedanke: daß der höchste Grundsatz des **Verstandes** wohl auch der höchste Grundsatz des **Willens** seyn, und daß die **praktische Vernunft** kein anders Fundament haben dürfte, als die **theoretische;** nur mit dem Unterschiede, daß dies Princip das einemal aufs **Denken,** das andere mal aufs **Handeln** gienge, und daß im letztern Falle der **Wille** mit ins Spiel käme. Nach dieser Voraussetzung würde das höchste Sittengesetz negativ so lauten:

„**Vermeide allen Widerspruch in deinen Handlungen,**"

und positiv ohngefähr so:

„**Handle so übereinstimmend, als dir möglich ist.**

In vielen Fällen ist es klar, daß wir den moralischen Werth eines Menschen und seiner Handlungen nach diesem Maasstabe beurtheilen. Wir verachten den **inkonsequenten** Mann, wenn auch sein schwankendes, unzusammenhängendes und widersprechendes Betragen uns keinen Nachtheil bringt, ja selbst auf das Ganze der bürgerlichen Gesellschaft keinen merklich schlimmen Einfluß hat; hingegen bringt uns oft der konsequente Bösewicht (der eben deswegen nicht ganz Bösewicht seyn kann) eine Art von Achtung und Bewunderung ab. Selbst moralisch gute Menschen pflegen wir nach diesem Maasstabe zu würdigen,

digen, und der größere Anspruch, welchen Kato vor Cicero auf unsere Hochachtung hat, scheint hauptsächlich darin gegründet zu seyn, daß das ganze Leben des Erstern eine Kette übereinstimmender Handlungen war, an die sich sein Selbstmord als das letzte Glied anschloß *); da hingegen der Zweyte bey allen seinen wichtigen Handlungen, und besonders in den bürgerlichen Kriegen, ein etwas schwankendes und unzusammenhängendes Betragen hatte, und nur in dem letzten Augenblicke seines Lebens sich errinnerte, daß er ein Römer war. Wenn Friedrich II. in dem siebenjährigen Kriege in den Fall gekommen wäre, von dem schrecklichen Mittel, das er bey sich führte, Gebrauch zu machen, um nicht ein Spiel seiner Feinde zu werden: würden wir den großen König, der sein harmonisches Leben mit keinem Mißklang endigen, und lieber das Instrument zerbrechen wollte, nicht eben so sehr bewundert, als bedauert haben? —

Es würde nicht schwer seyn, zu zeigen, daß bey den meisten moralisch-schlimmen Handlungen der Mensch sich selbst widerspricht. Bey der Lüge, der Verläumdung, dem Betrug, ist solches offenbar. Aber auch der Wollüstige, der Unmäßige, der Verschwender ꝛc. sind in einem beständigen Widerspruche mit sich selbst: sie untergraben das Gebäude ihrer Glückseligkeit, indem sie an der Erhöhung desselben arbeiten. Nicht selten ist der Widerspruch vielseitig. So zerstört der Verschwender oft zugleich die Glückseligkeit der Personen, für deren Erhaltung er arbeitet; und der Wollüstige theilt oft

der

---

*) Kato scheint mir, wegen seiner letzten Handlung, darum entschuldigt werden zu müssen, weil er den Staat für zerstört ansah, und ihn nicht überleben wollte. Wer auf diese Weise, so wie er, mit der Republik Eins war, mußte mit ihr sterben. Wenig, und vielleicht kein einziger Römer dachte hierin wie Kato: auch war der Selbstmord Keinem, wie ihm erlaubt.

der geliebten Person das Gift mit, wodurch sie ihm bald zum Eckel werden muß.

Viel Vergehungen und Verbrechen sind so beschaffen, daß sie auf die Zerstörung der bürgerlichen Gesellschaft abzielen. Auch hier ist der Mensch im Widerspruche mit sich selbst. Er ist ein Glied dieser Gesellschaft; er genießt die Vortheile davon, er muß also wünschen, daß sie bestehe: und doch untergräbt er sie durch seine Handlungen. Der Dieb könnte nicht stehlen, wenn es kein Eigenthum gäbe: und doch zielt seine Handlung darauf ab, daß kein Eigenthum mehr Statt finde. Id agamus, ne quis quidquam habeat: ist im Grunde der Wahlspruch eines jeden Diebes; wenn er sich gleich seine Diebstheorie nicht so deutlich denkt, wie jener römische Kaiser. Auch hier kann der Widerspruch gedoppelt und vielseitig seyn. Der Dieb, so schlau er seine Sache angreift, muß doch immer befürchten entdeckt zu werden. Die hieraus entstehende, und ihn überall verfolgende Unruhe streitet mit der Glückseligkeit, die er sucht. Ein solcher Streit ist unzertrennlich von Handlungen, an deren Unterlaßung der bürgerlichen Gesellschaft gelegen ist. — Bey dem Mörder ist der Widerspruch noch größer: seine Handlung geht zugleich auf die Zerstörung der ganzen menschlichen Gesellschaft, deren Erhaltung er doch, selbst in dem Augenblicke des Mordes, wünschen muß. Bey der Kindermörderin steht die Handlung zugleich mit der natürlichen Neigung im heftigsten Widerspruch.

Wird denn aber der Mörder deswegen gestraft, weil er ein widersprechendes Geschöpf ist? Ich antworte: In der vollkommensten Gesetzgebung muß dies allerdings der vornehmste Grund der Strafe, so wie die Wiederherstellung der Harmonie, und Verhütung künftiger Mißhelligkeit in den Handlungen des freyen Geschöpfs, ihr letzter Zweck seyn. Es kann einem weisen Gesetzgeber und Regenten nicht gleichgültig seyn, ob in den Handlungen seiner

ner Unterthanen Uebereinstimmung oder Widerspruch herrscht; d. i. ob sie vernünftige oder unvernünftige Wesen sind. So weit hohlt nun freylich der menschliche Gesetzgeber nicht aus: ihm ist es genug, daß eine Handlung auf die Zerstörung der bürgerlichen Gesellschaft abziele, um eine Strafe darauf zu setzen. Aber diese Gesellschaft ist doch in den Augen des Philosophen nichts anders, als ein besonderes System von Kräften, bey denen Mißhelligkeit verhütet, und Harmonie erhalten und vermehrt werden soll.

Es ist schon ein günstiges Vorurtheil für den Grundsatz einer Wissenschaft, wenn die von den Philosophen angenommenen verschiedenen Grundsätze sich in demselben vereinigen. Und so verhält es sich wircklich mit unserm angenommenen Princip der Sittlichkeit. Der stoische Grundsatz: **Lebe der Natur gemäß**, stimmt am meisten damit überein. Daß das Princip der **Vollkommenheit**, mithin auch der (allgemeinen und eigenen) **Glückseligkeit** sich leicht darauf zurückführen lasse, ist aus dem bisher Gesagten klar: es kommt hier bloß auf die Entwickelung der Begriffe an. Eben so dürfte sich das **Hutchesonsche** System in dasselbe auflösen. Auch der **Kantische** Grundsatz ist davon so entfernt nicht, wie es dem ersten Anblicke nach scheint: und Hr. Kant begünstigt selbst den Gedanken, daß sein formales Princip der Sittlichkeit darauf hinausläuft. Um das Unstatthafte des Princips der Glückseligkeit zu zeigen, setzt er *) den Fall: daß ich ein **Depositum** in meinen Händen habe, dessen Eigenthümer verstorben ist, und keine Handschrift darüber zurück gelassen hat. „Hier, sagt er, findet die Maxime, mein Vermögen durch alle sichere Mittel zu vergrößern, ihre Anwendung; welche Maxime aber deswegen nicht als allgemeines praktisches Gesetz gelten kann, weil ein solches

Prin-

---

*) Critik der prakt. Vern. S. 49.

Princip, nach welchem Jedermann ein Depositum abläugnen dürfte, dessen Niederlegung ihm Niemand beweisen könnte, sich, als Gesetz, selbst vernichten würde, weil es machen würde, daß es gar kein Depositum gäbe." Das Gesetz, nach welchem die Abläugnung eines Depositum, wenn sie mit Sicherheit geschehen könnte, erlaubt wäre, taugt also deswegen nichts, weil es auf einen Widerspruch hinausläuft: es setzt ein Depositum voraus, und doch würde es auf solche Art kein Depositum geben. Hr. Kant argumentirt hier ungefähr eben so, wie ich oben von dem Diebstahl argumentirt habe: dieser setzt das Eigenthum voraus, und doch würde es, wenn das Stehlen erlaubt wäre, kein Eigenthum geben. Das Unerlaubte, das Moralisch-Böse, löst sich also in einen Widerspruch auf; und kann daher mit Grund, und eigentlicher als bisher, das Moralisch-Unmögliche genannt werden.

Dies praktische Princip der **Uebereinstimmung** und des **Widerspruchs** hat die größte Einfachheit, die ihm eben so wenig, als dem theoretischen Princip, auf welchem die ganze reine Mathematik beruht, zum Vorwurfe gereichen kann. Es ist der Natur der Principien gemäß, daß sie um so einfacher werden, je mehr sie sich ihrer Quelle nähern.

Dieses Princip fließt aus dem Wesen der Vernunft; es hat die größte **Allgemeinheit** und **Nothwendigkeit**: es ist also von der Erfahrung unabhängig, und gänzlich a priori. Und da nichts bindender seyn kann, als ein solches unbedingtes Gesetz; so kann man es, mit einem Kantischen Ausdruck, den **kategorischen Imperativ** nennen.

Die Neigung kommt dabey gar nicht ins Spiel, wie es bey dem Princip der eignen Glückseligkeit der Fall ist. Es ist dabey von keinem **Objekt**, als Bestimmungsgrund, die Rede, wodurch daſſelbe wenigſtens nach Kantiſcher Behauptung, ein empiriſcher Grundſatz werden würde. Es iſt alſo ein bloſes **formales** Princip; und alle Einwürfe, die Hr. Kant den ſogenannten **materialen** Principien macht, treffen daſſelbe nicht.

Der Haupteinwurf dagegen iſt vielleicht, daß es nicht ſonderlich brauchbar, und nicht anwendbar ſey. Ich denke aber, daß ein Princip nicht ſo gar unbrauchbar ſey, nach welchem die weiſeſten Männer von jeher ihre Handlungen eingerichtet haben. Es iſt eine der erſten Fragen des tugendhaften und weiſen Mannes, wenn er eine beſonders wichtige Handlung unternimmt: Wirſt du dich nicht in Widerſprüche mit dir ſelbſt verwickeln? Wirſt du auf dem Wege, den du einſchlägſt, fortwandeln können, ohne dir unähnlich zu werden? u. ſ. w. Daß viele Menſchen nicht nach dieſem Princip handeln, beweißt nichts dagegen. Der Dieb wird ſich freylich vom Stehlen nicht abhalten laſſen, wenn man ihm ſagt, **daß ſeine Handlungsart auf einen Widerſpruch hinaus läuft**: aber bey dem Dieb wird es auch wenig helfen, wenn man ihm vorſtellt, **daß ſeine Maxime beym Stehlen niemals ein Princip einer allgemeinen Geſetzgebung werden könne**; um eine ſolche Geſetzgebnng bekümmert er ſich ſehr wenig. Indeß kömmt es darauf an, die Vernunft des Diebes ſo weit auszubilden und zu verfeinern, daß man ihr mit dergleichen Principien beykommen kann. So lange dieſes nicht thunlich iſt, wird man ſich mit empiriſchen Grundſätzen behelfen, und das Geſetz durch die Pönalſanction ſchärfen müſſen.

Es iſt aber auch nicht nöthig, bey Beſtimmung ſeiner Handlungen jedesmal bis zum einfachſten Princip hinauf zu ſteigen: dies iſt blos um der Theorie willen nöthig; bey der Praxis nimmt man einen kürzern Weg. So wird, bey unſern Verhältniſſen mit andern Menſchen, das Princip der **Geſelligkeit** unſere freyen Handlungen ganz richtig

richtig leiten. In andern Verhältnissen können wir nach einem andern Grundsatze handeln, wenn wir uns nur versichert haben, daß alle diese Grundsätze sich am Ende in ein einfaches, nothwendiges und allgemeines Princip auflösen.

Daß unser Princip bisweilen den Handelnden wegen der Moralität seiner Handlung ungewiß lassen werde: ist kein Einwurf dagegen; dieser Fall muß bey allen Principien, und auch beym Kantischen, vorkommen. So dürfte wohl mancher Arme die Frage aufwerfen: Ob nicht die Maxime, dem Reichen heimlich etwas von seinem Ueberfluß zu entwenden, Grundsatz einer allgemeinen Gesetzgebung seyn könnte? Eine Art von Diebstahl war bekanntlich zu Sparta erlaubt: und doch war der spartanische Staat einer der festesten, die es jemals gab. Ich könnte noch viele Fälle anführen, wo das Kantische Princip die Entscheidung eben nicht so leicht giebt, als der Erfinder davon glaubt: wiewohl ich gar nicht läugne, daß man durch scharfsinnige Reflexion die Entscheidung jedesmal wird finden können. Dieses wird sich aber auch bey unserm Princip thun lassen.

Man hat ehemals dem Wolfischen Begriffe der Vollkommenheit den Vorwurf gemacht, daß nach demselben auch der Bösewicht, der Verschwender, der Wollüstige u. s. w. der sich immer gleich bleibt, ein vollkommener Mensch seyn würde. Die Wolfische Schule hat aber diesen Einwurf auf eine ganz befriedigende Art beantwortet, und gezeigt, wie wenig im Grunde Uebereinstimmung in den Handlungen eines solchen Menschen ist *). Eben so leicht, und auf dieselbe Art, ließe sich der Einwurf beantworten, den man wider unser Princip machen würde: daß nemlich auch die Handlungen eines Bösewichts übereinstimmend seyn könnten. Der Bösewicht, in so fern er es ist, thut nichts, als daß er die

*) Bilfingers Divcid, ontol. de perfect.

Widersprüche in seinen Handlungen wiederhohlt und häuft: wiederhohlte Widersprüche aber machen keine Uebereinstimmung aus. Es ist aber auch bey einem moralisch verdorbenen Menschen nicht Alles bös, so wie bey dem Tugendhaften nicht Alles gut; obwohl die genaue Scheidung des Guten und Bösen in ihrem Charakter und ihren Handlungen oft sehr schwer ist.

Die Zufriedenheit oder Unzufriedenheit, die wir fühlen, wenn wir eine gute oder böse Handlung gethan haben, läßt sich vielleicht aus unserm Princip leichter als aus allen andern erklären. Bey dem Princip der **Glückseligkeit** scheint hier ein Zirkel zu seyn: denn man gründet dabey die Pflicht auf Glückseligkeit; und doch soll die Erfüllung der Pflicht Quelle der Glückseligkeit seyn. Hr. Kant hat diese Schwäche des Princips, so viel ich weiß, zuerst aufgedeckt. Er sagt unter andern *) sehr richtig: „Man muß wenigstens auf dem halben Wege schon ein ehrlicher Mann seyn, um sich von jenen Empfindungen auch nur eine Vorstellung machen zu können." Gewiß ist dies eine Schwierigkeit, die die Freunde des Princips aufzulösen Mühe haben werden. Aber auch bey dem Kantischen Princip sieht man eben nicht leicht ein, wie die Befolgung solcher Maximen, welche zugleich Grundsätze einer allgemeinen Gesetzgebung werden können, uns zufriedener und glücklicher macht. Nach unserm Princip hingegen ist das moralische Vergnügen und der moralische Schmerz so schwer nicht zu begreifen: wenigstens kommt uns hier die Analogie zu Statten. Ein jeder (äußerer und innerer) Widerspruch mißfällt uns. Schon ein im Rechnen von uns gemachter und entdeckter Fehler verdrießt uns, wenn ihn auch Niemand erfährt, und wir nicht die mindeste nachtheilige Folge davon zu besorgen haben. Hier liegt der Grund des Mißvergnügens blos in dem Widerspruch mit unserm Gedankensystem, und in so fern mit uns selbst: aber

---

*) Critik der pr. Vern. S. 68.

aber der Wille hat keinen Antheil daran. Ungleich gröser muß der Verdruß seyn, wenn wir einen Widerspruch in unsern Handlungen entdecken, den wir gewollt haben. — Die Lehrer des Naturrechts unterscheiden zwischen der eigentlichen Lüge, und der Unwahrheit, wodurch einem andern nicht geschadet, oder gar genützt wird; und halten die letztere, im ersten Fall, für erlaubt, im Zweyten sogar für Pflicht. Woher kommt es aber, daß ein Mann von einem etwas feinerm Gefühl, wenn er durch eine solche unschädliche Lüge entweder sich selbst aus einem verdrießlichen Handel zieht, oder seinen Freund rettet, sich doch einiger Selbstverachtung nicht erwehren kann, die sich durch kein Compendium wegdemonstriren läßt? Der Grund davon kann hier wohl kein andrer seyn, als der Widerspruch, in den er wissend und wollend mit sich selbst geräth: ein Widerspruch, der zwar rohen Gemüthern nicht fühlbar ist, und gegen den Gewohnheit unempfindlich machen kann, der aber zartere Seelen verwundet; so wie er bey den Foltern der Reue, die auf große Verbrechen folgen, die rohesten Seelen zerreißt.

Auf dieses praktische Princip gründen sich nun die Begriffe vom Guten und Bösen; so wie auf das theoretische Princip die Begriffe vom Wahren und Unwahren: und ich stimme völlig Hrn. Kant bey, daß diese Begriffe nicht vor dem moralischen Gesetz, sondern nur nach demselben und durch dasselbe bestimmt werden müssen. Den besten Willen würde ich daher denjenigen nennen, in dessen Handlungen nicht der mindeste Widerspruch, sondern die vollkommenste Übereinstimmung wäre: so wie in den Vorstellungen des vollkommensten Verstandes lauter Harmonie ist. Einen solchen Verstand und einen solchen Willen legen wir der Gottheit bey.

Stuttgard.

J. Ch. Schwab.

III.

Versuche

über die Grundsätze

der Metaphysik der Sitten

des

Herrn Prof. Kant.

Aus dem deutschen Museum. Mon. Aug. 1787.

Erster Versuch.

Die Vernunft und Willkühr des Menschen sind, eben durch ihre Natur, fähig, sich eine unendliche Menge von Zwecken derjenigen Handlungen, welche sie hervorbringen, vorzusetzen. Die Frage: Giebt es einen letzten Zweck und eine endliche Bestimmung (die worunter alle übrigen enthalten sind) war also bey denen sehr natürlich, die über die Verhältnisse des Menschen nachdachten.

Auch sahen wir, daß Metaphysiker, Sittenlehrer und Theologen diese Frage aufgeworfen und zu beantworten versucht haben. Allen unmittelbaren göttlichen Unterricht hierüber beyseite gesetzt, welchen Weg werden wir einschlagen um jenen letzten Zweck der menschlichen Natur aufzufinden?

Wenn es in dem Menschen eine Anlage oder einen Trieb giebt, der alle übrigen unter sich begreift, oder ihnen zum Grunde gelegt werden kann: so werden wir nicht anstehen, den Gegenstand und das Ziel dieses Triebes als den letzten aller Zwecke unsrer Menschennatur anzusehen.

Ein solcher Grundtrieb ist in dem Menschen unleugbar der Trieb nach Glückseligkeit. Denn alle mögliche Zwe-

Zwecke, die der Mensch sich vorsetzen mag, können unter diesem befaßt und aus demselben abgeleitet werden.

Demnach wird Glückseligkeit die letzte Bestimmung des Menschen seyn.

Nehmen wir nun an, daß Glückseligkeit nichts anders ist, als Wohlgefühl durch hergestellte Natur *); (denn Glückseligkeit können wir nur einem empfindenden und zugleich mit Trieben begabten Wesen zuschreiben: diese Triebe aber, wenn sie nicht unabsichtlich oder phantastisch seyn, oder das Geschöpf selbst zerstören sollen, können nichts anders, als die Erhaltung desselben, d. h. seine eigene Natur, zum Gegenstande haben); so kann wohl die Natur überhaupt keine andere Absicht haben, als sich selbst zu befriedigen, d. h. also zu thun, was sie selbst fodert.

Da nun aber die uneingeschränkte Befriedigung vieler dieser Triebe und Neigungen im Menschen sowohl für ihn selbst, als auch vorzüglich im Zusammenhange mit andern Geschöpfen gleicher Gattung, diesen zerstörend und schädlich wird: so entlehnte man aus eben dieser größern oder geringern Angemessenheit eines befriedigten Triebes zu der Natur des Menschen, und zu seinem Zusammenhange mit Geschöpfen seiner Art, einen Maaßstab zu der Schätzung und Würdigung dieser Triebe: und so wurde dann der Begrif der Vollkommenheit gebildet.

Dieser Begrif der Vollkommenheit ist also hier nichts anders, als ein Mittelbegrif zur nähern Erklärung der Glückseligkeit, und der Begrif derselben soll nach dem

Sinn

---

*) Trieb ist Bestreben nach einem Zustand, der noch nicht da ist; und eben die Gelangung zu demselben, wenn er nemlich der Natur des Geschöpfes entspricht, ist mit Wohlgefühl verbunden: Uebrigens erklärt schon Plato in seinem Philebus, und Aristoteles in seiner Rhetorick alles Wohlgefühl durch καταστασις φυσεως.

Sinn der Anhänger dieses Systems nicht geändert, sondern nur geläutert und erhöht werden. Wohlgefühle durch Herstellung der Natur, (sey's nun Wohlgefühl des Körpers oder der Seele) ist und bleibt der wesentliche Bestandtheil der Glückseligkeit; und eine höhere Glückseligkeit ist nichts anders, als höheres d. h. weniger sinnliches Wohlgefühl, welches zu erzeugen eine Vollkommenheit das Mittel ist.

Da man ferner bemerkte, daß die Natur in jede besondere Bestimmung unsers Triebes nach diesem Begrif der Vollkommenheit (d. h. in jede moralische Handlung) ein Wohlgefühl hineingelegt: so ists klar, daß nach diesem System die ganze Moral nichts als eine Glückseligkeitslehre seyn wird, wie sie denn auch unter diesem Namen in den meisten Lehrbüchern der Philosophen und Theologen vorgetragen worden.

Es darf nicht bewiesen werden, wie viel bey diesem System die Moralität an Popularität, d. h. Herablassung zu der gangbaren Ansicht der Dinge, gewinnt. Diese Seite des Systems ist von den Anhängern nur zu scharfsichtig benutzt worden. Alle moralische Gesetze werden nunmehr Vorschläge und Regeln zur Glückseligkeit, welche einem jeden derselben, hier näher dort entfernter, wie eine Lockspeise beygefügt liegt, und eben dadurch dem Willen verbindender Bestimmungsgrund wird. Alle Aufopferung ist nur scheinbar, und ist nur Tausch gegen einen gröfsern Gewinnst, und Moral überhaupt wird die **kompendieuseste, unfehlbarste Politik der Menschheit**; denn auf jeden Fall bleibt immer die Rücksicht auf die Allgüte der Natur im Hinterhalt, die vielleicht zu einer andern Epoche unserer Existenz uns mit Zinsen entschädigt.

Denkt man sich nach einem solchen Begrif von der Sittenlehre ein System von Wesen, die den Principien derselben gemäß, ihren Vorschriften nachleben, d. h. einen Himmel, so ist hier nicht die Frage, was werden wir thun,

thun, sondern vielmehr, was werden wir genießen? Eine Idee von einer künftigen Periode unserer Existenz, die nur zu herrschend ist!

Ich glaube, das System der Glückseligkeit in der richtigsten Consequenz, und mit allen seinen Vortheilen dargestellt zu haben. Wenn aber die Partheinehmer desselben eine reinere Tugend den Menschen zu lehren vorgeben, als diejenige, die das Resultat meiner Darstellung war: so werden sie mir wenigstens dieß zugeben müssen, daß dieser reineren Tugend, deren dunkles Bild ihnen vorschwebt, andere Begriffe und Principien zum Grunde liegen, als welche sie unterlegen, und daß eben deswegen ihr System irgendwo unausfüllbare Lücken hat. Ich will darüber nur folgendes bemerken.

1) Wenn das Princip der Glückseligkeit noch des Princips der Vollkommenheit zu seiner Haltung nöthig hat: so ist es eben deswegen kein reines, durch sich selbst bestimtes Princip. Daher denn auch in dem Princip selbst sowohl, als in allen seinen Subsumtionen immer etwas ungleichartiges fühlbar ist, wodurch man in Verlegenheit gesetzt wird, eines aus dem andern abzuleiten, oder mit dem andern zu verbinden. Man höre das Princip selbst: **Strebe nach deiner und andern Glückseligkeit:** Es ist nichts gewisser, als daß das Streben nach fremder Glückseligkeit meiner eigenen Abbruch thut. Aber wenn wir diesen Abbruch unserer eigenen Glückseligkeit für die anderer dennoch alle als Pflicht anerkennen müssen, wer bewegt uns aus diesem System die Gültigkeit des Gesetzes: **Strebe nach fremder Glückseligkeit,** anzuerkennen? Der erste Theil des Princips darf nicht einmal befohlen seyn; man darf nicht von außenher angetrieben werden, zu thun, was man schon von selbst will. Selbst glücklich seyn will ein jeder. Bey dem zweyten: **Strebe nach der Glückseligkeit,** brauchts allerdings Befehl und Antrieb bey dem Menschen. Wovon ist dieß

ein

ein Beweiß, als daß in dem Princip Ungleichartigkeiten zusammengemischt sind? und daß vorzüglich der zweyte Theil derselben auf einen höhern Bestimmungsgrund hinwinkt?

„Aber, wird man mir vielleicht einwenden, der Begrif der Vollkommenheit ist nur Analyse des Begrifs der Glückseligkeit." Aber wir haben ja schon vorher gesehen, daß er die Glückseligkeit einschränkt, und dem Triebe nach derselben Gesetze giebt, und daß eben durch denselben die Idee der Glückseligkeit, als moralisches Princip, erst anwendbar gemacht wurde. Einschränkendes Gesetz aber ist allemal ungleichartig mit dem Eingeschränkten selbst, und kann daher auch kein Bestandtheil desselben seyn, mithin auch nicht zu der Analysis des Begrifs davon gerechnet werden.

2) Man denke sich von irgend einem bekannten moralischen Gesetz die Idee der Glückseligkeit weg, und frage, ob dasselbe auch nun noch verpflichtende Kraft hat? Ohne Zweifel wird man zugeben, daß das moralische Gesetz auch so noch verpflichtend bleibt, und einen Adel und Würde habe, wodurch es über alle Lohnsüchtigkeit erhaben ist: ja man wird vielleicht zugeben, daß die größte und reinste moralische Handlung diejenige sey, bey welcher der Handelnde auf davon zu erwartenden Lohn und Glückseligkeit am wenigsten Rücksicht genommen.

Aber wenn es nun mit dem Gefühl der Pflicht so bewandt ist; so frage ich weiter: Wie besteht dieß mit dem angenommenen Princip der Glückseligkeit, welches ohne Zweifel doch nicht Princip der Moral seyn kann, ohne daß wir es zu dem letzten Bestimmungsgrund aller und jeder moralischen Handlungen machen. Denn daß die Natur uns irgend ein Gesetz auflegen sollte, wodurch sie nicht unser Beßtes abzwecken sollte, das ist ihrer Liebe und Vorsorge für ihre Geschöpfe geradezu widersprechend; und davon

von ist auch hier die Frage nicht. Ich behaupte nur dieß, daß das Gefühl von Pflicht, von der Glückseligkeit unabhängig ist; (wie man vorhin zugeben mußte) und daß, diesem ganz entgegen, die Glückseitslehre uns befiehlt, bey allen unsern Handlungen auf Glückseligkeit, als den letzten Bestimmungsgrund Rücksicht zu nehmen.

Man setze mir nicht entgegen: „Bewußtseyn hervorgebrachter Vollkommenheit ist Glückseligkeit." Bewußtseyn hervorgebrachter Vollkommenheit schließt Anspruch auf Glückseligkeit in sich, ist aber selbst noch nicht Glückseligkeit, und wenn der rechtschafne Mann sagt: Ich bin mir bewußt, recht gethan zu haben; und man verdammt ihn und seine Handlung, so zuckt er die Achseln, und sagt: Das ist nun mein Lohn. Aber das Gefühl der Rechtschaffenheit erhebt ihn wieder, und nun sagt er: Dieß sey mein Lohn. Hier ist also Glückseligkeit und Bewußtseyn der Vollkommenheit klar unterschieden. Glückseligkeit (gute und entsprechende Folgen einer Handlung) erwartete er von der Natur, und diese versagte sie ihm dießmal, deswegen zuckt er die Achsel. Bewußtseyn der Rechtschaffenheit giebt er sich selbst, und dieß erhebt ihn. Er muß also nothwendig Pflicht, als Pflicht, und nicht als Glückseligkeitsursache, würdigen, dieß ergiebt also von selbst eine andere Ansicht der Moral als nach den Princip der Glückseligkeit.

3) Es kann nicht fehlen, daß, wenn die Seele bey ihren Entschließungen immer nur auf die Folgen der Handlung (Glückseligkeit) hingeheftet ist, und dann doch so oft auch die geringste ihrer Erwartungen getäuscht sieht, eben dadurch in ihr ein Zustand des Schwankens und des Zweifels, also Unentschlossenheit und Schwäche entstehen muß, mithin gerade die entgegengesetzte Fassung, von der Festheit und Zuversichtlichkeit, wodurch sie allein großer Handlungen, und wichtiger Aufopferungen fähig wird. Gesetzt, man könnte ihr einen solchen festen unerschütterlichen

Aug-

Augpunkt **in ihr selbst** anweisen, auf den sie allein, statt aller glücklichen oder unglücklichen Folgen der Handlung, sich unverrückt heften müßte, den also auch kein Zufall ihr rauben könnte: so würde sie dadurch allein dem Weisen des S e n e k a ähnlich werden, der unzerstörbar in sich selbst gewurzelt, daherstürzenden Donnern und umstürmenden Wellen trotzet.

Eben hier sehe ich den auffallenden Unterschied zwischen der Moral der Alten und Neuen, und die starken und muthvollen Seelen der großen Männer des Alterthums stützten sich auf das honestum per se, welches unsere Glückseligkeitslehrer mit vervielfältigten Bewegungsgründen, aus seinen guten Folgen hergenommen, wie einen großen Mann mit Titeln und Bändern herausgeputzt. Mit aller unserer Vergeistigung des Begrifs der Glückseligkeit wären wir ihnen mehr und nichts weniger, als Epikureer gewesen.

4) Wäre es die letzte Absicht der Natur mit uns, uns durch die moralischen Gesetze, wie durch Mittel zur Glückseligkeit zu führen; spräche sie zu dem vernünftigen Wesen nichts mehr, als zu dem durch Instinct bestimmten, **G e n i e ß e!** so a) hätte sie, wider alle ihre Gewohnheit, ihrer eigenen Absicht darin widersprochen, daß sie mit der Befolgung der moralischen Gesetze so viel Schwierigkeiten, Aufopferungen und Abbruch der Neigungen verbunden, sie würde uns geradezu, nicht durch Umwege zur Glückseligkeit führen.

Nichts erzeugt daher auch so viel Unzufriedenheit mit der Natur und ihren allgütigen Vorkehrungen unter den Menschen, als eine Sucht, allenthalben Wohlgefühl und Glückseligkeit, wie Kinder Honig zu suchen. Jede Aufopferung soll ziemlich unmittelbar mit Vergnügen begleitet seyn, und nun fehlt oft nicht allein dieß, sondern auch wohl gar der letzte Zweck der Aufopferung. Und dennoch sollen wir tugendhaft seyn. Hinc illae lacrumae.

b) Hät-

der Metaphysik der Sitten.

b) Hätte die Natur Glückseligkeit als den letzten Bestimmungsgrund zu moralischen Handlungen uns vorgesteckt, so würde sie, da so unendlich viele ächte Tugenden hier gekränkt und durchaus unbelohnt bleiben, entweder mehr Gleichmaaß in der Vertheilung der Glücksgüter zwischen Tugend und Laster in dieser Welt angebracht; oder doch wenigstens uns mit mehr Evidenz auf eine andere Welt des Lohnes hingewiesen haben, als sie jetzt gethan, wo die kühnste Hofnung noch immer dem Zweifel Raum lassen muß.

Aus allem gesagten ziehe ich die Folgen, daß der letzte Zweck des Menschen nicht Glückseligkeit sey, und daß die Natur durch die moralischen Gesetze zu dem vernünftigen Wesen nicht sagt: Genieße, sondern vielmehr: Handle. Der Genuß, d. h. die Folgen der Handlungen will die allgütige selbst besorgen. Eben deßwegen macht sie auch diese von uns durchaus unabhängig. Es heißt also ihr vorgreifen, ihre Absicht zu der unsrigen zu machen.

Nunmehr wollen wir versuchen, ein System darzustellen, auf welches wir durch das der Glückseligkeitslehre wider den Willen seiner Partheinehmer, so oft hingewinkt wurden. Es ist kein anderes, als das System der Würde der Menschheit *).

Wir

---

*) Man hat bis dahin in der Moral von der Erhabenheit und Würde der menschlichen Natur gesprochen, ohne doch jemals eine bestimmte Erklärung davon gegeben zu haben. Was die bisherigen Systeme der Sittenlehre Großes und Edles haben, verdanken sie ohnfehlbar den allenthalben sich aufdringenden Begriffen von der Würde der Menschennatur, als Substrat aller Moral. Ich glaube in einem der folgenden Versuche zeigen zu können, daß Kant hier um die Moral eben so viel Verdienst hat, als er sich durch seine Critik um die Metaphysik erworben, wo die Hauptbegriffe

Wir unterscheiden in dem Menschen eine doppelte Natur.

Die erste ist eine allgemeine, vermittelst welcher er ein vernünftiges Wesen ist.

Die zweyte ist eine besondere; vermittelst dieser werden Vernunft und freier Wille auf **gegebene Verhältnisse eines bestimmten Zustandes** angewandt. Diese zweyte Natur ist nun keine andere, als die Sinnlichkeit mit ihren Trieben und Neigungen, welche alle auf bestimmte Gegenstände eines gegebenen Verhältnisses hingerichtet sind.

Beyde Naturen lassen sich sehr wohl von einander abgesondert denken. Das Thier hat nur die besondere, bey dem Menschen kommt noch die allgemeine hinzu. Eben so können wir uns zu dieser einen allgemeinen verschiedene besondere Naturen denken. So würden wir z. B. bey einer andern körperlichen Organisazion, oder auf einen andern Planeten versetzt, ganz andere Neigungen und Triebe, mithin eine von unserer gegenwärtigen ganz verschiedene besondere Natur haben. Eben so finden in dieser letztern schon Verschiedenheiten statt, bey ungleichen Graden gleicher Neigungen und Triebe, oder wenn in zwey Menschen entgegengesetzte Neigungen die herrschenden sind. In allen diesen Fällen aber bleibt die allgemeine Natur die nämliche, nur daß sie auf verschiedene Art angewendet wird. Mit Recht nennen wir daher diese letztere die allgemeine, so wie jene die besondere Natur.

Die ganze Menschennatur in dem bestimmten Zustande dieses Erdelebens wird dadurch möglich, daß die allgemei-

---

begriffe auf gleiche Weise durch einander lagen. Uebrigens habe ich hier das System der Glückseligkeit dem Kantischen System entgegengesetzt, theils, weil es bisher am häufigsten angenommen worden, theils auf besondere Veranlassung.

gemeine Natur die besondere bestimmt und anwendet, jene die gesetzgebende, diese die gehorchende ist: (grade so wie die sinnliche Erkenntnißart des Menschen dadurch möglich wird, daß reine Vernunft der Sinnlichkeit Gesetze giebt) wir wollen also auch die allgemeine Natur die höhere, so wie die besondere die sinnliche Natur nennen.

Aller Kampf und Widerstreit nun, den wir in der Menschennatur bemerken, und der durch keine sophistische Einkleidung irgend eines philosophischen Systems wegdemonstrirt werden kann, beruht auf diesem Unterschiede jener beyden ungleichartigen Naturen in dem Menschen, und ist das unmittelbare Resultat der Verbindung derselben in seinem Wesen. Wenn die alten Philosophen, und die christlichen Theologen jenen Widerstreit im Menschen sehr richtig bemerkten, so fehlten die letztern vorzüglich nur darin, daß sie die Ursache davon außer der wesentlichen Natur des Menschen, in einer besondern Abartung und Verderbtheit derselben, oder auch wohl in den unsichtbaren Impulsionen eines feindseligen Geistes suchten, und dieselbige z. B. Erbsünde, Fall, oder dämonische Versuchungen nannten.

Erörterungen über die nähere Verbindung und Bestimmung dieser beyden Naturen im Menschen werden uns vielleicht folgende Bemerkungen geben.

Das Wesen der sinnlichen Natur besteht in Trieben und Neigungen: diese, als Tendenzen, müssen als solche **einen Gegenstand und letztes Ziel haben, wornach sie hinstreben**, und das kann nun nichts anders seyn, als die Befriedigung des Triebes selbst d. h. Glückseligkeit (ein Begrif, den wir oben nur einem mit Empfindung und Trieben begabten Wesen zueigneten). Dennoch wird Glückseligkeit die letzte Bestimmung der sinnlichen Natur seyn.

Vernunft (praktisch betrachtet; denn als solche ist sie Gegenstand der Sittenlehre) heißt das Vermögen nach Zwecken zu handeln: Freyheit *) ist Unabhängigkeit von sinnlichen Trieben. Demnach wird, als ein vernünftiges und freyes Wesen handeln, nichts heißen, als, unabhängig von sinnlichen Triebfedern, nach Zwecken sich bestimmen.

Es ist offenbar, daß die Idee der Glückseligkeit als Wohlgefühl durch befriedigte Tendenz, auf diese höhere Natur durchaus nicht anwendbar ist. Denn ein glückseliges Wesen, als ein solches, ist durchaus leidentlich. Eben deßwegen prädiziren wir sie auch nicht von der Gottheit: und aus gleicher Ursache ist sie auch gar nicht anwendbar auf die höhere Natur des Menschen, deren Idee höchste Thätigkeit ist.

Gesetzt, man wollte sagen, diese höhere Natur, diese höchste Thätigkeit selbst könnte auch wohl in Verbindung mit der sinnlichen, (wie es bey vernünftigen Wesen, wie wir, der Fall ist), nur bestimmt seyn, alle Triebe und Neigungen dieser letzten um so viel richtiger und ordentlicher, das heißt dem ganzen Wesen des Geschöpfs angemessener, zu dem letzten Gegenstand aller ihrer Tendenzen, d. h. zur Glückseligkeit hinzuleiten, daß wir z. B. nicht bis zum Uebermaaß, etwa zu einem der sinnlichen Natur selbst lästigen und zerstörenden Grad, äßen, tränken, den Geschlechtstrieb befriedigten ꝛc. oder auch, in Verbindung mit andern menschlichen Wesen, alle Mittel und Bedürfnisse zur Befriedigung unserer Triebe um so viel eher und leichter auffänden: so bemerke ich gegen dieß übrigens sehr konsequente System des Epikurismus folgendes:

1) Bey

---

*) Diese negative Definizion der Freyheit liegt schon in dem gemeinsten Begrif davon. Uebrigens ziehe ich hier nur das Kantsche System ins Kurze, und die nähere Erläuterung dessen, was Hypothese jetzt noch scheint, muß in den folgenden Versuchen erwartet werden.

1) Bey einer solchen Bestimmung der höhern Natur zum Behuf der niedern würde also Vernunft und Freyheit durchaus abhängig gemacht, welches vorzüglich das letzte Vermögen durchaus aufhübe.

2) In allen Fällen ist der Instinkt selbst ein sicherer Führer zu seiner Befriedigung, als Vernunft. Ihm gab die Natur die Werkzeuge zu seiner Befriedigung selbst in die Hand, die die Vernunft erst aufsuchen muß: und er hat den Genuß verdoppelt und vervielfacht, ehe die Vernunft das Mittel dazu aufgefunden: diese kriecht, jener fliegt; diese denkt, er handelt; sie sinnt auf den Genuß, er genießt. Die Masse der Glückseligkeit ist also ohne Zweifel größer bey dem Instinkt allein, als bey der dem Instinkt zur Beyhülfe gegebenen Vernunft; mithin der letzte Zweck der Natur weit besser erreicht. Oder wollte man sagen, daß die Vernunft, als das Vermögen der deutlichen Vorstellungen und des Bewußtseyns, eben durch die deutliche Vorstellung von unserer Glückseligkeit, und durch das Bewußtseyn, sich die Mittel dazu selbst zu verschaffen, dem Geschöpfe selbst eine neue Glückseligkeit gewährte? Seis. Aber der unmittelbare Genuß wird ohne Zweifel von jedem als die über den Gedanken an denselben oder an die Mittel dazu zu gelangen, unvergleichbar erhabene Glückseligkeit erkannt werden. Auf jeden Fall also würde in Rücksicht der letzten Bestimmung und des endlichen Zwecks der Natur, die menschliche Natur weit armseliger ausgestattet seyn, als die thierische. Der Schöpfer hätte bey der erstern dasjenige durch Umwege halb und kaum halb erreicht, was er bey der zweyten gradezu im vollesten Maaße erlangt.

3) Alle Vorwürfe, welche man diesem System des Epikurismus machen kann, treffen zu gleicher Zeit auch wenn gleich nicht im gleichen Grad, die Parthennehmer der Glückseligkeitslehre. Denn alle Verfeinerung des Begrifs der Glückseligkeit in ihrem System läuft am Ende doch

doch nur auf das Bewußtseyn und die Beschauung selbst erworbener Vollkommenheiten hinaus. Vernunft und Freyheit, als höhere Natur, bleiben immer noch einem Gefühl untergeordnet; und alle ihre angestrengteste Selbstthätigkeit ist nur Mittel zu diesem, als Zweck, unmöglich aber werden sie dieß Gefühl der Vernunft und Freyheit als solcher zuschreiben können: so sehr auch die Einmischung des dunkeln, wiewohl zugleich etwas Höheres in sich fassenden Begrifs der Vollkommenheit sie mit dieser Täuschung hinhalten mag.

Wenn nun die vernünftige Natur bey allen Zwecken, nach welchen sie unabhängig von sinnlichen Trieben handelt, einen letzten Zweck haben muß, der allen übrigen zum Grunde liegt so werden wir sagen, daß es der höchste aller Zwecke, d. h. das höchste Gut seyn muß.

Gut heißen wir alles, was irgend zu gewissen Absichten brauchbar ist. Zweckmäßigkeit macht also den Begrif des Guten aus. Wenn wir z. B. uns einen bestimmten Gegenstand, ein Gefühl, oder den Glückseligkeitstrieb denken, so ist das, was dieses Gefühl oder diesen Trieb zu befriedigen tauglich ist, gut in Rücksicht auf diese Gegenstände. Wer also durch etwas, etwas anderes zu erlangen sucht, handelt ohne Zweifel zweckmäßig, und in Rücksicht auf den abgezweckten Gegenstand gut.

Nun fragen wir aber weiter. Die Befriedigung eines Gefühls oder eines Triebes, oder, welches einerley ist, das Wohlbefinden eines Geschöpfs, wozu ist es gut? d. h. wo kann es wiederum Zweck werden? Ein jeder wird übereinkommen, daß Wohlbefinden an sich selbst, ohne weitere Anwendbarkeit, keinen Werth hat, indem dieser nur durch die Tauglichkeit desselben zu anderweitigen Zwecken sich bestimmen läßt. Demnach hat Befriedigung eines Triebes und also auch die Befriedigung aller Triebe (Wohlbefinden des Geschöpfs selbst, Glückseligkeit) keinen

Werth

der Metaphysik der Sitten.

Werth, mithin auch keinen Zweck, und kann also daher auch nicht der höchste aller Zwecke, d. h. nicht das höchste Gut seyn *).

Um das letzte zu finden, werden wir also einen andern Weg einschlagen müssen.

Vernunft allein kann sich Zwecke vorsetzen, und ein mit Freyheit handelndes Wesen in jeder Rücksicht nach Zwecken handeln. Alle Zwecke also, d. h. alles Gute ist durch Vernunft allein möglich; demnach ist sie, als Schöpferin der Zwecke, der höchste Zweck, also das höchste Gut: Denn jene Frage: Wozu nützt sie? kann in der Art beantwortet werden: Sie macht alle Zwecke möglich. Man kann also hier nicht weiter gehen.

Also ist die vernünftige und freye Natur der höchste aller Zwecke, d. h. Zweck an sich selbst.

Demnach ist jede vernünftige und freye Natur sich selbsten Zweck, d. h. aller Gebrauch und Anwendung, die sie von sich auf eine besondere Natur macht, wird sie sich selbst zum Grunde und letzten Absicht machen.

Allen Uebergang von dem Gedanken zur Handlung bey einem vernünftigen und freyen Wesen können wir uns, nach der Aehnlichkeit des Glückseligkeitstriebes der sinnlichen Natur als ein Interesse für die Selbsterhaltung seiner höhern Natur, als einer solchen denken.

Ich sage Interesse; denn so können wir am schicklichsten das einer Tendenz ähnliche, welches wir nach unserer Erkenntnißform der vernünftigen und freyen Natur beylegen müssen, um uns Möglichkeit der Handlungen in ihm zu

---

*) Bey der thierischen Natur ist die Befriedigung der Triebe, also Wohlbefinden, der letzte Zweck: mithin hat die Frage: Wozu nützt das Wohlbefinden selbst? hier keine fernere Antwort zu erwarten. Aber eben deswegen ist sie auch thierische Natur.

zu denken, benamen. Wir unterscheiden nemlich schon im gemeinen Sprachgebrauch, sehr deutlich Interesse vom Triebe, indem wir mit jenem den Begrif einer absichtlichen Bestimmung für ein Mittel zu einem gewissen Zweck verbinden, wiewohl dieser Zweck in allen Fällen des gemeinen Lebens am Ende in einem Triebe seinen Grund hat, mithin die Bedeutung dieses Begrifs nur in dem Fall mit der unsrigen koinzidiren würde, wenn dieser Zweck ein letzter Zweck, also Zweck an sich selbst wäre, wie dies der Fall mit der vernünftigen freyen Natur ist.

Denken wir uns nun ferner mehrere solche vernünftige und freye Wesen in einer Verbindung mit einander, so sind das alles eben so viel Zwecke an sich selbst, mithin wird jede derselben sich selbst nicht mehr als die andere zu ihrem letzten Zweck machen können, sondern vielmehr sich selbst in der andern, und die andern in sich selbst; mithin gegen sich selbst zu handeln, wie sie gegen alle andere handeln würde, und gegen alle andere so, wie gegen sich selbst.

Wenn nun diesen vernünftigen und freyen Wesen noch eine sinnliche Natur beygefügt wird, so wird aller Gebrauch, den sie von ihrer höhern Natur für die sinnliche machen, dem allgemeinen Princip unterworfen seyn: Handle so, daß jedes vernünftige und freye Wesen auf gleiche Weise handeln kann.

Hieraus ergiebt sich nun die Idee zu einer Sittenlehre, das heißt, eine Wissenschaft derjenigen Gesetze, nach welchen das Verhältniß vernünftiger Wesen mit einer sinnlichen Natur zu einander, dem eben angeführten Princip gemäß, bestimmt wird.

In dem folgenden Versuch werde ich das Neue, Unterscheidende und Wahre des Kantschen Moralsystems darzustellen suchen. Hier gab ich nur eine kurze Uebersicht des Ganzen.

Ueber die Grundlegung
zur Metaphysik der Sitten,
des
Herrn Prof. Kant.
Aus dem deutschen Museum. Mon. Juni 1788.

Zweyter Versuch.

Es war ein Unglück für die Philosophie in allen ihren Perioden, daß seit Plato und Aristoteles in den philosophischen Systemen die Erfahrungsbegriffe und die Begriffe der reinen Vernunft verwirrt durch einander lagen; so verwirrt wie nur immer, um mit der Schrift zu reden, Fleisch und Geist oder Sinnlichkeit und Vernunft in der sittlichen Natur des Menschen sich mischen, bestreiten und im ewigen Kampf gegen einander liegen. Ich möchte diese Verwirrung der Begriffe die Erbsünde der Philosophie nennen: denn diese philosophische Erbsünde hat mit der theologischen einerley Quelle, die zusammengesetzte Natur des Menschen: und so wie es in der Theologie Irrlehrer gegeben, die den Menschen zu einem Thier zu demonstriren wagten, und ihm seine höhere Natur wegkaperten: eben so ist ein Theil unserer Philosophen leider so weit gekommen, daß sie der Vernunft alle reine Begriffe absprechen.

Es war demnach nicht Wunder, wenn die Kantsche Grundlegung zu einer Metaphysik der Sitten so vielen Mißverständnissen ausgesetzt war, als wie es in öffentlichen Anzeigen und ganzen Büchern geschehen, und daß sie also mit der Critik der reinen Vernunf einerley Schicksal hatte: denn so wie Kant in dieser das Vermögen der reinen spekulativen Vernunft begründet und ausgemessen, eben so hatte er in seiner Metaphysik der Sitten den Zweck, für die reine, praktische Vernunft ein gleiches zu thun.

Zwar konnte Kant durch den in der Philosophie noch nie gehörten Titel seines Werks; Grundlage zu einer Metaphysik der Sitten, vor leichtsinnigen Angriffen einigermaßen sich gedeckt glauben, aber man kannte bis dahin nur Sittenlehren in der Philosophie; und so wurde denn auch Kants Werk als eine Sittenlehre, nach den gewöhnlichen Principien angesehen und beurtheilt: man fand alles zu allgemein, zu unbestimmt, übersinnlich und unpopulär: ohne zu bedenken, daß Kant nicht eine Sittenlehre, sondern eine Metaphysik der Sittenlehre und dies nicht einmal, sondern nur eine Grundlage zu einer Metaphysik der Sitten geben wollte.

Man erlaube mir hier, auf einem Seitenschritt überhaupt die Anmerkung zu machen, daß der ganze Streit, den Kants Gegner bisher wider ihn geführt, einige wenige der neuesten ausgenommen, nur zu sehr dem gewisser alter Fechter ähnlich ist, die mit verbundenen Augen zu streiten pflegten. Kant kann noch immer nichts anders, als ihnen wie ein Mann, den man überschreyen will zu rufen: Versteht mich erst. Denn ich sehe noch gar nicht, daß man in diesem Streite, wie man's zu nennen pflegt, statum quaestionis formirt, und den wahren Augpunkt gefaßt hat. Im Gegentheil sieht man mit Verwunderung in dem ganzen Werck eines bekannten Philosophen wider Kanten, kaum zwey Seiten, die Kanten unmittelbar treffen.

Ich werde demnach versuchen, diesen Mißverständnissen des Kantschen Moralsystems für zukünftige Prüfungen, deren es, so würdig ist, vorzubeugen: wiewohl der Hr. Professor, der jede Zeile mit dem Geist des Tiefsinns

sinns und der Präcision niederschreibt, mir kein anderes Verdienst übrig gelassen, als dasjenige, welches der um ein algebraisches Werk haben würde, der zu dem allgemeinen Formeln desselben die Exempel in Zahlen hinzusetzte. Ich werde nemlich nichts anders thun, als seine allgemeinen Sätze mit Beyspielen zu erläutern, und hier und da aus bekanntern, faßlichern Gesichtspunkten darzustellen suchen.

Das Kantsche Werk also zerfällt nach seiner eigenen Anzeige in drey Abtheilungen: Von der gemeinen sittlichen Erkenntniß, (des gemeinen Menschensinnes) die ihm, wie sie immer thut, unleugbare, allgemeine anerkannte Thatsachen liefert, geht er zu der philosophischen über, welche aus diesen beobachteten Thatsachen Folgen zieht und bestimmte Erklärungen bildet: dann erhebt er in dem zweyten Stück der Metaphysik der Sitten diese Folgerungen und Erklärungen zu ihrer höchsten Allgemeinheit, und sucht dieselbe zu beweisen und zu begründen, und in ihrem ganzen Umfange auszumessen, — ein Verfahren, ähnlich dem eines Mathematikers, der irgend einen Satz in der Erfahrung als wahr befunden, und nunmehr zu den obersten Vernunftgründen desselben hinaufsteigt, und ihn in allen seinen Verbindungen mit verwandten Sätzen, und in allen Folgen seiner Fruchtbarkeit und Anwendbarkeit darzustellen versucht. In dem dritten Abschnitt der Critik der reinen praktischen Vernunft, legt er sich endlich die größte und letzte Frage vor, die der Philosoph bey seinen Untersuchungen sich vorlegen kann: Wie ist Moral möglich? eine Frage, deren Beantwortung nothwendig, so wie alle Fragen der Philosophie über die Möglichkeit der Dinge, in Unbegreiflichkeit sich verlieren muß.

Moral ist das unmittelbarste Produkt des gesunden Menschenverstandes, — in ihrem ganzen Umfange, in allen ihren Grundsätzen und allen Folgen, durch ihn und für ihn gemacht: alle Principien einer Sittenlehre müssen

also

IV. Ueber die Grundlegung

also aus demselben, als aus ihrer Quelle abgeleitet °), — alle Resultate dieser Principien an demselben, als an ihrem Pro-

°) Dies hat man angefangen den moralischen Purismus zu nennen. Vielleicht steht hier folgende Note nicht ganz am unrechten Orte aus dem Programm des Herrn Prof. J. F. Breyer. Ein Wort zur Ehrenrettung des Grundsatzes der eigenen Vollkommenheit als ersten moralischen Gesetzes. Erlangen. 1791. 4. Da heißt es: „Der moralische Purismus (neue Dinge erfordern neue Namen, und sind diese einmal vorhanden, sind sie passend, charakteristisch und noch überdieß abkürzend, warum sollte man sich ihrer nicht gerne bedienen?) ist die Lehre, daß dasjenige, was die menschlichen Handlungen sittlich gut macht, nicht die erkannte Tauglichkeit derselben zur Erreichung irgend einer Absicht unsrer Selbstliebe, nicht Angemessenheit zur Glückseligkeit, und also auch die Moralität der menschlichen Natur durchaus kein Resultat der Erfahrung sey. Das Sittengesetz soll rein, d. h. nicht in gewissen andern von den Neigungen und der Erfahrung gegebenen Zwecken gegründet, sondern an und für sich selbst Zweck seyn; es soll kein Objekt außer sich als den Bestimmungsgrund des Willens, kein aus der Erfahrung geschöpftes Gefühl der Lust an der Wirklichkeit eines Gegenstandes voraussetzen. Sittlichkeit soll ihre eigene Triebfeder, Tugend und Streben der auch noch so vernünftigen Selbstliebe nach Vergnügen und Glückseligkeit ihrem Wesen nach unterschieden seyn, u. s. w. Eben durch diese verlangte völlige Unabhängigkeit von allem empirisch erkennbaren und von allem Gefühl des Vergnügens wird der moralische Purismus dem Systeme entgegen gesetzt, in welchem Tugendlehre und Glückseligkeitslehre ein und dasselbe sind, — dem Empirismus oder, wie dieses System neuerlich genannt wird, dem Eudämonismus. — Auf den Fall, daß diese unbedeutende Schrift eines erklärten Empiristen oder Eudämonisten irgend einem angesehenen Puristen zu Gesicht kommen sollte, nur diese beyden beschiedenen Fragen scientifischen Innhalts.

1.) Glückseligkeit, oder allgemeiner, Wohlseyn ist doch wohl der angenehme Zustand eines lebendigen Wesens?

Probierstein geprüft werden: (so wie überhaupt die Philosophie nichts anders, als Entwickelung des gesunden Menschenverstandes ist, bey welcher es also unter allen Wissenschaften am wenigsten zu lernen giebt: eine Wahrheit, die, so allgemein sie auch von unsern Philosophen angenommen zu

sens? Was diesen angenehmen Zustand gründet, ist doch wohl Gut; Begehrlich? Begehrlich, das Objekt, die Materie, macht doch wohl irgend ein begehrendes Subjekt, und in demselben ein Vermögen zu begehren, einen Willen, als den zweyten terminus relationis, nothwendig? Wie soll nun aber in dem begehrenden Subjekt die Vernunft, ohne alle Vorstellung des Angenehmen oder Unangenehmen, als der Materie des Begehrungsvermögens, reine Vernunft, für sich selbst den Willen bestimmen, für sich selbst praktisch seyn? Oder wäre vielleicht in dieser Deduktion der Begriffe irgend etwas versehen?

1.) "Es ist überall nichts in der Welt, ja überhaupt auch außer derselben zu denken möglich, was ohne Einschränkung für gut könnte gehalten werden, als allein ein guter Wille." Worin besteht aber das Wesen und der Charakter eines guten Willens? Doch wohl darin, daß er immer nach bestmöglichster Erkenntniß das Gute will? Was ist aber Gut anders, als Grund zum Vergnügen, zum Wohlseyn? Löset sich nicht das sittliche Gute doch zuletzt in das natürliche Gute auf? (s. die unvergleichlichen, aber von unsern Philosophen, wie mich dünkt, viel zu wenig bemerkten und benutzten Zusätze des Hrn. Probst Pistorius zu David Hartley's Betrachtungen über den Menschen, Rostok und Leipz. 1772. und besonders die hieher gehörige Untersuchung über die Auflösbarkeit des sittlich Guten in das natürlich Gute. 1 B. S. 229-250. ein Meisterstük philosophischer Analyse.) Und ist nicht alsdann die sittliche Güte eines vernünftigen Wesens, die größte mögliche Vervollkommnung seiner vernünftigen Natur? Treffen also nicht die streitenden, und von ganz entgegen gesetzten Punkten ausgehenden Philosophen doch zuletzt in dem Punkte, in dem großen Resultat, aller Moralphilosophie zusammen? In homine summa omnis animi est, et in animo rationis ex qua virtus est, quae rationis absolutio definitur. Cic. fin. V. 14. Zus. des Herausg.

zu werden scheint, durch die Kantsche Philosophie erst begründet und bestätiget werden.)

Kant mußte also auch nothwendig von den Beobachtungen der gemeinen sittlichen Erkenntniß ausgehen, wenn es ihm um gründliche Principien und erwiesene Resultate in seinem System der Sittenlehre zu thun war: Der erste Abschnitt seines Werks liefert daher auch beynahe nichts anders, als allgemein anerkannte Sätze des gesunden Menschenverstandes, von denen es also auffallend genug ist, daß man sie Kanten nicht zugeben, und ihn hypothetischer Principien beschuldigen wollen.

Der erste Satz, von dem er ausgeht, und von welchem das Kantsche Werk der Grundlegung der Metaphysik der Sittenlehre gleichsam nur ein Commentar ist, ist der: **Es kann überall nichts als ohne Einschränkung gutgedacht werden, als ein guter Wille.**

Ein guter Wille ist das Princip guter Handlungen. So wie wir also guten Handlungen einen Werth beylegen, und zwar nicht allein wegen ihrer Anwendbarkeit in der Reihe der Dinge, (die den Grund aller Schätzung und Würdigung ausmacht, und bey welcher allein gute Handlungen vernünftiger Wesen nur den Werth lebloser Dinge haben würden,) sondern vorzüglich wegen der in dem Handelnden selbst vorausgesetzten Absicht eine solche Anwendbarkeit in der Reihe der Dinge hervorzubringen: so muß auch der Wille als das oberste Princip guter Handlungen, durch welches sie allein möglich werden, einen größern Werth als die guten Handlungen selbst, und wenn wir gute Handlungen vernünftiger Wesen über alles würdigen, was wir uns denken können, einen unbedingten Werth, einen Werth an sich selbst haben: denn derselbe enthält nicht allein den Grund aller möglichen Anwendbarkeit, welche jeder guten Handlung eigen ist, sondern auch aller möglichen

chen guten Absichten, die sich der Handelnde vorsetzen kann.

Man hat es Kanten vorgeworfen, daß er dem guten Willen nicht eine Erklärung von dem, was gut ist, vorausgeschickt. Aber deren bedurfte es hier nicht. Denn gut hat hier keinen andern Sinn, als den wir ihm gewöhnlich beylegen, anwendbar in der Reihe der Dinge, worunter wir, wie schon angemerkt worden, jede Art von Schätzung begreifen. Denn alles Gute läßt sich in der Reihe der Dinge brauchen und anwenden, und paßt in dieselbe, als ein Theil von ihr: alles Böse zerstört die Natur der Dinge, und läßt sich, so lange die Reihe der Dinge unverrükt ist, und jedes bleibt, was es durch seine Natur ist, nirgends anwenden, nirgends brauchen. Wenn also Kant dem guten Willen einen uneingeschränkten, unbedingten Werth belegt: so heißt das nichts anders, als daß der gute Wille eines vernünftigen Wesens die uneingeschränkteste, unbedingteste Anwendbarkeit auf die Natur der Dinge in sich enthält. Denn nach dem ihm eigenthümlichen Vermögen, Zwecke und Absichten zu bilden, erkennt er nicht allein die Natur der Dinge und ihre Anwendbarkeit (so viel nämlich beydes in seiner Sphäre liegt) sondern macht auch jene Anwendbarkeit möglich *).

In der Idee, die wir uns von der Gottheit bilden, ist der gute Wille, oder wie wir uns hier auszudrücken pflegen, der beste Wille der Hauptbegrif, und derjenige, wodurch jene Idee allein Interesse für uns haben kann. Eine nach ewiger Nothwendigkeit handelnde Ursache der Dinge würde uns ehrfurchtsvollen Schauer einprägen, aber nie

―――――――――――――――――
*) Der vollständige Begrif von dem guten Willen kann hier unmöglich schon gegeben, und muß bis am Ende erwartet werden. Ich gehe analytisch, und steige also von unvollständigern Erklärungen (gleichsam definitiones ad interim) zu einem vollständigern auf.

nie wahre Achtung oder Liebe für sich in uns erwecken könne — Gefühle, die wir nur für moralische Wesen, für Wesen mit einem (guten) Willen begabt, haben können: denn selbst der eingeschränkteste gute Wille würde mehr Achtung und Liebe für sich in uns erwecken, als die wohlthätigste, aber nach Gesetzen einer ewigen Nothwendigkeit handelnde Ursache der Dinge.

Um diesen Satz von dem unbedingten Werth eines guten Willens noch lebendiger sich vorzustellen, denke man sich einen entgegengesetzten bösen Willen in einem Menschen: und nun werden Glücksgüter, Verstand, Witz und jede Art von Geschicklichkeit, ja selbst die moralischen Fertigkeiten, Enthaltsamkeit, Mäßigung der Leidenschaften, Gerechtigkeit in einzelnen Fällen, u. s. w. eben so viel Werkzeuge der Bosheit, von welchen zur Zerstörung der Natur der Dinge der furchtbarste Gebrauch gemacht werden kann.

Ein guter Wille ist als ein solcher, ein unveränderliches Princip und Vorsatz immer gut, und nach den bestmöglichsten Einsichten in die Natur der Dinge, also nach den bestmöglichsten Zwecken zu handeln, (wie dies aus dem vorher gesagten unmittelbar folgt); es kann also für einen guten Willen keine Zeit, keinen Ort, keine Gelegenheit oder irgend eine Verbindung der Dinge geben, wo er nicht auch als ein solcher gut handeln sollte: so viel dies nämlich die jedesmaligen Grenzen seiner Einschränkung, (denn der gute Wille des Menschen ist ein eingeschränkter Wille) erlauben.

Wenn Kant S. 3. sagt: „Der gute Wille ist nicht durch das, was er wirckt oder ausrichtet, nicht durch seine Tauglichkeit zu Erreichung irgend eines vorgesetzten Zwecks, sondern allein durch den Willen, d. i. an sich, gut für sich selbst betrachtet, ohne Vergleich weit höher zu schätzen, als alles, was durch ihn zu Gunsten irgend einer Neigung, an der Summe aller Neigungen nur immer zu Stande

Stande gebracht werden könnte: so stimmt dies mit unsern bisherigen Erläuterungen, wo wir uns so oft der Ausdrücke von Zwecken und Absichten bedienten, folgendermaßen überein.

Alle guten Zwecke und Absichten, die wir uns vorsetzen, müssen, um rein moralisch zu seyn, unter denen des guten Willens, als den gemeinsten, höchsten und letzten subsumirt werden, und zu demselben übereinstimmen. Diese höchsten und letzten Zwecke aber betrachten jede Handlung in ihren fernsten, äußersten Folgen, in sofern sich dieselben auf ein Ganzes beziehen, welches in der Moral die ganze Menschheit und ihr Bestand ist. So haben die Handlungen der Gerechtigkeit, der Güte und Menschenliebe, die ein Cäsar in einzelnen Fällen ausübt, keine reine Sittlichkeit, so uneigennützig sie auch gegen die Personen, an denen sie ausgeübt würden, scheinen mogten, ja oft wirklich waren. Denn der letzte Zweck, welchem Cäsar alle seine übrigen Plane und Zwecke unterordnete, war nicht der Zweck eines guten Willens, eines Willens, der auf das Wohl des Ganzen, ich will sagen, auf das Wohl des römischen Staats, auf die Aufrechthaltung der Rechte der Menschheit Rücksicht nahm: sein letzter Zweck war die Unterdrückung seines Vaterlandes, die Entweihung der heiligen Rechte der Menschheit, als z. B. des Eigenthumsrechts, der Freyheit u. s. w. Eben dies trift die Handlungen der Gerechtigkeit oder auch der gegenseitigen Liebe und Eintracht, welche oft verschworne Räuber gegeneinander auszuüben pflegen, und ohne welche sie als Gesellschaft nicht bestehen können. Die besondern guten Zwecke und Absichten mögen immer da seyn; der gute Wille, der auf die Erhaltung des Ganzen der menschlichen Gesellschaft und ihrer großen Rechte abzweckt, mangelt; und mit ihm zugleich also auch die reine Sittlichkeit.

Wenn Kant auf eben dieser Seite seinen Satz von dem guten Willen als uneingeschränckt und an sich gut so weit

weit ausdehnt, daß er sagt, die Möglichkeit oder Fruchtlosigkeit eines guten Willens, (dem es also einen seiner höchsten und letzten Zwecke durchzusetzen entweder gelingt oder nicht gelingt) kann diesem Werthe weder etwas zusetzen noch abnehmen; so ist dies eine Behauptung, die, so befremdend sie auch manchen geschienen, den Ansprüchen des gesunden Menschenverstandes auf keine Weise widerspricht. Wem erscheinen die Bemühungen eines Cicero, eines Cato und anderer römischen Patrioten an dem Rande der Republik, um diese Republik aufrecht zu erhalten, deswegen weniger achtungswürdig oder weniger sittlich, weil sie fruchtlos waren? Freylich würde die Vorstellung einer wiederhergestellten Republik die Einbildungskraft mehr erfüllen: aber die Sittlichkeit jener ächtpatriotischen Bemühungen würde dadurch nicht reiner, sondern nur dem menschlichen Auge sichtbarer gewesen seyn.

Eben so müssen wir, wenn wir uns die Idee eines künftigen Gerichts über die sittlichen Handlungen der Menschen entwerfen, es als eine Maxime des allwissenden Richters annehmen: daß er in seinen Urtheilen oft den Willen des Menschen für die That annehmen, und vielleicht in nicht seltenen Fällen den guten Willen des einen, der That des andern vorziehen wird, je nachdem er aus den mitbegleitenden Umständen nach seiner Allwissenheit erkannt, daß der, der nur den guten Willen ohne die That hatte, unter jeden andern Umständen es zur That selbst gebracht haben würde.

Dies also, und nichts anders, wollte Kant sagen, wenn er behauptet, daß der gute Wille allein durch das Wollen, d. i. an sich und für sich selbst gut, und daß die Nützlichkeit desselben gleichsam nur die Einfassung um das selbstglänzende Ziel des guten Willens sey.

In diesem Satz, daß ein guter Wille einen uneingeschränkten, unbedingten Werth, einen Werth an sich selbst hat,

hat, liegt die ganze Moral, und alles übrige, was nachher vorgetragen wird, ist nur nähere Entwickelung desselben. Eben dadurch ist der Mensch das vornehmste Geschöpf in der Schöpfung, (so wie wir dieselbige ansehen können) weil er ein Vermögen hat, sich dasjenige zu erwerben, was den unbedingtesten, den höchsten Werth in der Reihe der Dinge hat, — einen guten Willen. Durch eine bloß speculative Vernunft, ohne diesen praktischen Gebrauch derselben, würde er nur einen bedingten, einen zufälligen Werth haben, so wie die gesammte leblose und unvernünftige Natur — würde er, wie diese, etwa von einem Wesen höherer Gattung in der Reihe der Dinge irgendwo eingepaßt, irgend wozu gebraucht werden können; aber durch einen guten Willen wird er in dieser Reihe der Dinge gleichsam selbst dieses höhere Wesen, kann gleichsam sich selbst brauchen, sich anwenden, zu den durch die Vernunft etwas ihm erkannten bestmöglichsten Zwecken.

Daß nun die Hervorbringung eines guten Willens der letzte Zweck der Natur in Ansehung des Menschen sey, sucht Kant auf folgende Art zu beweisen.

Die Natur gab dem Menschen außer denjenigen Fähigkeiten, wodurch er gleich dem Thier sein Leben erhalten und seine Bedürfnisse herbeyschaffen kann, außer dem Instinkt noch die Vernunft zu.

Dieses Vermögen der Natur aber läßt sich von einer doppelten Seite ansehen.

Denn erstens ist die Vernunft ein Vermögen, die Natur und das Verhältniß der Dinge einzusehn. Dies ist jenes prometheische Feuer in dem Busen des Menschen, eine bewundernswürdige Fähigkeit, die nach dem Ausdruck Pindars τα τ' ενερϑεν τετ' υπερϑεν erforschte, die Himmel und Erde zum Gegenstand ihrer Untersuchung machte, und die Höhen und die Tiefen der Schöpfung zu erspähen, ja bis zu dem Schöpfer selbst vorzubringen wagt.

Wissen-

Wissenschaften, Künste, und Erfindungen sind die Töchter dieser Götterkraft in dem Menschen, und die Kultur, dieser leitende Genius der Menschheit, gieng aus diesem Vermögen der Vernunft hervor, wie die Göttin der Weisheit aus dem Haupte Jupiters.

Dieses Vermögen der Vernunft nennt Kant das spekulative Vernunftvermögen.

Aber zweytens sind wir auch durch eben dieses Vermögen der Vernunft im Stande, die Instinkte unserer thierischen Natur nebst allen ihren Aeußerungen, als dem Begehrungsvermögen, den Leidenschaften zu beherrschen, und den Gesetzen der Vernunft gemäß zu leiten: Kurz unsere ganze Thierheit gewissen Gesetzen der Einsicht in die Natur und Verhältnisse der Dinge gemäß, zu handhaben. So können wir die Begierde zu essen, zu trinken einschränken, um gewisse Zwecke z. B. der Gesundheit, des Anstandes zu erhalten. So opfern Patrioten und Helden nicht eine, sondern alle ihre Neigungen, das Leben selbst auf, — für das Wohl des Vaterlandes.

Und dies nennt Kant das praktische Vernunftvermögen. Der wesentliche Unterschied zwischen diesen beyden Kraftäußerungen der Vernunft ist der: Es fragt sich also: Wozu ist die eine und die andere von der Natur bestimmt?

Das spekulative Vernunftvermögen kann mit Recht als ein erweiterter Instinkt angesehen werden; Denn durch die Erkenntniß der Natur und der Verhältnisse der Dinge, welche uns die Vernunft gewährt, erweitert sich der enge Wirkungskreis, auf welchen der thierische Instinkt den Menschen einschränkte, zu einer nähern Bekanntschaft mit den umringenden Gegenständen der Schöpfung: jeder dieser Gegenstände wird, so weit er dessen fähig ist, Objekt des Begehrungsvermögens; Dadurch vermehren sich die Bedürfnisse, so wie auch die Geschicklichkeiten denenselben abzuhelfen: nun wird jeder Sinn verfeinert und er-

erhöhet, jede Art von Genüssen vermannigfaltigt u. s. w. Laß diese Gegenstände auch Gegenstände der reinen Vernunft seyn, laß es mathematische Wahrheiten, die Grundsätze der Sittenlehre, die metaphysischen Spekulazionen über das Daseyn und das Wesen einer ersten Ursache der Dinge seyn: Die Vernunft wirkt in diesen ihren erhabensten Bestrebungen immer nur noch als ein erweiterter Instinkt, als ein erhöhter Sinn; Der ganze Einfluß, der davon auf den Menschen zurückfließt, ist der, daß er geschickter, daß er klüger wird, daß er das Erdenleben mannigfaltiger genießen, und gleichsam **leckerer kosten** lernt; nicht aber daß er **moralischer**, daß er **besser** wird.

Aber wenn wir nur nicht allein **mit Vernunft denken**, sondern auch **nach Gesetzen der Vernunft zu handeln** fähig sind, wenn wir jenes Begehrungsvermögen, für welches die spekulative Vernunft immer neue Gegenstände erfand, durch dies praktische Vernunftvermögen auch leiten, einschränken, zu andern, als diesen begierlichen Zwecken, bestimmen können: Welche Absicht hatte die Natur, uns ein solches Vermögen mitzutheilen?

Ward uns dasselbe bloß verliehen, um den Instinkt nach Zwecken des Instinkts zu bestimmen, (denn alle Zwecke, die nicht moralisch sind, sind Zwecke des Instinkts: Dahin gehören also z. B. die Zwecke der Kultur, der Anständigkeit, der Wohlthätigkeit, des Mitleidens, aus Absichten des Wohlgefühls u. s. w.) so scheint die Natur hier wirklich einen Umweg gemacht, und ihrer ökonomischen Sparsamkeit entgegen gehandelt zu haben. Denn es ist bekannt, wie ungleich schneller, treffender, umfassender der Instinkt handelt, als die Vernunft: wie ungleich langsamer und schwerer alles von statten geht, wo diese allein wirkt, so daß auch die unmittelbarsten Zwecke des Instinkts ihr von der Natur nicht anvertraut werden konnten. Aber sollten nicht vielleicht jene feinern, leckerern

Genüsse des Lebens, die uns die Vernunft darbietet, leichtere Herbeyschaffung der Lebensbedürfnisse, erhöhetes Vergnügen an den Werken der Natur, schöne Künste und Wissenschaften ein gnugwürdiger Gegenstand einer praktischen Vernunft seyn, um uns den Weg von dem Instinkt durch Vernunft bis wieder zu Zwecken des Instinkts, gleichsam mit Rosen zu bestreuen?

Groß und unschätzbar groß sind die Vortheile, welche uns die rastlosbemühte Vernunft erarbeitet hat; man muß sie nicht kennen, um sie herabzusetzen: Ich räume sogar von ihnen ein, was man von denselben als Gründen der höchsten Schätzung einräumen muß, daß sie Vorbereitungsmittel der Sittlichkeit sind: aber als die letzten endlichen Zwecke der Metaphysik sie ansehen, als das Ziel, wofür wir so viel arbeiten, uns mühen und kümmern, uns ein ganzes Leben von dem lebhaftesten Genusse verkümmern sollen, wofür wir gebohren werden, leben, und sterben — dafür sie ansehen — wer kann es?.

Man hat den Mann, der es zuerst wagte, seinem Jahrhundert diese große Wahrheit gleichsam ins Angesicht zu sagen, daß die hohe Tochter der Vernunft, Kultur (denn unter diesem Namen befassen wir füglich jede Art von Ausbildung der spekulativen Vernunft) der Menschheit im ganzen mehr geschadet, als genützt, man hat, sage ich, Rousseauen deklamatorischer Uebertreibungen beschuldigt: Aber wer sieht nicht noch Wahrheit durch diese Deklamation hindurch schimmern? die bey diesem Manne der Vertheidigung der Wahrheit immer nur Energie und Eifer zu leihen scheint. Ohne die Beyspiele von großen Männern hier anzuführen, die das, was man Kultur nennt, in einem hohen Grade besaßen, und die es frey von sich gestanden, daß sie es als Folgen dieser Kultur ansahen, wann sie mehr Bedürfnisse kennen gelernt, als sie hätten befriedigen können, wenn sie Gesundheit und sinnlichen Lebensgenuß, — diese obersten Bedingungen

des

des menschlichen Lebens verscherzt — wenn sie ihr Interesse für Mensch und Menschenschicksal geschwächt fühlten, wenn sie von der wichtigsten aller ihrer Untersuchungen Zweifel an der Religion und über die Schicksale des Menschen nach diesem Leben davon getragen, u. s. w. ohne auf die Klagen dieser Männer mich zu berufen, Klagen, die ein jeder, dem Kultur ein Ernst ist, und der über den Gelehrten nicht den Menschen vergißt, freylich mehr oder weniger, aber doch immer rechtfertigen wird: (und ich glaube, einem jeden derselben träfe das wichtigste, träfe die Ruhe und Zufriedenheit der menschlichen Seele!) wer gestand bey der höchsten Wissenschaft, die er sich errungen, am Ende nicht das Sokratische: Ich weiß nichts: Wer brachte von der höchsten Kultur nicht Unzufriedenheit zur Ausbeute zurück? Der größte Weise (in dem Sinne der Kultur) gäbe noch dem Buch, das die gesammte Weisheit der ewig arbeitenden Vernunft enthielte, dieses Motto: **Es ist doch alles eitel.**

Es ist auch daher von den scharfsichtigsten Beobachtern der menschlichen Natur von jeher in den Menschen ein Sehnen und Streben angemerckt worden, welches durch keine Vergnügungen der Sinne, keinen Geschmack an den schönen Künsten, keine Vertiefung in den erhabensten Wissenschaften befriedigt, wenn gleich auf einige Zeit gleichsam hingehalten werden könnte. Dies ist die große Langeweile des Lebens, die die mehresten derjenigen fühlen, die, wenn ich so reden darf, den Becher des Lebens mit vollen Zügen trinken, und in jeder Art des Genusses desselben gleichsam schwimmen: Dies ist jenes Gefühl einer in sich selbst gekehrten Schwermuth, welches oft die feinsten, zu der höchsten Kultur ausgebildeten Menschenseelen trübt, und ihnen gleichsam wie Liebe zu einem fernen, unerreichbaren Gegenstande tief in der Brust liegt:

Mit diesem Stachel im Busen blickt also der Mensch in der weiten Schöpfung um sich herum, wirft das Auge von der Erde zum Himmel, vom Himmel zur Erde, und fragt: Was ist das, und wo ist es, das meine schmachtende Seele so sehnlich verlangt, das sie mit allen Vergnügen der Sinne und der Einbildungskraft, mit allen Schätzen der Erkenntniß zu erkaufen wünschte? Welches ist das beste Ziel aller meiner Wünsche und Neigungen? Kurz, was und wo ist Glückseligkeit? (Denn mit diesem Namen hat man diese so sonderbare Tendenz in dem Menschen bezeichnet.)

Ich glaube also, es ist offenbar, daß jener Ekel an den sinnlichen Vergnügungen jeder Art, nicht bloß ein aufwallendes Gefühl, ein Gefühl einer einstweiligen Geisteserschlaffung, eine vorübergehende Laune der menschlichen Seele ist: Jeder, der über den Menschen, über seine Verhältnisse, über die ganze Würde der menschlichen Natur ernsthaft nachdachte, ward von diesem Gefühl ergriffen, und wer nicht davon ergriffen ward, kannte und würdigte den Menschen nicht. Man sieht also, es ist dieß in unserer Seele ein höherer Fingerzeig der Natur auf erhabnere Gegenstände, als Gegenstände der Sinne: eine Wolkenstimme, die uns immer ruft, der wir aber nicht immer lauschen; vor der wir uns zwar zuweilen betäuben mögen, aber doch nicht verhindern können, daß wir nicht endlich durch ihren warnenden Laut aufgeschreckt werden; man sieht also, sage ich, daß dieser Unzufriedenheit des menschlichen Geistes mit den irrdischen Gegenständen die Idee von höhern und würdigern Endabsichten seiner Existenz, einer Existenz um höherer, als sinnlicher Zwecke willen, zum Grunde liegt, welchen Zwecken einer höhern Existenz also auch als den obersten Bedingungen aller Glückseligkeit und alles ächten Lebensgenusses, diese Glückseligkeit — diese Lebensgenüsse selbst nachstehen müssen.

Und hier ist uns nun von allen für Menschen denkbaren Dingen, von allen ihren erreichbaren Zwecken nichts übrig gelassen, als die Tugend, diese himmlische Tochter eines guten Willens.

Dieser

Dieser gute Wille aber ist als ein solcher bloß möglig durch einen praktischen Vernunftgebrauch. Denn ein guter Wille, dessen solche Wesen, als wir sind, (halb Thier halb Geist) fähig zu werden suchen sollen, besteht eben darin, daß wir den Instinkt beherrschen und nach Gesetzen der Vernunft leiten und bestimmen können; als worin eben, nach dem oben schon gesagten, das praktische Vernunftvermögen besteht.

Demnach wird das Vermögen einer reinen, praktischen Vernunft, welches, wie vorher schon errinnet worden, den Zwecken der Sinnlichkeit eher hinderlich als fördernd war, (wenn es anders nicht wider alle Sitte der allweisen Natur, vergebens da seyn soll) zu keinem andern Zweck der menschlichen Natur mitgetheilt worden seyn, als um einen guten Willen, als das Princip reiner Tugend, in uns hervorzubringen.

Ein guter Wille also, ein Wille (man vergleiche unsere vorige Erklärungen), der zu allen Zeiten, an allen Orten, in allen Umständen sich nach dem allgemeinsten und höchsten Zwecken — nach Zwecken des Ganzen der Menschheit bestimmt, und alle seine Triebe und Neigungen mit Aufopferung alles sinnlichen Wohlgefühls nur zu dem hinleitet, was ihm die Vernunft als gut, groß und edel vorstellt —— ein solcher guter Wille, sage ich, genießt nicht etwa bloß, wie der sinnliche Theil des Menschen, der Natur und ihrer Geschöpfe, beschauet sie nicht bloß, wie die spekulative Vernunft, sondern wirkt und handelt auch und zwar durch Selbstbestimmung mit der Natur gemeinschaftlich in ihrem großen Plan der Erhaltung und Glückseligkeit ihrer Geschöpfe, und ist gleichsam der großen Bildnerin συνεργος und Mitschöpfer.

Denn, wenn die Natur weise handelt, so mußte die die Erhaltung und das Wohlseyn ihrer Geschöpfe der letzte Zweck der Schöpfung seyn. Für ein Wesen also, das diese Natur in ihren großen Anlagen und Zwecken zu schätzen fähig ist, für ein vernünftiges Wesen kann es keinen größern Zweck, kein höheres Ziel geben, als in jenem großen und erhabensten Plan der Natur, der Allseligkeit ihrer Schöpfung, selbst mitzuarbeiten, und gleichsam ein Gefährte ihrer göttlichen Beschäftigung zu seyn.

So wie aber aus dieser umfassenden Anwendbarkeit auf den letzten Zweck der Natur der überschwengliche Werth eines guten Willens erhellt, eben so ergiebt sich derselbe auch aus einer nähern Erwägung der Natur dieses guten Willens.

Wenn ein Wesen, das einen Willen hat, eben dadurch über alles Leblose, so wie auch über alles Lebendige, das nur Instinkt hat, weit erhaben ist, wenn dieses Wesen durch Selbstthätigkeit, als eben so viel Anwendungen dieses Willens zu guten Zwecken, einen desto größern Werth, als ein solches hat: wenn es dieser Selbstthätigkeit sogar durch Aufopferung eines entgegengesetzten Instinkts sich fähig macht: und wenn die guten Zwecke, nach denen es sich bestimmt, die höchsten, die würdigsten sind, welche es sich vorsetzen kann: so muß dasjenige, was alles dieses in sich begreift und möglich macht, so muß ein guter Wille das höchste und würdigste Ziel seyn, welches sich ein Wesen, das Vernunft und Willen hat, aufstecken kann.

Wenn wir also auf eben die Art unter dem Wort Tugend alle und jede Aeußerungen eines guten Willens des Produkts eines reinen praktischen Vernunftvermögens verstehen, so wie wir oben unter dem Wort Kultur alle Aeußerungen der spekulativen Vernunft begriffen: so werden wir nunmehr sagen; Tugend ist die letzte Bestimmung des Menschen, wornach er in diesem Leben zu streben hat.

Es ist also klar, daß Kant auf keine Weise leugnen will, daß Glückseligkeit der letzte Zweck der Natur, so
wie

wie mit allen Geschöpfen also auch mit dem Menschen gewesen seyn sollte: und eben so wenig, daß die Tugend in den Händen der Natur, der alle Zwecke Mittel, so wie alle Mittel Zwecke sind, ein Mittel wäre diese Glückseligkeit selbst zu befördern: sondern er will nur sagen, daß wir selbst nur dahin zu sehen haben, der Natur dieses große Mittel zur Erreichung ihres letzten Schöpfungszwecks, in seiner möglichsten Vollkommenheit und reinsten Sittlichkeit gleichsam in die Hände zu arbeiten, damit sie von derselbigen zu ihren Absichten einen desto zweckmäßigern Gebrauch machen könne: — daß also die oberste Foderung der Natur an den Menschen diese sey: Handle so rein, sittlich und so vollkommen wie möglich: Die Wirkungen deiner Handlung überlasse der Natur.

Zu dieser Tugend in ihrer möglichsten Vollkommenheit und höchsten sittlichen Reinheit gehört nothwendig, daß wir dieselbe nicht als Mittel zu andern Zwecken, sondern als Zweck, also Tugend, als Tugend, ohne irgend eine andere Rücksicht ausüben.

Denn erstens: Alle Rücksichten und Bewegungsgründe, wodurch wir uns zur Tugend bestimmen wollten, außer der Tugend um ihrer selbst willen, sind sinnlich, und wirken also, als solche, nicht anders, als durch Instinkt.

So viel aber der Instinkt in die Handlungen des guten Willens einfließt, so viel sind sie nicht Handlungen eines guten Willens, sondern guter Neigungen, die hier selbst den Willen bestimmen, da der Wille, als ein solcher die Neigungen bestimmen sollte. Demnach wird durch alle sinnliche Bewegungsgründe, die reine Selbstthätigkeit des guten Willens, mithin die reine Sittlichkeit der Handlung gestört und gleichsam getrübt.

Machet das Vergnügen und Wohlgefühl, welches nach der Einrichtung der allgütigen Natur, jede tugendhafte Handlung in dem Handelnden hervorbringt, zum

Bewe-

Bewegungsgrunde eurer Tugend: so ists klar, daß ein solcher Bewegungsgrund unmittelbar als Instinkt wirkt.

Machet das Gefühl für fremde Glückseligkeit, die Vorstellung von dem Wohlgefühl, welches eure tugendhaften Handlungen, durch glückliche Wirkungen in ihnen hervorbringen werden, zu dem letzten Bewegungsgrund eurer Handlung: so liegt doch dieß Gefühl für fremde Glückseligkeit mehr in dem sinnlichen als in dem vernünftigen Theil eures Selbst, mehr in der Mischung eures Bluts, als in einer selbsterworbenen Fertigkeit. Und, wenn gleich immer der Einfluß des vernünftigen Theils eurer selbst in dieß Gefühl für fremde Glückseligkeit euch eingeräumt werden mag, so ist doch alles, was sittlich darinn ist, nur der Anwendung des reinen praktischen Vernunftvermögens, dem guten Willen zuzuschreiben, so wie alles übrige, den natürlich guten Anlagen und Neigungen, die also gar nicht zur Sittlichkeit mit gehören.

Es ist also erwiesen, daß durch diese und alle andere sinnliche Rücksichten und Bewegungsgründe der Tugend, niemals eine reine Sittlichkeit erlangt, und alle Bedingungen eines guten Willens, des obersten Princips aller Tugend, erfüllt werden können.

Aber zweytens. Die Natur hat in dem Gange der Dinge die Einrichtung getroffen, daß tugendhafte Handlungen nur zu häufig aller sinnlichen Endzwecke verfehlen: daß der Tugendhafte statt des Wohlgefühls Mißbehagen und Unzufriedenheit davon trägt, daß durch eine ungünstige Zusammentretung der Umstände, die Handlung der Tugend aller glücklichen Wirkungen ermangelt u. s. w. daß wir also alle Beruhigung in solchen Fällen einzig und allein aus der That selbst, aus dem Selbstbewußtseyn, tugendhaft gehandelt zu haben, in diesen Fällen hernehmen können.

Eben so liegen oft alle glücklichen Folgen einer tugendhaften Handlung, (und die letzten gewiß immer) jenseits

seits unsers Gesichtskreises, und dennoch fühlen wir uns verpflichtet, selbst ohne diese Aussicht auf glückliche Wirkungen unserer Handlung tugendhaft zu handeln — Fälle, deren uns Geschichte und Beobachtung der menschlichen Schicksale so viele liefern! —

Es ist also offenbar, daß selbst die große Absicht der Natur, welche die Tugend, wie schon oben gesagt worden, zu einem Mittel ihres großen Schöpfungszwecks, der Verbreitung der Glückseligkeit ihrer Geschöpfe machte, auf keine Weise immer und in allen Fällen erreicht werden könnte; wenn wir jene sinnlichen Zwecke zu den letzten Bewegungsgründen der Tugend machen wollten: indem die Kurzsichtigkeit unserer Erkenntniß der Verhältnisse der Dinge sehr oft uns diese Bewegungsgründe nirgends würde entdecken lassen, mithin die tugendhafte Handlung selbst, wären Bewegungsgründe dieser Art, die einzigen und letzten, nicht hervorgebracht werden könnte.

Wir haben es also eben so wohl aus dem Wesen eines guten Willens, und aus dem Wesen einer reinen sittlichen Handlung als aus der Absicht der Natur, die sie dabey hatte, wenn sie uns die Tugend zur Pflicht machte, dargethan, daß bey der Hervorbringung derselben alle Rücksicht auf sinnliche Zwecke entfernt werden müsse.

Der einzige und letzte Bewegungsgrund also, der uns übrig bleibt, ist der, daß wir tugendhaft zu seyn uns bestreben, — um der Tugend selbst willen.

Eine nähere Erläuterung hierüber giebt uns der Begrif der Pflicht. Pflicht faßt also in sich.

a) eine Verbindlichkeit, selbst wider unsre Neigung zu handeln.

Was Kant hierüber sagt und sagen konnte, sind allgemein zugestandene Wahrheiten. Ich bemerke nur dieß noch. Kommt zu einer Handlung, die Pflicht ist,

noch)

noch eine unmittelbare Neigung hinzu, so wird die Handlung dadurch freylich leichter, aber sie gewinnt nichts an Sittlichkeit oder Verdienstlichkeit; denn sie ist ja nur sittlich, in so fern keine unmittelbare sinnliche Neigung drin einfließt. Freylich können wir eine Neigung pflichtmäßig zu handeln, durch Vernunft in uns hervorbringen: aber das heißt nur uneigentlich eine Neigung: indem es nichts anders ist, als eine Fertigkeit des praktischen Vernunftvermögens, die wir nicht als Instinkt von der Natur empfangen, sondern uns selbst erworben haben; und Handlungen, die das Produkt einer solchen Fertigkeit sind, sind ächt moralische Handlungen. Wollen wir uns ein praktisches Vernunftvermögen mit lauter solchen Fertigkeiten denken, so könnte es in diesem Sinne heißen (aber in keinem andern) die Tugend ist eine Gewohnheit.

Eben so erhellet, was Kant S. 11. sagt, daß der Werth eines moralischen Charakters da anhebt, daß er eine Handlung nicht aus Neigung thue, sondern aus Pflicht.

Wer schätzte nicht einen wohlthätigen Mann, den die Natur mit Timonischen Neigungen gebohren werden ließ, vor einer andern wohlthätigen, aber weichgeschaffenen Seele — (ein Beweiß, wie wenig der neuere Ton der Moralisten, der Ton der Empfindsamkeit auf ächte Moral hinwirkt).

Ein Charakter der ersten Art scheint Sokrates gewesen zu seyn, so wie er sich wenigstens gegen den Physiognomen Zopyrus erklärte — auch ist ein solcher Charakter der eigentliche Charakter eines Philosophen, eines Weisen —

> qui sibi res, non se rebus —
> submittit.
>
> HORAT.

b) Der Begrif der Pflicht giebt uns auch folgenden Satz an die Hand; eine Handlung aus Pflicht hat ihren moralischen

ralischen Werth nicht in der Absicht, welche dadurch erreicht werden soll, sondern in der Maxime, nach welcher sie beschlossen wird, hängt also nicht von der Wirklichkeit des Gegenstandes der Handlung ab, sondern bloß von den Princip des Wollens, nach welchem die Handlung unangesehen aller Gegenstände des Begehrungsvermögens geschehen ist.

Um diesen Satz, der im Anfange dunkel scheint, sich zu erläutern, nehme man das schon oben angeführte Beyspiel von dem Charakter des Cäsar. Alle Handlungen der Gerechtigkeit, Menschenliebe und Gnade, welche er vor seiner Erhebung auf den Königsstuhl Roms, den er über die Trümmern der Republik hinsetzte, mogten den durch sie hervorgebrachten Wirkungen immer andern ächtsittlichen Handlungen gleich seyn: mogten in der Absicht von ihm beschlossen seyn, um in den gegenwärtigen Fällen Menschen zu schätzen und glücklich zu machen: aber die Absicht aller dieser Absichten der letzte Zweck aller seiner Handlungen, in welchen diese mit allen ihren Absichten und Wirkungen, wie in einem Mittelpunkt sich verloren, die Maxime also und Bestimmungsgrund nach welchem alle diese Handlungen und Zwecke beschlossen wurden, diese war: sich durch jene Handlungen der Gerechtigkeit und Gnade, als Mittel, der Republik zu bemächtigen, und darüber die Rechte der Bürger und also der Menschheit überhaupt zu kränken. Diese letzte Maxime seiner Handlungen, dieß Princip des Wollens war nicht moralisch, und dadurch also auch keine der nach dieser Maxime beschlossenen Handlungen.

Läge der moralische Werth der Handlung in der Wirkung derselben, oder, welches hieraus zugleich folgt, in irgend einem Princip der Handlung, welches seinen Bewegungsgrund von dieser erwarteten Wirkung entlehnte: so konnten alle diese Wirkungen, sie seyen, welche sie wollen, Annehmlichkeit des Zustandes des Handelnden, oder

auch

auch) Beförderung fremder Glückseligkeit, auch durch andere Ursachen, als durch einen reinen praktischen Willen hervorgebracht werden: und es brauchte also desselben in der Schöpfung nicht; da doch, wie wir oben gesagt, in demselben das höchste und unbedingte Gut allein angetroffen werden kann.

c) Der dritte Satz, den wir aus dem Begrif der Pflicht folgern, ist der: Pflicht ist die Nothwendigkeit einer Handlung aus Achtung für's Gesetz:

Zum Objekt, als Wirkung meiner vorhabenden Handlung, kann ich zwar Neigung haben, aber niemals Achtung: und zwar eben deßwegen, weil sie bloß eine Wirkung, nicht eine Thätigkeit des Willens ist.

Wenn wir den Begrif der Achtung nur demjenigen beylegen wollen, was für uns die höchste Schätzung, den höchsten Werth hat; (und der gemeine Gebrauch dieses Begrifs bestätigt diese Bedeutung, die von jeder andern, welche man demselben vermischt, beyzulegen pflegt, so leicht zu unterscheiden ist) so ists klar, daß wir für keine Wirkungen einer Neigung, mithin auch nicht für die Neigung selbst, eine Achtung haben können: (Neigung heißt uns hier immer, so wie wir diesen Begrif auch nie anders gebraucht haben, so viel als Trieb durch Instinkte). Mag diese Neigung nun meine oder eines andern seyn: ich kann sie in dem ersten Fall bloß billigen, im andern bisweilen selbst lieben, d. h. sie als meinem Vortheil günstig ansehen. Die in ihren Wirkungen wohlthätigste Neigung konnte noch immer nur der Gegenstand der Liebe, und nicht der Achtung in den angegebenen Sinne seyn.

Im Gegentheil, so wie das lebendige vortreflicher ist, als das leblose, so ist die Selbstthätigkeit, also der Wille selbst, vortreflicher, als die Wirkungen dieses Willens: demnach hat der selbstthätige Wille auch mehr Werth, als ein Trieb des Instinkts, als eine Neigung.

Fra=

Fragen wie dann aber weiter, woher hat der selbstthätige Wille diesen höhern Werth, und in welchem Falle kann er nun denselben, ja den höchsten, unbedingten Werth haben? so ist die Antwort: wenn er sich mit der ihm eigenthümlichen Wahl, nach allgemeinen Gesetzen bestimmt, die seiner Neigung Abbruch thun. Denn eben dieser Abbruch, den er seiner Neigung thut, ist das, was seine Selbstthätigkeit im höchsten Grade beschäftigen kann.

Es ist also klar, daß außer einem Willen, der sich durchgängig nach solchen Gesetzen, die seiner Neigung Abbruch thun, bestimmt, diese Gesetze selbsten, Gegenstände der Achtung seyn können. Denn ein solcher Wille ist in mir die Befolgung, und gleichsam reelle, sichtbare Darstellung dieser Gesetze, die also auch, wie er, Gegenstände der Achtung seyn müssen.

Demnach kann also mir das, was bloß als Grund, niemals aber als Wirkung mit meinem Willen verknüpft ist, was nicht meiner Neigung dient, sondern sie überwiegt wenigstens diese von deren Ueberschlage, bey der Wahl ganz ausschließt, mithin das bloße Gesetz für sich, ein Gegenstand der Achtung, und also ein Gebot seyn.

Nun soll eine Handlung aus Pflicht den Einfluß der Neigung, und mit ihr jeden Gegenstand des Willens ganz absondern, also bleibt nichts für den Willen übrig, was ihn bestimmen könnte, als objektiv das Gesetz, und subjektiv reine Achtung für dieß praktische Gesetz, mithin die Maxime, einem solchen Gesetz, selbst mit Abbruch aller meiner Neigungen, Folge zu leisten.

Demnach kann der Bestimmungsgrund des Willens bey einer Handlung der Pflicht, kein anderer seyn, als — Achtung für's Gesetz.

Nun fragt man weiter; was kann das für ein Gesetz seyn, dessen Vorstellung auch ohne auf die daraus erwartete

Würkung Rücksicht zu nehmen, den Willen bestimmen muß, damit dieser schlechterdings und ohne Einschränkung gut heißen könne? Da wir nach den vorhergeschickten Sätzen den Willen aller Antriebe beraubt haben, die ihn aus der Befolgung irgend eines Gesetzes entspringen könnten, so bleibt nichts als die allgemeine Gesetzmäßigkeit der Handlungen überhaupt übrig, welche allein dem Willen zum Princip dienen soll, d. i. ich soll niemals anders verfahren, als so, *daß ich auch wollen könne, meine Maxime solle ein allgemeines Gesetz werden.* Hier ist nun die bloße Gesetzmäßigkeit überhaupt, (ohne irgend ein auf gewisse Handlungen bestimmtes Gesetz zum Grunde zu legen), das, was dem Willen zum Princip dient, und ihm auch zum Princip dienen muß, wenn Pflicht nicht überall ein leerer Wahn und chimärischer Begrif seyn soll.

Bey allen Pflichten, die wir als moralisch erkennen, ist, wenn ich mich so ausdrücken darf der Grad der Verpflichtung, einer und der nemliche: wir fühlen uns z. B. nicht weniger verpflichtet, unser Versprechen zu halten, als, die Wahrheit zu reden ꝛc. und so mit allen moralischen Gesetzen. Es muß also allen diesen besondern moralischen Gesetzen ein allgemeines Princip zum Grunde liegen, als Ursache jenes gleichen Grads der Verpflichtung, der allen eigen ist; und dieß ist nun nichts anders, als das eben abgeleitete allgemeine Princip des guten Willens; so zu handeln, daß ich wollen könne, daß meine Maxime ein allgemeines Gesetz sey.

Dieses oberste Princip eines guten Willens können wir also, um mit den Mathematikern zu reden, wie einen Lehrsatz ansehen, von welchem alle besondere moralische Gesetze die Consektarien Folgesätze sind, die also, als solche eben so allgemein gültig, so gewiß und unumstößlich seyn müssen, als dieser ihr Grundsatz selbst, von welchem sie gemeinschaftlich abgeleitet werden.

Die

Die Probe dieses aufgefundenen obersten Grundsatzes der Moral ist also sehr leicht, es ist die, daß wir denselben an alle besondere moralische Gesetze halten, und prüfen, ob sich diese alle aus ihm ableiten lassen.

Kant hat von einigen moralischen Gesetzen die Beyspiele gegeben, und es ist nichts gewisser, als daß sich alle auf diesen Grundsatz zurück führen lassen.

Wider diesen Grundsatz kann es aber kein Einwurf seyn, daß wir bey jeder Anwendung eines besondern moralischen Gesetzes auf einen besondern Fall aus diesem allgemeinen Princip nicht entscheiden können; und den Fall selbst erst näher untersuchen müssen, in wie fern jenes allgemeine Gesetz auf denselben anwendbar ist; es hat damit keine andere Bewandniß, als, wenn wir in der Mathematik einen mathematisch demonstrirten Lehrsatz auf einen gegebenen Fall der Erfahrung anwenden wollen. Die moralische Schlußart, die sich auf diese Weise bildet, ist jenes allgemeine Princip des Willens, der Major, der besondere Fall der Handlung, der Minor, und das besondere moralische Gesetz, das auf diesen Fall anwendbar ist, die Conclusion.

So wie es aber eine Probe jenes aufgefundenen Principips der Sittenlehre ist, daß es auf alle besondere moralische Gesetze anwendbar sey; eben so ists auch ein sicherer Beweiß seiner Aechtheit, daß die gemeine Menschenvernunft in ihren praktischen Beurtheilungen damit übereinstimmt.

Fragt jeden gemeinen Mann von gesundem Verstande bey einer ächt moralischen Handlung (deren er wohl mehrere ausübt, als von ihm gewöhnlich geglaubt wird) fragt ihn um den Bewegungsgrund, der ihn dazu bestimmte, um den Grundsatz, nach welchem er bey derselben urtheilte; und immer werdet ihr ihn sagen hören: Thäte ich das Gegentheil, und andere thäten gegen mich das nemliche, wie würde es nun die Welt stehen! Es ist also klar, er sieht seine Handlung als eine solche an, die von andern, d. h. von allen Menschen müßte gethan werden können, mithin unserm Princip gemäß. Der oberste Grundsatz seiner Moral ist ihm auch daher immer das Gefühl, nicht nach eigensüchtigen Absichten gehandelt zu haben. Denn es ist gewiß, daß je mehr die Absichten von einer Handlung sich von unserm Selbst entfernen, je mehr sie auf andere außer uns sich beziehen, desto allgemeiner sind sie, desto mehr nähern sie sich einem obersten Princip der Allgemeingültigkeit für alle Menschen. Und die andern, die der gemeine Mann in jenem seinem Grundsatz der Beurtheilung seiner moralischen Handlungen nannte, sind, bey einer nähern Erklärung, die er uns auf weitere Fragen gewiß selbst geben würde, die ganze Menschheit in corpore.

Was Kant S. 16. in einer langen Note zur Erklärung seines aufgefundenen Princips sagt, ist höchst wichtig, ich habe daher geglaubt, einige Anmerkungen mit anschließen zu müssen.

Er sagt: „Man könnte mir vorwerfen, als suchte ich hinter dem Wort Achtung nur Zuflucht in einem dunkeln Gefühle; anstatt durch einen Begrif der Vernunft in der Frage deutliche Auskunft zu geben: Allein, wenn Achtung gleich ein Gefühl ist, so ist es doch kein durch Einfluß empfangenes, sondern durch einen Vernunftbegrif selbst gewirktes Gefühl, und daher von allen andern Gefühlen spezifisch unterschieden."

Alle andere Gefühle sind unmittelbare Anschauungen durch die Sinne. Aber wenn wir die Achtung ein Gefühl nennen wollen, so ists klar, daß diesem Gefühl ein Urtheil der Vernunft vorhergehet; indem ich, wie denn der Begrif der Achtung auch in unserm oben erklärten Sinn dieß in sich begreift, nichts achten kann, ohne es zu schätzen und gleichsam zu wägen, — also zu untersuchen, um ihm seinen

nen Werth zu bestimmen, welches mithin nicht anders geschehen kann, als durch ein Urtheil der Vernunft. Daher ist auch Achtung, unter allen Gefühlen das langsamste, und welches sich also an spätsten bey den Menschen entwickelt, indem die Vernunft in allen ihren Verrichtungen langsamer zu Werke geht, als die Sinne; aber auch von der andern Seite, das Klärste, weil die Vorstellungen der Vernunft klärer sind, als die Anschauungen der Sinne. Wir könnten demnach sagen: Bey allen übrigen Gefühlen, als z. B. bey dem Gefühl des Schönen in den Künsten oder auch bey den Leidenschaften u. s. w. wirkt die Vernunft erst nach dem empfangenen sinnlichen Eindruck, bey dem Gefühl der Achtung kommt sie zuvor, ja macht es selbst erst möglich.

„Denn, was ich unmittelbar als Gesetz für mich erkenne, erkenne ich mit Achtung, (wie aus dem vorhergesagten klar) welche nichts anders ist, als das Bewußtseyn der Unterordnung meines Willens unter ein Gesetz, ohne Vermittelung anderer Einflüsse auf meinen Sinn. Die unmittelbare Bestimmung des Willens durchs Gesetz und das Bewußtseyn derselben, heißt Achtung, so daß diese als Wirkung des Gesetzes auf das Subjekt, und nicht als Ursache desselben angesehen wird."

Man höre z. B. ein moralisches Gesetz: du sollst nicht lügen: Du sollst dein gegebenes Wort halten: So wie wir bey dem Anblick eines schönen Gegenstandes oder bey der dichterischen Schilderung desselben, uns zu dem Gegenstande selbst hingezogen fühlen; und wiederum von der entgegengesetzte Seite, von einem gegenwärtigen gräßlichen Gegenstande selbst schon bey einer lebhaften Beschreibung desselben, wegschauern: eben so wird unser Wille bey der Vorstellung dieser und aller andern moralischen Gesetze auf eine ähnliche Art gleichsam gerührt: wir können nicht umhin, die Aufhebung dieser moralischen Gesetze uns gleichsam als eine Vernichtung unsrer Selbst zu denken; so wie die Befolgung derselben als eine Aussöhnung mit uns selbst, und eine Befriedigung gewisser Ansprüche und Foderungen, die wir an uns selbst haben.

Eben so ist auch auf dieses Gefühl anwendbar was Kant weiter sagt: „Es ist etwas, was weder als Gegenstand der Neigung noch der Furcht betrachtet wird, ob es gleich mit beyden etwas analogisches hat. Der Gegenstand der Achtung ist lediglich das Gesetz, und zwar dasjenige, das wir uns selbst, und doch als an sich nothwendig auferlegen." Denn wer ist der Gesetzgeber der moralischen Gesetze anders, als die **Vernunft, d. h. wir selbst.** „Als Gesetz sind wir ihm unterworfen, ohne die Selbstliebe zu befragen," ja es thut ja, als solches, dieser Selbstliebe gar Abbruch: als von uns selbst auferlegt, ist es doch eine Folge unseres Willens, und hat also in der ersten Rücksicht Analogie mit der Furcht, in der zweyten mit der Neigung."

Da es klar ist, wie die moralischen Gesetze Mensch mit Menschen verbinden, und allen Zusammenhang unter den Menschen möglich machen, wie der Mensch ohne dieselbe gleich den Thieren umherirrt,

ὅις εἰνας δικαιοις
Φυσις οὐ δἰδωκεν

HESIODUS.

Kurz, wie sie mit der unentbehrlichsten Ausbildung des Menschen und seiner ganzen Natur den unmittelbarsten Zusammenhang haben: so mußten dieselben auch mit einer überschwenglichen Kraft auf den Menschen wirken, wenn die Natur anders ihre große Absicht erreicht haben wollte: aber es ist diese Kraft keine Zauberkraft, kein übernatürliches Gefühl: man darf nur um es sich zu erklären, in Betrachtung ziehen, welche wichtige Ideen, als z. B. die von dem Bestande der menschlichen Gesellschaft und der Aufrechthaltung ihrer unwidersprechlichsten Rechte, u. s. w.

ohne

ohne Zweifel also die wichtigsten, die wir haben können, demselben zum Grunde liegen. Daher jener Abscheu, jenes Zurückbeben vor einem Bösewicht, als einem solchen, so viel er es wahrlich durch einen bösen Willen und nicht durch Umstände ist: daher das Gefühl eines Herabsinkens eine Herabwürdigung unserer Selbst, wenn wir uns einer niederträchtigen That schuldig machen: aber eben daher auch jener himmlische Schauer der Ehrfurcht, die uns bey der Vorstellung eines großen, moralischen Charakters anwandelt, und eine überhimmlische Entzückung, mit welcher uns die Vorstellung eines durchgängig guten Willens, eines durchaus moralischen Wesens erfüllet. Alle übrigen Gefühle erfüllen gleichsam nur einen Theil der Seele, dieses aber die ganze Seele, den Menschen selbst: jene rühren, dieses interessirt.

Auf diese Weise ist es klar, warum dieses moralische Gefühl der Achtung mit solcher Schnelligkeit in dem Menschen wirkt; jede Handlung gegen den Mitmenschen, jeder Gedanke an unser Verhältniß gegen die Menschen, prägt dasselbige ein: und bey dem gemeinen Manne, der diese Handlungen häufiger auszuüben Gelegenheit hat, und diese Verhältnisse sich also auch lebendiger und gleichsam praktischer denkt, wird das Gefühl nothwendig lebhafter seyn müssen, als bey dem spekulativen Kopf, der durch Sophistereien nur zu leicht von einem moralischen Gradsin irre geleitet werden kann.

Wie klar dieses Gefühl in den Menschen, und wir verschieden es zugleich von aller andern Gattung von Gefühlen sey, erhellet schon daraus, daß der gemeine Mann demselben einen ganz eigenthümlichen Namen, den Namen des Gewissens, beygelegt, womit er gewiß kein eigentliches Gefühl, sondern einen Vernunftbegrif, nemlich jenes innerliche Richtmaaß des Guten und Bösen in ihm selbst, verbunden mit der (von uns erklärten) unwiderstehlichen Afficirung des Willens durch dasselbe, andeuten

deuten wollte. Die Philosophen haben, wie sie oft thaten, den Namen geändert, und nachher um diesen Namen gestritten: es hieß ihnen moralisches Gefühl. Der Plato unsers Jahrhunderts, Hemsterhuis, findet dieß Gefühl so sehr von allen übrigen unterschieden, daß er es einen sechsten Sinn nennt, einen Sinn, der uns gleichsam eine ganz neue Seite der Schöpfung zeigte: (man sehe darüber eine vortrefliche Stelle seiner Schrift, sur l'homme et sur ses rapports) welches auch, wie wir nachher zeigen werden, in eigentlichsten Sinne wahr ist. Indessen glauben wir, daß die Bemerkungen, die K a n t zur Erklärung dieses Gefühls gemacht, noch von keinem der Philosophen vor ihm gemacht worden, und daß er jenen Begrif von der Achtung für das Gesetz mit aller der Feinheit und Deutlichkeit dargestellt hat, womit ein Begrif dargestellt werden kann, der, wie uns wenigstens dünkt, unter allen Begriffen, die feinste Grenzlinie zwischen Gefühl und Vorstellung, zwischen Gedanken und Handlung, Vernunft und Willen, zu streifen scheint.

Wir hatten demnach bis dahin für eine Metaphysik der Sittenlehre noch nichts geleistet, als daß wir die Idee des guten Willens erklärt, und das Princip aller Sittlichkeit aufgefunden.

Die Einwürfe, welche hierüber Kanten wegen Unpopularität, unnützer Feinheit und Verleitung zu schwärmerischen Begriffen von der Tugend gemacht worden, werden wir in einem der folgenden Versuche zu beantworten Gelegenheit finden.

V. Die

V.

Versuche
über die Grundlegung
zur Metaphysik der Sitten.
Aus dem deutsch. Museum. Mon. Aug. 1788.

Dritter Versuch.

Wir sagten im Anfange unseres zweyten Versuchs, Kant verführe in seinem Fortschritt von der gemeinen sittlichen Erkenntniß zu der philosophischen und von der populairen Moralphilosophie zu der Metaphysik der Sitten, wie ein Mathematiker, der einen Satz in der Erfahrung wahr gefunden, und dann denselben aus jenen allgemeinen der Mathematik eigenthümlichen Gesichtspunkten anzusehen versucht, um ihn der mathematischen Evidenz fähig zu machen.

Diesem zufolge sehen wir Kanten in dem ersten Abschnitt mit nichts anders beschäftigt seyn, als daß er beobachtete und Beobachtungen erörterte: sein aufgefundenes Princip selbst war nichts als das unmittelbarste Resultat dieser Beobachtungen. In diesem zweyten Abschnitt nun erörterte er, wie diese Beobachtungen über Pflicht und guten Willen, oder vielmehr die aus diesen Beobachtungen hergeleiteten Begriffe von Pflicht und guten Willen mit der allgemeinen Natur der Menschen, seinen ursprünglichen Verhältnissen, und der gesammten Natur der Dinge zusammenhängen? — (also die allgemeinsten und höchsten Gesichtspunkte, die sich in Betrachtungen dieser Art der Philosoph wählen kann). Wie sie daraus folgen, oder wie dieselben möglich machen?

Es ist also nichts natürlicher, als daß wir erwarten, Kant werde hier in eine nähere Zergliederung des Vernunft- und Willensvermögens, dieser beyden karakteristischen Züge der Menschennatur, sich einlassen, die oben gegebenen Erklärungen aus denselben ableiten, und auf diese Weise Lehrsätze bilden, die mit einem Urvermögen der menschlichen Seele gleich unumstößlich sind.

Und in der That ist auch dieß der einzige Weg, die Moral und alle ihre Gesetze zu dem größtmöglichsten Grad der Evidenz zu erheben; denn wenn man sonst, um dieß zu erhalten, die Principien von einem Weltbesten, von einem Glückseligkeitstrieb, von einem moralischen Gefühl, von einer Erhabenheit der menschlichen Natur u. s. w. in der Sittenlehre zum Grunde zu legen, und diese darauf zu bauen pflegte, so waren dieß Principia, die selbsten wiederum anderer zu ihrer Ableitung bedurften, und eben deßwegen nicht als Principia gelten konnten, einige derselben, als z. B. das von der Erhabenheit der menschlichen Natur setzten dasjenige voraus, was sie erst beweisen sollten, wie auch das von dem Triebe nach Vollkommenheit u. s. f. — alle endlich waren aus der Erfahrung abgeleitet, und konnten also, als solche, auch niemals unumstößliche Lehrsätze, Lehrsätze a priori geben, aber hievon im folgenden ein mehreres.

Wenn aber Kant so sehr drauf bringt, eine Moral a priori zu gründen, wie denn dieß der Zweck seines ganzen Werks ist, so versteht er dadurch nichts anderes, als daß die Principien derselben bis auf die letzten stehenden, immerdauernden, unwandelbaren Data der Natur in unserer Vernunft, die die *conditiones sine quibus non*, alles von ihnen abgeleiteten in sich enthalten*), zurückgeführt, und alle

und

---

*) Das ist, so wie hier, in der Moral, also auch in der Critik der reinen Vernunft, die wahre und einzige Erklärung von dem, was Kant unter Begriffen a priori versteht.

zur Metaphysik der Sitten.

und jede moralische Gesetze von ihnen, als aus ihrer Quelle abgeleitet und durch sie gegründet werden: und von der Art sind in der Moral unstreitig die **Begriffe von Vernunft und Willen und deren Funktionen**, als solchen.

Ein jedes Ding der Natur wirkt nach Gesetzen. (Dieser Satz macht alle Erkenntniß möglich): eben durch diese fortdauernde Wirkung nach Gesetzen ist der Zusammenhang der Dinge, ist das Universum möglich.

Nichts aber, als ein vernünftiges Wesen hat das Vermögen nach der Vorstellung der Gesetze, d. h. nach Principien, zu handeln, oder einen **Willen**.

Gäbe es in der Reihe der Dinge ein Wesen, mit einer Kraft, sich von den Gesetzen loszureissen z. B. eine uneingeschränkte Willkühr, welche also, als eine solche, Gesetze jeder Art zum Gegenstande ihrer Wahl machen könnte; so würde ein solches Wesen nicht eher ein Glied des Universums werden können, als bis es sich den Gesetzen seiner bestimmten Natur und den andern mit ihm verbundenen Wesen, bequemen würde.

Wir wollten uns den menschlichen Willen auf einige Augenblicke als ein dieser uneingeschränkten Willkühr ähnliches Vermögen denken: es ist klar, daß derselbe alsdann erst als Ding in der Reihe der Wesen, bestehen könnte, wenn er sich nach den Gesetzen der ihm anhängenden Natur, oder nach den Gesetzen anderer mit ihm gleich bestimmten Naturen zu handeln bequemen würde: Denn so erst würde das Wesen, welches mit einem solchen Willen begabt wäre, in das große Gleis der Ordnung und Regelmäßigkeit eintreten, in welchem sich das Rad der Schöpfung dreht.

Wenn demnach die Natur die gesammte leblose Schöpfung so wohl als die thierische, gleichsam mit eigener Hand,

Hand, in dem unendlichen Kreise ewiger Gesetze der Nothwendigkeit, herumdreht: so gab sie dadurch, daß sie einem Wesen in der Reihe der Dinge Vernunft und Willen gab (wenn ich mich so ausdrücken darf) diesem Wesen die Zügel seiner Führung und Regierung selbst in die Hand: und es kann daher dasselbige nicht anders bestehen, weder für sich selbst noch in Beziehung auf andere gleichartige Wesen, als bis es die durch die Vernunft erkannten Gesetze seiner Natur und der ihm gleichartigen Wesen zum Gegenstande seines Willens, also seiner Wirkungen macht, d. h. den Gesetzen seiner Natur und der Natur der ihm verwandten Wesen, gemäß handelt: denn so allein werden die Wirkungen eines solchen Wesens Naturgesetze, wenn gleich die Befolgung derselben in diesem Fall, nicht nach einer ewigen Nothwendigkeit, sondern nach der Bestimmung eines vernünftigen Willens geschieht.

Diese Gesetze der Natur eines Wesens, welches Vernunft und einen Willen hat, im Verhältniß, mit Wesen einer gleichen Klasse, erörtert die Moral, die also nichts anders ist, als der Kanon der Naturgesetze für vernünftige und freye Wesen.

Da also ferner zur Ableitung der Handlungen von Gesetzen Vernunft erfodert wird, so ist der Wille nichts anders als praktische Vernunft. Bestimmt die Vernunft den Willen unausbleiblich, so sind die Handlungen eines solchen Wesens, die als objektiv nothwendig erkannt werden, auch subjektiv nothwendig d. h. der Wille ist ein Vermögen, nur dasjenige zu wählen, was die Vernunft unabhängig von der Neigung, als praktisch nothwendig, d. h. als gut erkennt.

Bestimmt aber die Vernunft für sich allein den Willen nicht hinlänglich; ist dieser noch subjektiven Bedingungen unterworfen (z. B. gewissen Triebfedern) die nicht immer mit den objektiven übereinstimmen; ist also der Wille nicht

nicht an sich völlig der Vernunft gemäß, (wie es bey Menschen wirklich ist), so sind die Handlungen, die objektiv als nothwendig erkannt werden, **subjektiv zufällig**, und die Bestimmung eines solchen Willens, objektiven Gesetzen gemäß, ist Nöthigung d. h. das Verhältniß der objektiven Gesetze zu einem nicht durchaus guten Willen wird vorgestellt, als die Bestimmung des Willens eines vernünftigen Wesens zwar durch Gründe der Vernunft, denen aber dieser Wille seiner Natur nach, nicht nothwendig folgsam ist.

Jene erstere unausbleibliche Bestimmung des Willens ist eine Eigenschaft des göttlichen Willens: diese zweyte zufällige Bestimmung durch Nöthigung aber ist dem menschlichen Willen eigen.

Schon aus dieser Eigenschaft des menschlichen Willens, daß derselbige subjektiven Bedingungen unterworfen ist, die den durch die Vernunft erkannten objektiven Gesetzen entgegen sind, und daß er daher zur Befolgung dieser Gesetze, (der er sich doch, um als ein vernünftiger Wille in der Reihe der Dinge zu bestehen, auf keine Weise entziehen kann) **genöthigt** werden muß, — schon aus dieser Eigenschaft des menschlichen Willens erhellet, daß die Behandlung der moralischen Gesetze nach Imperativen, die **Kant** befolgt, nicht willkührliche Einkleidung sey, sondern aus der Natur einer Gesetzlehre für vernünftige und freye Wesen, also aus der Natur einer Moral, nothwendig folge.

Man versuche es, irgend einem moralischen Gesetz eine andere Einkleidung zu geben, als nach einem Imperativen: man sage z. B. es ist dem Menschen über alles nützlich, daß er nicht lüge: so bleibt die Kraft des darinn liegenden moralischen Satzes: du sollst nicht lügen, nichts destoweniger allgemein-verpflichtend für jeden vernünftigen Willen; da dieß also der Fall mit allen moralischen Sätzen ist,

ist, da sie alle allgemein-verpflichtend sind, und kein vernünftiger Wille sich der Befolgung derselben entziehen kann: so ists klar, daß die eigentliche Formel der Enunciation eines moralischen Satzes der Imperativ ist, und daß also alle **Gesetze** κατ' εξοχην, **Gesetze im höchsten Sinne des Worts**, sind: welches auch schon daraus erhellt, daß die moralischen Gesetze Naturgesetze sind, und sich von diesen bloß dadurch unterscheiden, daß sie durch einen zufällig guten Willen, als solche, realisirt werden, und realisirt werden **müssen**, wenn anders Vernunft und Willen, und Wesen, mit diesen Kräften begabt, in der Natur bestehen sollen.

Die Vorstellung eines objektiven Princips, so fern es für den Willen nöthigend ist, heißt ein Gebot (der Vernunft) und die Formel des Gebots heißt, **Imperativ**.

Demnach werden auch Imperative bloß für den menschlichen Willen seyn, als der nach dem vorhergesagten, allein genöthigt werden darf.

Alle Imperativen gebieten entweder **hypothetisch** oder **kategorisch**. Jene stellten die praktische Nothwendigkeit einer möglichen Handlung als Mittel zu etwas ander, was man will, (oder doch möglich ist, daß man es wolle) zu gelangen vor. Der kategorische Imperativ würde der seyn, welcher eine Handlung, als für sich selbst, ohne Beziehung auf einen andern Zweck, als objektiv nothwendig darstellte.

Was Kant von dem hypothetisch-gebietenden Imperativ sagt, wird ihm ohnfehlbar jeder ohne fernere Erläuterungen oder Beweise zugeben; auch sagt er es bloß, um den von ihm entdeckten kategorischen Imperativ desto mehr ins Licht zu setzen.

Der **hypothetische Imperativ** sagt nur, daß die Handlung zu irgend einer möglichen oder wirklichen Absicht

sicht gut sey. Im ersten Fall ist er **problematisch**, im zweyten **assertorisch**. Der kategorische Imperativ erklärt die Handlung, ohne Beziehung auf irgend eine Absicht d. i. auch ohne irgend einen andern Zweck für sich, als objektiv nothwendig, und gilt also als ein apodiktisches Princip: er betrift (p. 43.) **nicht die Materie der Handlung, und das, was aus ihr erfolgen soll, sondern die Form und das Princip, woraus sie selbst folgt, und das wesentlich-Gute derselben besteht in der Gesinnung, der Erfolg sey, welcher er wolle.** Zur Erläuterung hierüber kann man dasjenige nachsehen, was schon im ersten Versuch bey Erörterung des Begrifs der Pflicht gesagt worden.

Eben so unterscheidet sich der kategorische Imperativ von dem hypothetischen auch in der Ungleichheit der Nöthigung des Willens: so würden wir das „Soll" des problematischen Imperativ eine **Regel der Geschicklichkeit**, das „Soll" des assertorischen einen **Rath der Klugheit**, und das des kategorischen **ein Gebot (Gesetz) der Sittlichkeit** nennen. Man vergleiche zu dem Ende diese drey Sätze: du sollst eine gerade Linie ziehen: du sollst nicht zu viel essen: du sollst nicht lügen: und der angegebne Unterschied des Grades der Nöthigung (wenn man mir den Ausdruck erlauben will) in den drey Imperativen ist offenbar; und eben so offenbar ists, daß der höchste Grad der Nöthigung auf den moralischen Heischesatz: du sollst nicht lügen, fällt, und daß die Nöthigung zu demselben eine unbedingte und zwar objektive, und mithin allgemeingültige Nothwendigkeit bey sich führt.

Indessen muß ich hier anmerken, (was Kant auch zu verschiedenen malen winkt) daß der Begrif des kategorischen Imperativs, mit dessen Erörterung oder vielmehr Unmöglichkeit der Erörterung die ganze Moral fließt (man sehe die Schlußanmerkung der Grundlegung der Metaphysik p. 127. 128.), bis dahin immer noch willkührlich, und eben

eben deswegen leer scheinen kann. Durch alles, was Kant in dem vorigen darüber gesagt hat, ist nichts mehr geleistet, als daß erhellet, es gebe außer dem hypothetischen Imperativ, und seinen Unterabtheilungen noch einen; der unter jenem nicht mit begriffen werden kann.

Wenn daher die Möglichkeit der hypothetischen Imperativen sehr leicht einzusehen ist; so ist die Erklärung der Möglichkeit eines kategorischen Imperativs, die allerschwerste, und wie sichs nachher ergiebt, die einzige unauflösliche Aufgabe der Moral.

Wer den Zweck will, muß auch das Mittel wollen: das ist die Auflösung von der Möglichkeit eines hypothetischen Imperativ. Wenn aber der kategorische Imperativ die Handlung ohne Beziehung auf irgend eine Absicht, d. i. auch ohne irgend einen andern Zweck für sich als objektiv nothwendig erklärt, (wie oben gesagt worden) so ists klar, daß eine solche Auflösung, wie die des hypothetischen Imperativs, bey dem kategorischen, unmöglich statt finden kann.

Die Schwierigkeit dieser Aufgabe zeigt sich zuerst darin, daß es durch kein Beyspiel, mithin nicht empirisch ausgemacht werden kann, ob es überall einen kategorischen Imperativ gebe. Denn das Nichtseyn einer Ursache kann durch keine Erfahrung bewiesen werden, indem diese nichts weiter lehrt, als daß wir jene nicht wahrnehmen können.

Demohngeachtet aber ist dies kein Beweis, daß der Begrif eines kategorischen Imperativs eine Chimäre sey. Es ist ja klar, und bedarf keines Beweises, daß selbst alle moralische Gesetze, wenn gleich kein einziges derselben jemals von einem vernünftigen Wesen in seiner wahren Reinigkeit ausgeübt worden wäre, dadurch an ihrer Wahrheit und Allgemeingültigkeit nicht das geringste verlieren würden. Was also von diesen gilt, wird auch von ihrem ober-

obersten Prinzip gelten, wodurch sie allein möglich werden, — daß heißt, von dem kategorischen Imperativ.

Zweytens aber liegt der Grund der Schwierigkeit, die Möglichkeit des kategorischen Imperativs einzusehen, vorzüglich darin, daß der kategorische Imperativ ein synthetischpraktischer Satz a priori ist. Denn derselbige verknüpft mit dem Willen ohne vorausgesetzte Bedingung aus irgend einer Neigung die That, a priori, mithin nothwendig. Er ist also ein praktischer Satz, der das Wollen einer Handlung nicht aus einem andern schon vorausgesetzten analytisch ableitet (dies würde der Fall mit einem vollkommenen Willen seyn) sondern mit dem Begrif des Willens als eines vernünftigen Wesens unmittelbar, als etwas, das in ihm enthalten ist, verknüpft. (S. 50.)

Es ist also die Erklärung der Möglichkeit eines synthetischpraktischen Satzes a priori eben so die schwerste Aufgabe einer Metaphysik der Sitten, als die Erklärung der Möglichkeit eines synthetischtheoretischen Satzes a priori das große Problem der Metaphysik. (man sehe die Critik der reinen Vernunft.)

Wenn ich mir einen hypothetischen Imperativ denke, so weis ich nicht zum voraus, was er enthalten werde: bis mir die Bedingung gegeben ist. Denn hier ist immer, wie vorher gesagt worden, Zweck und Mittel: die in dem Imperativ enthaltene Regel giebt nur das Mittel: ich muß also erst den Zweck wissen.

Denke ich mir aber einen kategorischen Imperativ, so weis ich so fort, was er enthalte. Denn er enunzirt kein Mittel zu irgend einem Zweck, sondern enthält außer dem Gesetze nur die Nothwendigkeit der Maxime (oder des subjektiven Princips zu handeln) diesem Gesetze gemäs zu seyn: und eben so enthält auch das Gesetz keine Bedingung auf welche es eingeschränkt wäre. Demnach bleibt nichts übrig, als die Allgemeinheit eines Gesetzes überhaupt, welchem die Maxime der Handlung gemäs seyn soll, und welche Gemäsheit allein den Imperativ eigentlich als nothwendig vorstellt.

Der kategorische Imperativ ist also nur ein einziger: und zwar dieser: **Handle nur nach derjenigen Maxime, durch die du zugleich wollen kannst, daß sie ein allgemeines Gesetz werde.**

Weil nun aber die Allgemeinheit der Wirkungen dasjenige ausmacht, was man Naturgesetz zu nennen pflegt, so kann der allgemeine Imperativ der Pflicht auch so ausgedruckt werden: **Handle so, als ob die Maxime deiner Handlung durch deinen Willen zum allgemeinen Naturgesetz werden sollte.**

Es darf nicht bewiesen werden, daß wenn diese Formeln das oberste Gesetz der Moral enthalten, alle moralische Gesetze sich aus demselben herleiten lassen, und zu denselben übereinstimmen müssen. Unter den Beyspielen die Kant als Proben davon aufgestellt, findet sich auch der von den Philosophen so oft bezweifelte Fall des Selbstmords, von welchem ich mir zu behaupten getraue, daß die Unzuläßigkeit desselben aus keinem der andern Systeme mit der Evidenz erfolge. Die mendelssohnsche Theorie davon, mit so viel Scharfsinn und Schmuck sie auch von einer solchen Hand bearbeitet worden, wer fühlt nicht ihre Schwäche?

Bey einer nähern Untersuchung der Zusammenstimmung der moralischen Gesetze zu diesem Princip dürfte man vielleicht auf einige zweifelhafte Fälle stoßen, die aber hoffentlich durch eine nähere Anschließung des Princips aufgelöset werden können. Z. B. man fragt: Soll man einem Rasenden eine gewisse Summe Geldes, die man ihm schuldig ist, und deren Bezahlung eben auf die Zeit seines zerrütteten Gemüthszustandes eintrift, auf seine Foderung einhändigen? Außer andern Auflösungen, deren dieses

mora

moralische Problem fähig ist, könnte man auch diese als eine allgemeine anführen: daß alle moralische Gesetze in der strengsten Bedeutung nur gegen Wesen mit Vernunft und Willen gelten: bey dieser Prüfung darf aber nicht die Anmerkung übergangen werden, welche Kant S. 57. gemacht, es ist die: Einige Handlungen sind so beschaffen, daß ihre Maxime ohne Widerspruch nicht einmal als allgemeines Naturgesetz gedacht werden kann, weit gefehlt, daß man wollen könne es sollte ein solches werden; bey andern ist diese innere Unmöglichkeit zwar nicht anzutreffen, aber es ist doch unmöglich, zu wollen, daß ihre Maxime zur Allgemeinheit eines Naturgesetzes erhoben werde, weil ein solcher Wille sich selbst widersprechen würde. Zu der ersten Gattung sind die sonst so genannten engern Pflichten (der Gerechtigkeit), von der andern die weitern oder verdienstlichen Pflichten (der Wohlthätigkeit), beyde fließen, mit gleichverpflichtender Kraft, aus der genannten Formel des kategorischen Imperativs: nur daß wir bey der Befolgung der letztern mehr Aufopferung machen, und daher, wie man sich ausdrückt, verdienstlicher handeln. Es ist nach dem Gange der Dinge, eben so nothwendig zum Bestande der menschlichen Gesellschaft, sich einander zu helfen, als, sich nicht zu schaden und in einem allgemeinen Kanon der Gesetze für Wesen wie wir sind, beydes gleich Naturgesetz.

Da also alle moralischen Gesetze zugleich Naturgesetze sind, so erhellet daraus ihre höchste Wahrheit und uneingeschränkte Anwendbarkeit in der Natur der Dinge: und eben so von der andern Seite das widersprechende und schädliche d. h. in der unveränderten Natur der Dinge unanwendbare und zerstörende der Unsittlichkeit oder des moralischen Bösen. Jede böse Handlung, aus einem und demselben Gesichtspunkt, nämlich aus dem der Vernunft allein, ohne beygemischtes Interesse der Neigung, angesehen, — wird mit sich selbst im Widerspruch erfunden:

indem nämlich ein gewisses Princip objektiv als allgemeines Gesetz nothwendig anerkannt wird und doch nicht subjektiv allgemein gelten, sondern Ausnahmen verstatten soll.

Wenn wir nun das aus dem Begrif der Pflicht S. 17. hergeleitete Gesetz mit der Formel des kategorischen Imperativs vergleichen, so finden wir, daß beyde einerley sind, und schließen also, daß wenn Pflicht ein Begrif ist, der Bedeutung und wirkliche Gesetzgebung enthalten soll, dieselbe nur in kategorischen Imperativen ausgedrückt werden kann: welches sich auch aus den dort gegebenen Erörterungen über die Pflicht als einer Nothwendigkeit der Handlung und Achtung, für's Gesetz, verglichen mit denen über den kategorischen Imperativ, von selbst ergiebt.

Und so hätten wir denn also den Inhalt des kategorischen Imperativs, wenn es anders dergleichen irgend gäbe, deutlich, und zu jedem Gebrauch bestimmt dargestellt.

Daß es nun aber dergleichen gebe, ist auch durch dies alles noch nicht dargethan: und das Gesagte betrift im geringsten nicht seine Realität, sondern nur seine Erklärung, im Fall er wirklich seyn sollte.

Es ist also nunmehr die Frage: ist es ein nothwendiges Gesetz für alle vernünftige Wesen, ihre Handlungen jederzeit nach solchen Maximen zu beurtheilen, von denen sie selbst wollen können, daß sie zu allgemeinen Gesetzen dienen sollen?

Hier ist also vom objektiven praktischen Gesetz die Rede, mithin von dem Verhältniß eines Willens zu sich selbst, so fern er sich bloß durch Vernunft bestimmt, da denn alles, was aufs Empirische Beziehung hat, (als z. B. die Gründe des Gefallens und des Misfallens) von selbst wegfällt: weil, wenn die Vernunft für sich allein das Verhalten

halten bestimmt, (wovon so eben die Möglichkeit untersucht werden soll) sie dieses nothwendig a priori thun muß.

Wir werden hier also auf die Erörterung des Vernunft- und Willensvermögens im Menschen zurückkommen müssen.

Der Wille wird als ein Vermögen gedacht, der Vorstellung gewisser Gesetze gemäs, sich selbst zum Handeln zu bestimmen. Und ein solches Vermögen kann nur in vernünftigen Wesen angetroffen werden. Nun ist das, was dem Willen zum objektiven Grunde seiner Selbstbestimmung dient, **der Zweck**, und dieser, wenn er durch bloße Vernunft gegeben wird, muß für alle vernünstige Wesen gleich gelten. Was dagegen blos den Grund der Möglichkeit der Handlung enthält, deren Wirkung Zweck ist, **heißt das Mittel**. Der subjektive Grund des Begehrungsvermögens ist die Triebfeder, der objektive des Wollens, der Bewegungsgrund; daher der Unterschied zwischen subjektiven Zwecken, die auf Triebfedern beruhen, und objektiven, die auf Bewegungsgründe ankommen, welche für jedes vernünftige Wesen gelten. Die Zwecke, die sich ein vernünftiges Wesen, als Wirkungen seiner Handlung nach Belieben vorsetzt, sind insgesammt nur relativ; denn nur bloß ihr Verhältniß auf ein besonders geartetes Begehrungsvermögen des Subjekts giebt ihnen den Werth; der daher keine allgemeine für alle vernünftige Wesen, und auch nicht für jedes Wollen gültige und nothwendige Principien, d. i. praktische Gesetze, an die Hand geben kann. Daher sind alle diese relativen Zwecke nur der Grund von hypothetischen Imperativen, und keinesweges von einem kategorischen.

Gesetzt aber, es gäbe etwas, dessen Daseyn an sich selbst einen absoluten Werth hat, was, als Zweck an sich selbst, ein Grund bestimmter Gesetze seyn könnte; so würde in ihm, und nur in ihm allein, der Grund

eines

eines möglichen kategorischen Imperativs d. i. praktischen Gesetzes liegen.

Nun aber sagen wir: der Mensch, und überhaupt jedes vernünftige Wesen, existirt als Zweck an sich selbst, nicht bloß als Mittel zum beliebigen Gebrauch für diesen oder jenen Willen, sondern muß in allen seinen, sowohl auf sich selbst als auf andre vernünftige Wesen gerichteten Handlungen, jederzeit zugleich als Zweck betrachtet werden.

Der Beweis dieses in der Moral höchst wichtigen Princips ist folgender.

Jedes vernünftige Wesen, das zugleich einen Willen hat, erkennt durch die Vernunft die Gesetze seiner Natur, und durch den Willen ist es im Stande, sich, der Vorstellung dieser Gesetze, seiner Natur gemäs zu bestimmen; oder mit andern Worten, es hat das Vermögen der Zwecke: und ist also, als Grund und Quell der Zwecke, selbst der höchste, der unbedingte Zweck, das heißt Zweck an sich selbst. Wollte also ein Wesen gleicher Gattung oder auch selbst von einer höhern Rangordnung dasselbige als Mittel zu eigenen beliebigen Zwecken gebrauchen, und ihm also eine Selbstbestimmung durch einen vernünftigen Willen rauben: so hieße dies nichts anders, als die Natur dieses Wesens zerstören: denn jene Selbstbestimmung nach erkannten Gesetzen der Natur und Vernunft ist ja die conditio, sine qua non der Existenz und Subsistenz eines solchen Wesens: dasselbe ist überall nicht möglich ohne eine Selbstbestimmung. Soll demnach ein solches Wesen mit Vernunft und Willen in der Reihe der Dinge bestehen, (wie denn dies die unverkennbarste Absicht der Natur ist, die demselben sein Daseyn gab, um als ein solches zu existiren und zu dauern) soll es bleiben, was es ist, und mithin die Absicht der Na-

tur

tur erfüllen: so muß es in allen möglichen Verhältnissen, in welche es in der Reihe der Dinge gesetzt werden mag, nicht als Mittel, sondern als Zweck an sich selbst, angesehen werden.

Hieraus erhellet dann also **der alles übertreffende Vorzug des Menschen als eines Wesens, welches mit Vernunft und Willen begabt ist,** vor allen in der gesammten Schöpfung uns bekannten Dingen, d. h. **sein absoluter Werth.** Denn alle Wesen, die vernunftlos sind, haben nur einen relativen Werth, als Mittel, und ein Wesen von Vernunft und Willen kann daher dieselben in jeder Rücksicht, zu Gegenständen vernünftiger Zwecke machen: welches also eben so wohl von der thierischen, als von der leblosen Natur gilt: denn da der Mensch allein Zwecke bilden, und nach Zwecken handeln kann, so kann alles, was gewürdigt, das heißt nach Zwecken beurtheilt wird, seinen Werth nur von seiner Beziehung auf den Menschen als ein vernünftiges freyes Wesen ableiten. Auf gleiche Weise haben auch alle Gegenstände der Neigung nur einen bedingten Werth; denn wären die Neigungen, und die darauf gegründeten Bedürfnisse nicht, so würde ihr Gegenstand ohne Werth seyn. Die Neigungen aber, als Quelle der Bedürfniß, haben so wenig einen absoluten Werth, daß vielmehr, gänzlich davon frey zu seyn, der allgemeine Wunsch eines jeden vernünftigen Wesens seyn muß: und allen (bedingten) Werth, den sie erhalten können, können sie nur erhalten als Mittel, in den Händen der Vernunft und des Willens, in Beziehung entweder auf das vernünftige Wesen selbst, dem sie anhängen, oder auch auf andere vernünftige Wesen.

Demnach ist für vernünftige Wesen in der Reihe der Dinge nichts was ihrem Willen gebieten, (und also einschränken) und ihren **Zwecken** Grenzen setzen kann, als andere Wesen, die Vernunft und Willen haben.

Denn diese sind nicht bloß subjektive Zwecke, deren Existenz, als Wirkung unserer Handlung, für uns einen Werth hat; sondern **objektive Zwecke**, d. i. Dinge deren Daseyn an sich selbst Zweck ist, und zwar ein solcher, an dessen Statt kein anderer Zweck gesetzt werden kann, dem sie bloß als Mittel zu Dienste stehen sollten.

Wenn es also ein einschränkendes Gesetz für den menschlichen Willen oder, welches einerley ist, einen kategorischen Imperativ geben soll, so muß es ein solches seyn, das aus der Vorstellung dessen, was nothwendig für jederman Zweck ist, weil es Zweck an sich selbst ist, ein objektives Princip des Willens ausmacht, mithin zum allgemeinen praktischen Gesetz dienen kann. Das heißt nun mit andern Worten, wir haben für nichts moralische Pflichten, (im eigentlichsten Sinne) als für Wesen mit Vernunft und Willen, für Menschen. Der Grund davon ist also dieser: die vernünftige Natur existirt als Zweck an sich selbst. So stellt sich der Mensch nothwendig sein eignes Daseyn vor (daher der Abscheu der alten Völker vor der Gefangenschaft und Knechtschaft: in aller Schätzung einer edlen Denkungsart liegt dies Princip zum Grunde) in so fern ist es also ein subjektives Princip menschlicher Handlungen. So stellt sich aber auch jedes andre vernünftige Wesen sein Daseyn, zufolge eben desselben Vernunftgrundes, der auch für mich gilt, vor: also ist es zugleich ein objektives Princip, woraus, als einem obersten Grunde, alle Gesetze des Willens müssen abgeleitet werden können. Der praktische Imperativ wird also folgender seyn: **Handle so, daß du die Menschheit sowohl in deiner Person, als in der Person eines jeden andern, jederzeit zugleich als Zweck, niemals als Mittel brauchst.**

Bey einer Prüfung der Zusammenstimmung der moralischen Gesetze zu diesem Princip muß wiederum die Anmerkung des Herrn Prof. S. 69. nicht übergangen werden,

ben, daß es nicht genug ist, daß die Handlung nicht der Menschheit in unserer Person, als Zweck an sich selbst, widerstreite, sie muß auch dazu zusammenstimmen. — Eine Anmerkung, die aus dem angeführten Princip unmittelbar gefolgert wird. Denn das Subjekt, welches Zweck an sich selbst ist, dessen Zwecke müssen, wenn eine Vorstellung bey mir alle Wirkung thun soll, auch, so viel möglich, **meine Zwecke seyn.**

Da ferner der Grund aller praktischen Gesetzgebung objektiv in der Regel und der Form der Allgemeinheit liegt, die sie ein Gesetz zu seyn fähig macht (nach dem ersten Princip) subjektiv aber im Zwecke; das Subjekt aller Zwecke aber jedes vernünftige Wesen, als Zweck an sich selbst ist, (nach dem zweyten Princip) so erfolgt nun hieraus das dritte praktische Princip des Willens, als oberster Bedingung der Zusammenstimmung desselben mit der allgemeinen praktischen Vernunft, nämlich **die Idee des Willens jedes vernünftigen Wesens, als eines allgemein Gesetzgebenden Willens.**

Nach diesem letzten Princip wird also der Wille nicht lediglich dem Gesetz unterworfen, sondern zugleich so unterworfen, daß er auch als gesetzgebend, und eben um deswillen allererst dem Gesetze (davon er selbst sich als Urheber betrachten kann) unterworfen, angesehen werden muß. Das vernünftige Wesen ist also hier zu gleicher Zeit Gesetzgeber und Unterthan.

In dieser dritten Formel des kategorischen Imperativs wäre denn also zwar noch nicht die Möglichkeit des Imperativs erörtert, aber die Lossagung von allem Interesse beym Wollen aus Pflicht, als das spezifische Unterscheidungszeichen des kategorischen Imperativs von dem hypothetischen wäre in derselben, was in den andern nicht geschah, mit angedeutet, nämlich durch die Idee des Willens eines jeden vernünftigen Wesens, als eines gesetzgebenden Willens.

Denn wenn wir uns einen solchen denken, so kann, obgleich ein Wille, der unter Gesetzen steht, noch vermittelst eines Interesse an dieses Gesetz gebunden seyn mag, dennoch ein Wille, der selbst zuoberst Gesetzgebend ist, unmöglich so fern von irgend einem Interesse abhängen.

Von den angeführten drey Formeln des kategorischen Imperativs merkt Kant S. 79. überhaupt an, daß sie nur eben so viel Formeln eines und desselben Gesetzes sind, deren die eine die andern zwey von selbst in sich vereinigt, und daß sie in der angegebenen Folge, sich einander erläutern, und der Anschauung näher bringen. Man kann zum Beyspiel die folgende Formel immer als die Antwort auf die Frage ansehen. Die erste dieser Formeln hieß also: Handle nur so, als ob die Maxime deiner Handlung durch deinen Willen zum allgemeinen Naturgesetz werden sollte. Hier entsteht also die Frage: Wie wird meine Handlung, als die eines Wesens mit Vernunft und Willen, zum allgemeinen Naturgesetz? Die Antwort darauf liefert die zweyte Formel, nämlich: Alsdann wird die Handlung eines vernünftigen Wesens Naturgesetz, wenn bey derselbigen die Menschheit niemals als Mittel, sondern als Zweck an sich selbst gebraucht wird. Und dann endlich: Wenn sehe ich die Menschheit sowohl in einer Person als in der eines jeden andern, als Zweck an sich selbst an? Hierauf antwortet mir die dritte Formel: Wenn ich den Willen eines jeden vernünftigen Wesens als allgemein gesetzgebend ansehe.

Da nun also diese letzte Formel den kategorischen Imperativ, (den wir, weil er einzig und allein in der Moral anwendbar ist, den Imperativ der Sittlichkeit nennen können,) am vollständigsten ausdrückt: so nennt Kant wegen der darinn enthaltenen Idee, von dem Willen eines vernünftigen Wesens, als eines allgemein - gesetzgebenden Willens, ein oberstes Princip der Moral das **Princip der Autonomie**, das heißt das Princip der Selbstgesetzgebung des menschlichen Willens, im Gegensatz mit jedem andern, welches er **Hetoronomie** benamt.

Eben dies aufgefundene Princip aber leitet uns auch zu gleicher Zeit zu den allgemeinsten und umfassendsten Aussichten der Moral.

Denn da vernünftige Wesen alle unter dem Gesetz stehen, daß jedes derselben sich selbst und andere niemals bloß als Mittel, sondern jederzeit als Zweck an sich selbst behandeln solle: so entspringt hiedurch eine systematische Verbindung vernünftiger Wesen durch gemeinschaftliche objektive Gesetze d. i. mit einem in der Theologie und Philosophie (denn auch diese hat ja ein Reich der Pflanzen, der Thiere ꝛc.) gewöhnlichen Ausdruck ein Reich, welches, weil diese Gesetze eben die Beziehung dieser Wesen auf einander, als Zwecke an sich, und die unveränderte Aufrechthaltung dieser Beziehung zur Absicht haben, ein **Reich der Zwecke** heissen kann. *)

Dieses Reich der Zwecke oder (welches einerley ist) der Wesen mit Vernunft und Willen, unterscheidet sich also von jedem andern Reiche der Natur (denn als ein solches kann es ja angesehen werden, indem Vernunft und Wille Kräfte in der Natur sind, die, durch eine Ansicht vernünftiger Wesen, als Zwecke an sich selbst, den Absichten der Natur gemäs, in der Reihe der Dinge zu wirken

in

---

*) Daß bey dieser Idee eines Reichs der Zwecke, von allen besondern Zwecken und Absichten, welche ein jedes einzelne Wesen, nach Trieben der Sinnlichkeit, sich vorsetzen kann, oder wirklich vorsetzt, abstrahirt wird, wird von selbsten erhellen. Denn in der Moral kommt es ja darauf an, das oberste regulative Princip aller möglichen Zwecke eines vernünftigen Wesens, seine sinnlichen Triebe mögen seyn welche sie wollen, aufzufinden, also das Princip, welches die conditio sine qua non, aller dieser übrigen Zwecke enthält: und ein solches ist eben jene Ansicht der vernünftigen Wesen, als Zwecke an sich selbst.

in den Stand gesetzt werden) unterscheidet sich von jedem andern Reiche der Natur dadurch, daß in diesem Reich der Zweck jedes einzelne, (also jedes vernünftige Wesen) ein Zweck, ein Zweck an sich selbst ist, und also als ein solches, weder einem andern Einzelnen dieses Reichs der Zwecke, noch jedes andern Reichs der Natur, als Mittel, angeschlossen werden kann. So ists aber mit keinem andern Reich der Natur, denn in den gewöhnlichen drey Reichen derselben, die die Naturgeschichte aufstellt, dient immer eines dem andern als Mittel gegenseitig: das Pflanzenreich nährt sich vom Steinreich, und die Thiere vom Pflanzenreich, und dienen sich also einander als Mittel: ja die Thiere brauchen sich einander selbst als Mittel und verzehren eines das andere selbst. In der Hand des vernünftigen Wesens endlich, (in der Hand des Menschen) werden alle drey Reiche Mittel zu Zwecken, die er selbst bestimmt. Der Mensch selbst aber kann, ohne der Natur entgegen zu handeln, keinen andern Menschen als Mittel brauchen.

Die oberste Idee also, die allen unsern moralischen Begriffen zum Grunde liegt, und also auch jeder Sittenlehre, als Substrat, untergelegt werden muß, ist die, „daß wir uns die moralischen Wesen als in einem republikanischen Staate vereinigt denken, wo jedes einzelne Wesen, da es Zweck an sich selbst ist, und also niemals Mittel werden kann, Unterthan und Oberhaupt zugleich ist. Den Gesetzen dieser moralischen Republik ist also jedes Glied unterworfen, aber nur deswegen unterworfen, weil es sie selbst gegeben hat.

Hieraus entwickeln sich also alle übrigen regulativen Ideen in der Moral. So enthält z. B. der Begrif der Moralität oder Sittlichkeit nichts anders, als die Beziehung der Handlungen auf die Gesetzgebung, wodurch allein ein Reich der Zwecke möglich ist. Die Nothwendigkeit der Handlung, nach dem obersten Princip der Moral heißt Pflicht.

Da

Da ferner alles nur einen Werth hat, in so fern es auf Wesen mit Vernunft und Willen Beziehung hat: so ergiebt sich hieraus folgende Stufenleiter des Werths der Dinge:

Alles, was sich auf die allgemeinen menschlichen Neigungen und Bedürfnisse bezieht, z. B. Fleiß und Arbeit der Menschen hat einen **Marktpreis** d. h. der Maaßstab der Schätzung der Dinge dieser Art ist der jedesmalige Grad des Bedürfnisses des vernünftigen Wesens, welches davon Gebrauch machen will: dasjenige, was die **Bedingung** auch ohne ein Bedürfniß vorauszusetzen, einem gewissen Geschmack d. h. einem Wohlgefallen an dem Spiel unserer zufälligen Gemüthskräfte gemäs ist, als „Witz, lebhafte Einbildungskraft und Launen, haben einen **Affektionspreis**, d. h. der Maaßstab der Schätzung der Dinge dieser Art ist der jedesmalige Grad der durch dieselben hervorgebrachten Würkung auf nähere Gemüthskräfte: dasjenige aber, was die Bedingungen ausmacht, unter denen allein etwas Zweck an sich selbst seyn kann, hat nicht blos einen relativen Werth, d. h. Preis, ein Ausdruck, unter welchem wir schon im gemeinen Leben alles dasjenige begreifen, was gemessen und gleichsam mit Geld bezahlt werden kann: sondern einen innern Werth, einen Werth an sich selbst, d. h. eine **Würde**, denn mit diesem Wort bezeichnet schon die gemeine Sprache dasjenige, was auf ein vernünftiges Wesen unmittelbar Beziehung hat. Z. B. Anstand, Art, sich zu nähern u. s. w. also im genauesten Sinn, **den höchsten Grad möglicher Schätzung**.

Dieser höchste Grad möglicher Schätzung (d. h. Würde) kommt also außer der Sittlichkeit und der Menschheit in so fern sie derselben fähig ist, keinem Dinge in der Natur zu. Die Natur sowohl als Kunst erhalten nichts was sie, in Ermangelung derselben, an ihre Stelle setzen könnten: denn ihr Werth besteht nicht in den Würkungen,

kungen, die daraus entstehen, im Vortheil und Nutzen, den sie schaffen, sondern in den Gesinnungen, d. h. den Maximen des Willens, die sich auf diese Art in Handlungen zu äussern bereit sind, obgleich der Erfolg sie nicht begünstigte. Denn sonst könnte man im Ernst fragen, was Seneka im Spott frägt: Quanti constat, vt vir bonus sis?

Worinn liegt nun aller wahre Werth der Moral, oder, mit andern Worten, die Würde der Tugend?

Durch die Tugend (das heißt durch den Gehorsam gegen die moralischen Gesetze) nimmt das vernünftige Wesen Antheil an der allgemeinen Gesetzgebung in dem Reich der Zwecke, indem es dadurch zu einem Mitglied dieser moralischen Republik tauglich gemacht wird, wozu es durch seine eigene Natur schon bestimmt war, als Zweck an sich selbst, und eben darum als gesetzgebend im Reich der Zwecke, in Ansehung aller Naturgesetze als frey, — nur denjenigen allein gehorchend, die es selbst giebt, und nach welchen seine Maxime zu einer allgemeinen Gesetzgebung (welcher ein solches Wesen sich zugleich selbst unterwirft) gehören können. Durch die Tugend erlangen wir also den größtmöglichsten Werth über alles, was außer ihr gedacht werden kann. Denn nichts hat ja einen Werth als den, welchen ihm das Gesetz bestimmt. Die Gesetzgebung selbst aber, die allen Werth bestimmt, d. h. die moralische Gesetzgebung, muß eben darum eine Würde, d. h. einen unbedingten, unvergleichbaren Werth haben, zu dessen Bezeichnung wir schon in dem vorigen Versuch das Wort Achtung, als das schicklichste erklärt haben. Demnach ist Autonomie der Grund der Würde der menschlichen und jeder vernünftigen Natur.

Alles, was in unserm zweyten Versuch gesagt worden, zum Beweise, daß ein guter Wille das höchste Gut sey, gehört auch hieher. Denn die Tugend ist ja nichts an-

anders, als der dargestellte oder realisirte gute Wille, und wenn wir diesen dort den guten Willen als den συνεργος, Mitschöpfer und Mitarbeiter der schaffenden Natur selbst an die Seite setzen, indem der Plan, nach dem er in dem Universum wirkt und handelt, zugleich der große und letzte Zweck der Natur ist; so muß alles dieses dem nunmehr aufgefundenen und erklärten Princip der Autonomie angeschlossen, oder besser untergeordnet werden. Denn jene den Absichten der Natur entsprechenden Wirkungen der Tugend oder des guten Willens sind nur eben so viel realisirte Darstellungen der Autonomie, und beweisen ihre höchste Wahrheit, das heißt uneingeschränkte Anwendbarkeit in der Reihe der Dinge, als welches der Character der moralischen Gesetze, als Naturgesetze, seyn muß.

Aber diese großen allumfassenden Wirkungen der Tugend, dieser hohe, mit nichts zu vergleichende Antheil, den sie gleichsam an der Herrschaft und Regierung der Natur nimmt, — macht noch nicht die wesentliche Erhabenheit der Tugend aus. Diesen Maaßstab der Wirkungen und Folgen derselben, möchten diese auch die größten und umfassendsten seyn unter allem, was wir denken können, (wie das denn auch die Wirkungen und Folgen der Tugend unstreitig sind) gäbe der Tugend noch immer nicht jenen alles übertreffenden, mit jeder andern möglichen Nutzung unvergleichbaren, durch nichts anderes zu ersetzenden Werth, den wir vorhin schon den moralischen Handlungen beygelegt haben. Denn jene beseligenden Wirkungen und Einflüsse, welche die Tugend in der Reihe der Dinge hervorbringt, bedurften zu ihrer Hervorbringung nicht eben der Handlung eines vernünftigen Wesens, nicht eines von allen Triebfedern der Sinnlichkeit unaffizirten Willens, nicht der Autonomie. Eben diese großen, umfassenden Wirkungen hätte die Natur auch durch Gesetze einer ewigen Nothwendigkeit hervorbringen können; und es ist so weit entfernt, daß die Natur einen durchaus gu-

ten

ten Willen, und das diesen ausmachende Princip der Autonomie zu Hervorbringung derselben überall nöthig hätte, daß sie vielmehr, nach dem Lauf der Dinge zu urtheilen, für die Erreichung eines ihrer großen Plans, der Allglückseligkeit ihrer Schöpfung, eben so viele Vortheile aus moralisch bösen, als aus guten Handlungen zu ziehen weis, und eine Geschichte der Vorsehung, (die nichts anders seyn würde, als eine Geschichte der Menschheit aus dem Gesichtspunkt der allmähligen Vervollkommnung des Menschengeschlechts durch die jedesmaligen veranlassenden Umstände,) würde uns vielleicht eben so viel böse, als gute Handlungen, als Mittel des Weltbesten in den Händen der Natur, aufstellen können: wenn es gleich wahr ist, daß die guten Handlungen allein die eigentlichen Werkzeuge der Weltbeglückung der großen Schöpferin sind, und lauter böse Handlungen durchaus kein Weltbestes hervorbringen können. Ja, und wenn, wie es doch oft das Schicksal der ächtesten Handlungen der Tugend ist, diese so häufig aller weltbeglückenden Wirkungen, aller durch sie möglichen seligen Folgen, verfehlen, und wie ein reines Weitzenkorn, von der Hand des sorgfältigsten Hausvaters ausgestreut, welches ungewurzelt, unaufgekeimt, ohne Furcht, ohne Saamen zu bringen, von dem Winde verweht wird, in der Schöpfung verstäuben, als wären sie nie gewesen (ein jedes für Menschenwohl schlagende Herz betrübender Gedanke!) was bleibt auf diesen Fall noch dem rechtschaffenen, dem edlen Menschen, und Tugendfreunde übrig? Gewiß nichts, durchaus nichts, als — wie wir schon in dem gemeinen Leben uns auszudrücken gewohnt sind, — **das Bewußtseyn recht gehandelt zu haben.**

Aber eben dies leitet uns auf einen ganz andern Maaßstab der Tugend.

Mögen wir denn immer, nach unserer in jedem andern Fall gewöhnlichen Art die Dinge zu schätzen, die Tugend

gend, weil sie die umfaßendsten weltbeglückendsten Wirkungen in dem Universum hervorzubringen fähig ist, und, bey einer günstigen Zusammentretung der Umstände, auch wirklich hervor bringt. Diese Art, die Tugend zu schätzen, zeigt uns noch immer nichts als ihren höchsten Preiß (man sehe oben unsre nähere Bestimmung dieses Worts) wir lernen nämlich dadurch, daß unendlich viel dazu gehören würde, um die Tugend, und überhaupt jede tugendhafte Handlung zu ersetzen. — Laßt uns den Werth der Tugend, nach diesem Maaßstabe der Schätzung durch ihre Wirkungen, — die objektive Erhabenheit derselben nennen.

Aber was den eigenthümlichen Tugendwerth ausmacht, das ist nicht diese objektive, sondern ihre subjektive Erhabenheit, das heißt diejenige, die aus der tugendhaften Handlung, als der Handlung eines mit Vernunft und Willen begabten Wesens entsteht, als einer Handlung des Gehorsams gegen die allgemeine Gesetzgebung, also aus der Autonomie.

Denn der Werth, welcher der tugendhaften Handlung hieraus entspringt, ist ein mit allem andern unvergleichbaren, mit nichts anderm zu ersetzender Werth. Denn so ist sie das Produkt eines vernünftigen Wesens, welches sich das moralische Gesetz aus reiner Selbstbestimmung vorschrieb, und zugleich, (vielleicht unzählich entgegenarbeitender Triebfedern ungeachtet) demselben unterwarf. Und was hätten wir auf die Handlung eines Wesens, das Zweck an sich selbst ist, zu bieten? Womit können wir ein vernünftiges Wesen, oder eine seiner Wirkungen als eines solchen, auskaufen?

Wenn demnach die objektive Erhabenheit der Tugend ihr unter allen schätzbaren Dingen den höchsten Preiß gab: so giebt ihr diese subjektive Erhabenheit eine Würde, das heißt also einen innern mit nichts anderm auszukaufenden Werth, einen Werth an sich selbst.

Diese subjektive Erhabenheit der Tugend bleibt ihr denn also auch selbst in Ermangelung der objektiven, so wie der große Mann auch dann noch groß bleibt, wenn ihm der Stern und das Ordensband, das ihn als einen solchen dem Auge zeigte, genommen wird. Es ist also die subjektive Erhabenheit der Tugend gleichsam die Seele einer ächtmoralischen Handlung, und die objektive, der Körper: jene bleibt unverletzlich, unwandelbar auch ohne diesen: Für jene allein kann das vernünftige Wesen von einem allgemeinen Oberhaupt das Reich der Zwecke, (wenn wir uns ein solches denken wollen) zur Rechenschaft gezogen werden: Diese, die Wirkungen seiner Handlung in das Weltbeste, stehen in der unmittelbaren Hand der Natur, die von ihm nur die Handlung fodert, die Folgen und Wirkungen derselben aber selbst besorgt.

Eben dies sagt der ehrliche Mann, wenn er nach mißlungenen edlen Absichten ausruft: Ich habe das Meinige gethan. Die herrlichen Wirkungen einer gelungenen Handlung mit ihren ins unendliche fortgehenden Folgen würden ihm ohnfehlbar mehr Vergnügen, aber gewiß nicht mehr Gemüthsruhe gewährt haben.

Aber ist diese subjektive Erhabenheit der Tugend, deren Grund in der Autonomie liegt, nicht bloß Idee?

Allerdings ist sie's. Denn da wir bey einer Voraussetzung einer allgemeinen Gesetzgebung in dem Reich der Zwecke, nicht mit Gewißheit annehmen können, daß jedes Glied dieses Reichs sich der allgemeinen Gesetzgebung desselben gemäs, betragen werde: da wir im Gegentheil in der Reihe der wirklichen Dinge den größten Haufen der vernünftigen Wesen, derselbigen zuwider handeln sehen: da ferner die Natur selbst die Gesetze des Wohlgefühls oder der Glückseligkeit, auf welche wir doch durch jene der Gesetzgebung der Vernunft, also zugleich der Natur, gemäße Handlungen um so viel mehr Anspruch machen zu können

mit

zur Metaphyſik der Sitten.

mit Recht glaubten, nicht immer der Ausübung der moraliſchen Geſetze entſprechend gemacht zu haben ſcheint; da ſie vielmehr ſehr oft in dem Gange der Dinge gute Handlungen mit ſchlimmen Folgen, und böſe Handlungen mit guten Folgen in ihrem großen Plane verknüpft: Was konnte dieſe Autonomie anders ſeyn als Idee?

Aber was kann denn auch, nach dem Begrif von einer Moral, der letzte Grund der Tugend anders ſeyn, als Idee?

Denn da die Moral nicht Geſetze enthält, die ſchon da ſind, ſondern Geſetze, die erſt wirklich gemacht werden ſollen (man vergleiche damit, was oben von dem kategoriſchen Imperativ geſagt worden) da alle moraliſche Geſetze nicht das mindeſte von ihrer Realität, nicht das mindeſte von ihrer verpflichtenden Kraft für uns verlieren, wenn auch keines derſelben in ſeiner höchſten Reinigkeit jemals wäre ausgeübt worden: da ferner in den Handlungen des guten Willens alle ſinnlichen Triebfedern ausgeſchloſſen ſind, und dieſer nach Maximen einer allgemeinen Geſetzgebung und nach dieſen einzig und allein handeln ſoll: ſo kann der letzte Bewegungsgrund der Tugend, alſo die ganze Möglichkeit derſelben auf nichts anders, als einer Idee, einem Produkt der Vernunft beruhen.

Aber eben darum liegt dann auch das große Paradoxon der Moral: daß bloß die Würde der Menſchheit, als vernünftiger Natur, ohne irgend einen andern dadurch zu erreichenden Zweck, oder Vortheil, mithin die Achtung für eine bloße Idee, dennoch zur unnachlaßlichen Vorſchrift des Willens dienen ſoll, und daß gerade in dieſer Unabhängigkeit der Maxime von allen ſolchen Triebfedern die Erhabenheit derſelben beſteht.

Denn ſetzten wir ſtatt dieſer Idee etwas wirkliches, z. B. nähmen wir an, daß alle vernünftige Weſen in dem Reiche der Zwecke jener allgemeinen Geſetzgebung wirklich

J 2 gemäß

gemäß handelten und wollten nun daraus auch für jedes besondere Glied dieses Reichs, die verpflichtende Kraft der moralischen Gesetze ableiten: so unterwürfen wir das vernünftige Wesen einem Interesse, sey's der Furcht oder der Liebe, und es würde also alsdann nicht als von sich selbst, sondern von diesem Interesse, also von dem Naturgesetz einer Bedürfniß, abhängig vorgestellt werden. Noch klarer wird bleß, wenn wir einen Trieb nach Glückseligkeit oder Vollkommenheit, oder ein besonderes Gefühl zum letzten Grunde der Moral machen. Ja, würde auch das Naturreich sowohl als das Reich der Zwecke, als unter einem Oberhaupt vereinigt gedacht, und bliebe dadurch also das letztere nicht mehr bloß Idee, sondern erhielt wahre Realität; so würde dieß zwar eine äußere Triebfeder zur Tugend, aber eben beßwegen nicht den letzten und einzigen Grundsatz derselben abgeben können: denn dieser alleinige unumschränkte Gesetzgeber muß doch immer so vorgestellt werden, wie er den Werth der vernünftigen Wesen, nur nach ihrem uneigennützigen, bloß aus jener Idee ihme selbst vorgeschriebenen Verhalten, beurtheilte. Das Wesen der Dinge ändert sich durch ihre äußern Verhältnisse nicht, und, was den absoluten Werth des Menschen ausmacht, darnach muß er auch, von wem es auch sey, selbst vom höchsten Wesen, beurtheilt werden.

Aber wenn der Grund aller Tugend eine Idee ist, so ist es eine Idee, die wir uns nicht wegdenken können, ohne unser ganzes Wesen aufzuheben; eine Idee, die das unmittelbarste Resultat der beyden Urkräfte unserer Natur, der Vernunft und des Willens, und eben beßwegen gleichsam mit zu unserer Existenz und Substanz als vernünftige Wesen, gehört: unsere moralische Existenz ist an dieselbige als die oberste einschränkende Bedingung des Willens, und des Zusammenhanges desselbigen mit der Vernunft die durch dieselbige allein in Willen übergehen kann, gebunden, etwa so wie die Funktionen des Denkens an die Begriffe von Raum und Zeit gebunden sind: und wenn ich

die

die Realität dieser Idee, (wenn man mir anders einen solchen Ausdruck erlauben will) mit irgend etwas vergleichen soll, so wäre es das Bewußtseyn unseres physischen Ichs.

Lasset uns hiemit dasjenige Gefühl vergleichen, welches eine ächtmoralische Handlung zu begleiten pflegt.

Da wir hier in das Feld der Psychologie streifen, indem wir ein Faktum zu erörtern versuchen, mithin uns ganz jenseit einer Metaphysik der Sitten befinden, die nicht mit dem umgeht, was gesucht, sondern was geschehen soll: so ergiebts sich von selbst, daß die folgenden Bemerkungen nicht sowohl als Beweise, als vielmehr als Erläuterungen der erklärten Autonomie angesehen werden müssen: denn auch ohne sie muß diese für sich feste stehen. Und da wir niemals bloß Wesen mit Vernunft und Willen sind, und die Sinnlichkeit uns unzertrennlich anhängt, so kann auch das Gefühl nach einer moralischen Handlung vielleicht nie eine unversetzte, unverfälschte Reinheit haben, die es, wären wir bloß vernünftige Wesen, ohne Sinnlichkeit, haben würde. Unser Geschäfte reicht also nicht weiter, als daß wir in diesem moralischen Gefühl, was immer vermischt bleibt, dasjenige abzusondern versuchen, was eigentlich moralisch drinn ist.

Unter den verschiedenen Gefühlen hat das moralische Gefühl wohl mit dem Gefühl des Vergnügens die nächste Aehnlichkeit. Es ist immer ein Zustand einer gewissen Behaglichkeit und Zufriedenheit mit uns selbst: aber freylich hat es nicht jenes taumelnde, geräuschvolle, und überwallende an sich, welches das unterscheidende der sinnlichen Wohlgefühle ausmacht: das davon merkbare in demselben reicht noch nicht an jenen leisern Grad, der dem Gefühl eines Mathematikers eigen ist, welcher einen verwickelten Lehrsatz, nach vieler Mühe eingesehen, oder auch selbst erfunden hat. Welcher rechtschaffene Mann wallte in seinem

Gefühl nach einer edeln That, etwa nach der gefährlichen Rettung eines Menschen aus einer Lebensgefahr, oder nach einer andern Handlung voll hoher Aufopferungen, so sehr auf, wie Archimedes, da er sein ευρηκα rief? im Gegentheil ist das moralische Gefühl still und leise, wie etwa das Vergnügen, welches aus der Befriedigung eines Bedürfnisses entsteht: ich mögte sagen: es führt uns mehr in uns zurück als außer uns hinaus (ein jedes sinnliches Vergnügen wandelt unser Selbst gleichsam in seinen Gegenstand um, und wir vergessen dabei, wie bey jeder heftigen Leidenschaft, am ersten unsrer Selbst) es rührt eher, als es ergötzt: es ist mehr wie ein Kompliment zu einer leeren Stelle unseres Selbst, als äußerer überflüßiger Zusatz. Wir fühlen uns größer, als gewöhnlich: aber dieß Gefühl wird dadurch gemäßigt, daß wir diese Größe als eine solche anerkennen, die wir uns selbst zu geben verpflichtet sind: wodurch wir zwar vielleicht größer werden, als andere, die nicht so edel handeln, aber doch nicht größer, als bloß diese kleinen Seelen. Denn so groß zu seyn, ist ja unsere Pflicht. Man vergleiche hiermit unsre Erörterungen über die Autonomie des Willens: jede moralische Handlung kann ein + sein in Rücksicht anderer, die in gleichem Fall entweder wirklich nicht so handelten, oder auch nicht handeln würden oder auch in Rücksicht unserer selbst, als bloß sinnliche Wesen: aber es ist nur ein = zu der Würde unserer Natur. Wir überwinden dabei entgegenstehende Triebe und Neigungen; und dadurch fühlen wir uns groß, aber wir überwinden sie, um nichts mehr zu thun, als was unsere Pflicht ist. Daher der über alle menschliche Rücksichten sich wegsetzende Stolz (wenn man's so nennen will) und zugleich die an sich haltende Bescheidenheit des rechtschaffenen Mannes, denn nichts erhebt so sehr den Menschen, als Tugend, aber nichts macht auch weniger stolz, als Tugend.

Keine Menschenklasse fühlt wohl reiner und unverborgener, als der gemeine Mann: ich prüfe daher auch an
die=

diesem meine Beobachtungen über das moralische Gefühl: immer fand ich, daß er bey einer veranlaßten Erwähnung seiner ausgeübten moralischen Handlungen in den Ton des Großthuns zu fallen versucht ward; aber zugleich merkte ich: daß er sich selbst gleichsam deßwegen verwieß, und am Ende seys wörtlich, seys dem Sinne nach, sagte: aber es war ja auch meine Pflicht.

Da alle Gefühle sich mehr oder weniger auf unser Selbst beziehen: so will ich, zur Beleuchtung des moralischen Gefühls noch folgendes anführen.

Wir können in dem Menschen ein **dreyfaches Selbst** unterscheiden:

1) das Selbst mit den äußern Umständen des Menschen, als Reichthümer, Glück und Ehrenstellen.

2) Das Selbst mit den Talenten und Geschicklichkeiten, seyn es körperliche oder geistige.

3) Das Selbst mit Vernunft und Willen, welches wir sonst auch mit dem Namen der **Intelligenz** zu bezeichnen pflegen.

Dieses letztere Selbst also, von den Theologen auch der Geist in dem Fleisch, der Mensch im Menschen, der moralische Mensch genannt, ist es eigentlich, welches bey dem moralischen Gefühl afficirt wird, (denn welchen geistigern Ausdruck gäbe uns hier die sinnliche Sprache)? Zwar liegt unsere Existenz als Intelligenzen, allen unsern übrigen Gefühlen zum Grunde: aber von dem moralischen Gefühl können wir sagen, daß unsere Intelligenz sich dabey, als eine solche, zum Gegenstande hat. Denn in keinen andern Funktionen, selbst nicht in den spekulativsten und feinsten wirkt die Vernunft so rein, als, vermöge der Autonomie in der Moral: denn sie erkennt hier nicht Gesetze, die schon da sind, (wie dieß bey allen ihren übrigen Funktionen der Fall ist) sondern entwirft deren nach Principien

ihres

ihres eignen Wesens. Die Gesetze des Denkens sind ihr eingepflanzt, und äußere Umstände müssen dieselben ihr helfen zu entwickeln: sie sind ihr also **gegeben**, und sie kann in keinen andern denken: aber die oberste Vorschrift der Moral ist ihr wenigstens als Vorschrift und Gesetz nicht **gegeben**, sondern sie entwickelt sie aus sich selbst: sie sieht sich durch keine Nothwendigkeit der Natur zu derselbigen gezwungen, so wie sie etwa die Gesetze des Denkens, als gegeben, nicht ändern kann: sondern sie **könnte auch noch Vernunft und Vorsteherin der Sinnlichkeit bleiben, wenn sie gleich entgegengesetzte Vorschriften sich zu Gesetzen der Handlung erkliese**, wie wir dieß an allen moralischbösen Menschen sehen, deren Handlungen wir zwar der Vernunft unwürdig, aber nach dem gegenwärtigen Gange der Dinge wenigstens nicht eben vernunftwidrig nennen können.

Auf gleiche Weise wirkt auch hier der Wille rein, wie sonst nirgends. Denn er wirkt hier nach keinen sinnlichen Triebfedern, sondern aus sich selbst; sein selbstgewählter Zweck ist ein Zweck an sich selbst.

Aus allem diesem ergiebt sich denn also für Vernunft und Willen die reinste Selbstthätigkeit, deren diese Urkräfte der menschlichen Natur in keinen andern Funktionen fähig sind: mithin zugleich die Ungleichartigkeit des moralischen Gefühls mit jedem andern.

VI. Ue-

VI.
Ueber
Herrn Kants Grundlegung
zur Metaphysik der Sitten.

Aus dem Braunschweigischen Journal. St. 5. 6. v. J. 1789.

Der nachfolgende Aufsatz ist schon vor mehreren Jahren geschrieben, und dem V. desselben erst kürzlich wieder zu Gesichte gekommen. Seine Freunde haben die öffentliche Bekanntmachung desselben gewünscht, und da seine Ueberzeugung, in Ansehung des Innhalts der Hauptsache nach, noch unverändert geblieben, so hat er darein gewilligt.

Uebrigens kann ich nicht unterlassen zu bezeugen, daß die in diesem Aufsatze geäußerte Verehrung für Herrn Kant bey einer nähern Kenntniß der Grundsätze und des Systems dieses großen Mannes stets bey mir gewachsen, und daß ich das Verdienst desselben um die theoretische Philosophie für ganz ausnehmend groß und wichtig halte. Diese meine Verehrung und Bewunderung halten mich aber von einer freymüthigen Aeußerung meiner Ueberzeugung eben so wenig ab, als der lebhafteste Widerspruch gegen gewisse Vorstellungsarten eines großen Mannes der Verehrung für ihn Eintrag thun kann.

In der That habe ich bey Durchlesung der Critik der praktischen Vernunft von Herrn Kant, die übrigens so viel Vortrefliches und wirklich Erhabenes enthält, mich nicht erwehren können, öfters anderer Meynung zu seyn wie er.

Sein formelles Princip der Sittlichkeit, so ganz unstreitig und unbezweifelt richtig es ist, und so nothwendig es bey jedem materiellen Princip vorausgesetzt werden muß, ist eben deßwegen, weil es bloß formell ist, gar kein hinreichendes Princip. Die Art, wie er das Princip der Glückseligkeit ansieht und beurtheilt, scheint mir einseitig. Insonderheit aber glaube ich, daß die Trennung der Sittlichkeit und Glückseligkeit auf keine Weise einen höheren Grad der ersteren unter den Menschen befördern, oder zur Veredlung unsers Geschlechts beytragen werde; vielmehr habe ich die Ueberzeugung, daß je inniger und untrennlicher wir in den Gemüthern die Verbindung der Glückseligkeit mit der reinsten Sittlichkeit bewirken können, desto besser wird es um das praktische Verhalten und die wahre ächte Tugend unter den Menschen stehen.

Vielleicht wage ich es von Zeit zu Zeit, einige Bemerkungen über die Critik der praktischen Vernunft dem Publikum mitzutheilen, und dabey dann das eben gesagte ausführlicher zu erörtern. Der gegenwärtige Aufsatz beziehet sich bloß auf die Metaphysik der Sitten und erscheint unverändert, so wie ich ihn vor einigen Jahren niederschrieb.

Mein theurer B.

Endlich bin ich diese Tage zur lesung der Kantschen Metaphysik der Sitten gekommen, und habe sie in einer Woche dreymal durchgelesen. Es war anfänglich mein Vorsatz, für jetzt für mich selbst noch gar nichts darüber zu entscheiden, am wenigsten etwas darüber schriftlich zu äußern — ich nahm mir vor, sie nach Verlauf einiger Zeit von neuem zu studiren, und alsdann zu versuchen, ob ich mit meinem Urtheile darüber in etwas aufs Reine kommen könnte. Allein da ich nicht weiß, wie bald Zeit und Umstände mir diese Beschäftigung wieder verstatten, so will ich es nur gleich wagen, Ihnen einige meiner Gedanken ten darüber mitzutheilen. Prüfen und beurtheilen Sie solche mit Ihrer gewöhnlichen Freymüthigkeit und dem Ihnen eigenen Scharfsinne. Wie sehr ich Herrn Kants große und originelle Denkkraft schätze und bewundere, darf ich Ihnen nicht erst sagen. — Sie wissen das schon und ich mag mich nicht gerne bey irgend einer Art von Einleitung oder Vorrede lange aufhalten.

Ich will Ihnen also nur gleich sagen, daß ohnerachtet diese Schrift dem Kopfe und Herzen des Verfassers nach meinen Urtheile, gleich große Ehre macht, mir dieselbe doch nicht in dem Grade Gnüge geleistet hat, in welchem ich es hofte und erwartete.

Ich kann mich durchaus nicht überzeugen, daß diese Art sich die Grundsätze der Moral zu denken, die einzig wahre, würdige und fruchtbare sey, wie Herr Kant solches so entscheidend behauptet — ich glaube vielmehr, daß es eine andere Art giebt, die eben so wahr und würdig, dem gesunden Menschenverstande und der ganzen menschlichen Denkart aber weit angemessener, weit natürlicher einfacher und fruchtbarer ist.

Das Princip der Glückseligkeit ist, meiner Meynung nach, das letzte Princip der Moral, aus welchem sich alles herleiten, auf das sich alles zurückführen läßt, welches rein, würdig, allumfassend ist, welches zu gleicher Zeit der Quell der moralischen Erkenntniß und der moralischen Selbstthätigkeit ist. Glückseligkeit ist die Naturbestimmung der denkenden Wesen — sie muß also auch das Ziel, der letzte Zweck unsers Bestrebens, unsers Thuns und Lassens seyn. Mache dich selbst und Andere, so viel du kannst, glückseliger, ist das ewige Gesetz aller unserer freyen Handlungen. Sobald auf diese Weise der Zweck meiner Handlung festgesetzt ist, zeigt mir meine Vernunft, daß gewisse Handlungsarten schlechterdings dazu nothwendig sind, daß sie wesentlich zur Erhaltung und zur Beförderung meiner eigenen

und

und Anderer Glückseligkeit erfordert werden. Diese Handlungen heißen **recht** — das Gegentheil derselben heißt **unrecht**. Ich muß also thun was **recht** ist, und unterlassen, was **unrecht** ist. Bey dem, was einmal von der Vernunft als **recht** anerkannt ist, darf ich im einzelnen Falle gar nicht weiter untersuchen, ob es auch noch zur Beförderung meiner und Anderer Glückseligkeit beytrage. — denn das ist schon ausgemacht, versteht sich von selbst. In diesem Betracht kann ich also sagen, wir müssen recht handeln, ohne andere Rücksicht und Absicht, lediglich weil es **recht** ist. Frage ich aber im Allgemeinen, warum muß ich denn das thun, was **recht** ist? so ist die Antwort: weil solches zum Wohl und zur Glückseligkeit der Geisterwelt nothwendig ist, und diese nicht anders bestehen könnte.

Herr Kant verwirft nun dieses Princip der Glückseligkeit ganz und gar. Er läugnet zuerst S. 4. daß die Glückseligkeit der eigentliche Zweck der Natur in Ansehung der mit Vernunft und Willen begabten Wesen sey, ob er gleich S. 42. behauptet, daß wir die Absicht auf Glückseligkeit nach einer Naturnothwendigkeit haben, und daß sie zu unserm Wesen gehöre. Er läugnet es aber, wie gesagt, S. 4. aus dem Grunde, weil die Natur ihre Veranstaltung dazu sehr schlecht getroffen hätte, sich die Vernunft des Geschöpfs zur Ausrichterin dieser ihrer Absicht zu ersehen. Denn alle Handlungen, die es in dieser Absicht auszuüben hat, und die ganze Regel seines Verhaltens würden ihm weit genauer durch Instinkt vorgezeichnet und jener Zweck weit sicherer dadurch haben erhalten werden können, als es jemals durch Vernunft geschehen kann; und sollte diese ja obenein dem begünstigten Geschöpf ertheilt worden seyn: so würde sie ihm nur dazu haben dienen müssen, um über die glückliche Anlage seiner Natur Betrachtungen anzustellen, sie zu bewundern, sich ihrer zu erfreuen und der wohlthätigen Ursache dafür dankbar zu seyn, nicht aber um sein Begehrungsvermögen jener schwachen und trüglichen Leitung zu unterwerfen und in der Natur Absicht zu pfuschen; mit einem Worte, sie würde verhütet haben, daß die Vernunft nicht in praktischen Gebrauch ausschlüge und die Vermessenheit hätte, mit ihren schwachen Einsichten ihr selbst den Entwurf der Glückseligkeit und der Mittel dazu zu gelangen auszudenken; die Natur würde nicht allein die Wahl der Zwecke, sondern auch die Mittel selbst übernommen, und beyde mit weiser Vorsorge lediglich dem Instinkte anvertrauet haben. Wie Herr Kant sich auf diese Art eine Glückseligkeit eines vernünftigen Wesens denken kann, begreife ich nicht. Ist wenn die Selbstthätigkeit, Bewußtseyn und Anschauen unserer geistigen und sittlichen Vollkommenheit unsere höchste Seligkeit, und kann davon insonderheit von der letztern auch nur eine Spur Statt finden, bey einer solchen Einrichtung der Natur, wie sie Herr Kant hier angiebt? Dieser Einwurf hat also seine Widerlegung in sich selbst.

Der gleich darauf folgende Satz, daß der Mensch desto weiter von der wahren Zufriedenheit abkomme je mehr er eine cultivirte Vernunft sich mit der Absicht auf den Genuß des Lebens und der Glückseligkeit abgebe, ist doch wohl ein sehr einseitiger und unbestimmter Erfahrungssatz der unmöglich das Mindeste beweisen kann.

Daß bey verwöhnten und verstimmten Trieben und Begierden eine einseitig cultivirte Vernunft den Menschen noch weiter von der wahren Zufriedenheit abführen könne, mag wahr seyn — aber sonst lehrt die Erfahrung
doch

doch ziemlich allgemein, daß, je mehr eine gehörig cultivirte Vernunft sich mit der Absicht auf Glückseligkeit abgiebt, desto mehr der Mensch sich der wahren Zufriedenheit nähert.

Wenn denn nun aber die Glückseligkeit nicht der Zweck des Daseyns und die Bestimmung der vernünftigen Wesen ist, was sollen wir denn dafür annehmen? Herr Kant sagt S. 7. einen an sich selbst guten Willen. Dieser Wille, sagt er gleich darauf, ist zwar nicht das einzige und das ganze, aber er muß doch das höchste Gut, und zu allem Uebrigen, selbst allem Verlangen nach Glückseligkeit, die Bedingung seyn.

Also der gute Wille ist nicht das einzige Gut, ist nur ein Theil der Bestimmung des Menschen. Was ist denn nun aber das Ganze, wovon der gute Wille ein Theil ist? Offenbar doch nichts anders als die Glückseligkeit.

Nun so stimmt ja Herr Kant mit uns Andern völlig überein. Denn welcher vernünftige Mensch hat je geläugnet, daß der gute Wille oder die moralische Vollkommenheit das höchste Gut des Menschen sey? Das Bewußtseyn unsers sittlichen Werths oder unserer Tugend ist von jeher als das wesentlichste Ingredienz unserer Glückseligkeit angesehen worden, und da also der gute Wille das höchste Gut des Menschen ist, wie Herr Kant solches selbst behauptet, und wie Alle mit ihm glauben, so begreife ich nicht, wie er sagen kann, daß die Glückseligkeit durch die Erreichung desselben könne auf Nichts herabgebracht werden. Herr Kant muß in dieser Stelle, so wie in einigen andern seiner Schrift, mit dem Worte Glückseligkeit gegen allen Sprachgebrauch einen sehr eingeschränkten Begrif verbinden. Selbst der gemeine Mann wird keinem, ihm als schlechtgesinnt und lasterhaft bekannten Menschen Glückseligkeit zuschreiben, wenn er auch noch so vornehm, reich und so weiter ist.

Uebri-

zur Metaphysik der Sitten.

Uebrigens kann der gute Wille, lediglich als solcher und bloß an und für sich, unmöglich als der alleinige letzte Zweck der vernünftigen Wesen angesehen werden: denn jedes vernünftige gute Wollen, jede Vorschrift, Regel und Ordnung, die den guten Willen bestimmen, müssen sich auf irgend etwas beziehen. Das, was der gute Wille will, was er zu befördern, zu erreichen strebt, um dessentwillen er ein guter Wille ist und heißt, seine eigene und anderer Glückseligkeit, ist offenbar der letzte Zweck. Gegen das Ende der Schrift S. 90. bestreitet Herr Kant nun noch ganz besonders und ausdrücklich das Princip der Glückseligkeit als moralisches Princip. Zuerst, sagt er, tauge es überall als **empirisches Princip nicht dazu, um moralische Gesetze darauf zu gründen**. Ich sehe nicht, warum das Princip der Glückseligkeit, in seiner höchsten Allgemeinheit versteht sich, ein empirisches Princip heißen soll? Ich weiß mir bey Herrn Kants zweytem Princip der Moral, wovon er selbst sagt, daß es nicht aus der Erfahrung entlehnt sey, nichts anders zu denken, als was ich mir bey dem Princip der Glückseligkeit vorstelle.

Herr Kant sagt, **die vernünftige Natur existirt als Zweck an sich selbst**, und daraus folgt: **handle so, daß du die Menschheit sowohl in deiner Person, als in der Person eines jeden Andern, jederzeit zugleich als Zweck, niemals bloß als Mittel, brauchest**. Was heißt das, die vernünftige Natur existirt als Zweck an sich selbst? Ich kann mir durchaus nichts anders dabey denken, als sie ist um ihrer selbst willen da, sie ist da, um glücklich zu seyn, sich ihres Daseyns und Werths bewußt zu seyn und zu erfreuen — als Zweck existiren, muß dieß oder gar nichts bedeuten. Die daraus folgende angeführte Regel oder der praktische Imperativ kann also auch nichts anders heißen, als, **befördre deine eigne und Anderer Glückseligkeit**. Also so wenig sein Principium bloß aus der

Erfah-

Erfahrung entlehnt ist, so wenig ist es das unsere, welches mit dem seinigen völlig übereinstimmt, oder vielmehr das nämliche und nur anders ausgedrückt ist.

Daß ferner dieses Princip in seiner Allgemeinheit sich nicht auf die besondere Einrichtung der menschlichen Natur oder zufällige Umstände gründe, erhellet deutlich genug von selbst. In der Folge sagt Herr Kant, dieses Princip sey unter allen am meisten verwerflich.

1) **weil es falsch ist und die Erfahrung dem Vorgeben, als ob das Wohlbefinden sich jederzeit nach dem Wohlverhalten richte, widerspricht.**

Wer in aller Welt hat sich wohl je einfallen lassen, zu behaupten, daß das Wohlbefinden sich jederzeit nach dem Wohlverhalten richte? Auch ist Wohlbefinden, dem Sprachgebrauch nach, offenbar ganz etwas anders als Glückseligkeit.

Wir behaupten nur, daß das Wohlverhalten in der Regel in allem Betracht gute und angenehme Folgen für uns habe, und daß wenigstens das Bewußtseyn desselben den wesentlichsten Theil unserer Glückseligkeit und eine durchaus nothwendige Bedingung derselben ausmache.

2) **Weil es gar nichts zur Gründung der Sittlichkeit beyträgt, indem es ganz etwas anders ist, einen glücklichen als einen guten Menschen, und diesen klug und auf seinen Vortheil abgewitzt, als ihn tugendhaft zu machen.**

Keinesweges ist es ganz etwas anders selbst nach der Denkart und dem Sprachgebrauche des gemeinen Mannes, einen glücklichen als einen guten Menschen zu machen. Ich sage noch einmal, das Bewußtseyn meines guten Willens ist gerade die höchste reinste Glückseligkeit — ohne guten Willen

Willen läßt sich für ein vernünftiges Wesen keine wahre Glückseligkeit denken. Bey dem Bewußtseyn unsers guten Willens oder unserer Tugend können wir nie eigentlich unglücklich werden, können wir viele andere Uebel ertragen und verschmerzen, und wir müssen als vernünftige Wesen jedes andere Gut ihm bey weitem und durchaus nachsetzen.

3) Weil es der Sittlichkeit Triebfedern unterlegt, die sie eher untergraben und ihre ganze Erhabenheit zernichten, indem sie die Bewegursachen zur Tugend mit denen zum Laster in eine Classe stellen, und nur den Calcul besser ziehen lehren, den specifischen Unterschied beyder aber ganz und gar auslöschen. Das Princip der Glückseligkeit legt der Sittlichkeit die Triebfeder unter, den Naturzweck der vernünftigen Wesen aufs möglichste zu befördern — das zu thun oder zu lassen, was die Vernunft als recht oder unrecht in dieser Rücksicht befiehlt oder untersagt. Dem allerersten Ursprunge nach, ist die Triebfeder sittlicher und unsittlicher Handlungen allerdings eine und dieselbe — denn es giebt überall nur Einen Grundtrieb oder Eine Triebfeder in der Seele — den Trieb oder das Streben nach eigener Glückseligkeit oder Vollkommenheit — denn in dem Bewußtseyn und Anschauen der Vollkommenheit besteht die Glückseligkeit. Bey dieser Gelegenheit muß ich erinnern, daß die Principia der Vollkommenheit und Glückseligkeit durchaus auf Eins hinauslaufen. Nur ist Vollkommenheit an und für sich als Objekt nicht der letzte Zweck der Natur, sondern nur in so fern sie erkannt und angeschaut wird, kann sie es seyn. Da dieses aber durch eine Naturnothwendigkeit von selbst erfolgt, so kann ich allerdings die Vollkommenheit als den Zweck meines Daseyns ansehn und sie zum Ziele meines

meines Bestrebens machen. Also, wie gesagt, der Grundtrieb ist bey sittlichen und unsittlichen Handlungen derselbe — es ist nur die veränderte Richtung, die den Unterschied zwischen beyden ausmacht. Folgt der Trieb dem Urtheile der Vernunft, so sind die Handlungen **sittlich**, widerstreitet er demselben, so sind sie **unsittlich**.

Das ist also ein sehr wesentlicher specifischer Unterschied, und Tugend und Laster werden mit nichten in eine Classe geworfen. Eben das Calculziehen des größern und geringern Guts des größern und geringern Uebels, welches das Geschäft der Vernunft ist, scheidet das Sittliche und Unsittliche. Hiebey muß ich aber noch einmal anmerken, daß, wenn die Vernunft eine Handlung als an und für sich nothwendig zur Erhaltung und Beförderung des Wohls der Geisterwelt erklärt hat, alsdann gar keine Frage mehr ist, ob sie mir auch nützlich und für mich Pflicht sey? Das Bewußtseyn, recht zu handeln oder gehandelt zu haben, ist durchaus das höchste Gut des Menschen, und kann mit keinem andern verglichen oder dadurch ersetzt werden. Auf diese Art sehe ich nun nicht ein, wie das Princip der Glückseligkeit uns irre führe oder zur Immoralität verleiten könne; aber Hr. Kant kommt selbst in mehrern Stellen seiner Schrift dahin, dieses Princip anzuerkennen und festzusetzen. Er sagt S. 122. Um das zu wollen, wozu die Vernunft allein dem sinnlich afficirten vernünftigen Wesen das Sollen vorschreibt, dazu gehört freylich ein Vermögen der Vernunft, ein Gefühl der Lust oder des Wohlgefallens an der Erfüllung der Pflicht einzuflößen, mithin eine Causalität derselben, die Sinnlichkeit ihren Principen gemäß zu bestimmen. Gut also, bey allen sinnlich afficirten vernünftigen Wesen erzeugt die Pflichterfüllung ein Gefühl der Lust oder Wohlgefallen — und zwar die höch-

höchste, reinste, allen übrigen vorzuziehende Lust — wenn wir also sagen, strebe nach deiner höchstmöglichen Glückseligkeit oder Lust, so ist das ein sehr lauteres Princip der Moral.

Dies Princip ist auch allgemein genug, denn von vernünftigen Wesen, die ohne alle Sinnlichkeit sind, haben wir keinen Begrif und sie gehen uns nichts an.

In der Folge schreibt Hr. Kant der Vernunft ein **Interesse an der Sittlichkeit** zu, und Interesse kann durchaus nicht ohne etwas Subjektivisches gedacht werden. S. 7. sagt er, **die Vernunft sey einer Zufriedenheit nach ihrer eigenen Art fähig, wenn sie ihre Absicht, einen guten Willen zu gründen, erreiche.** Was heißt das anders, als die Tugend oder der gute Wille macht uns glücklich?

Ich komme nun, nachdem ich das Princip der Glückseligkeit gegen die Einwürfe, die Herr Kant dagegen macht, zu retten gesucht habe, zur Betrachtung des Princips, welches er Statt dessen etablirt. Es heißt: **Handle nur nach derjenigen Maxime, durch die du zugleich wollen kannst, daß sie ein allgemeines Gesetz werde.**

Ich lasse dieses Princip in seiner ganzen Gültigkeit und Würde. — nur kann ich mich nicht überzeugen, daß es das letzte höchste Princip der Moral sey. Kann ich mich erwehren, noch weiter zu fragen, was das für eine Maxime sey, durch die ich wollen kann, daß sie ein allgemeines Gesetz werde, und warum diese und jene Maxime ein solches Gesetz seyn könne? Ganz offenbar nicht: Herr Kant bleibt bey den Beyspielen, die er anführt, selbst nicht bey der bloßen Anführung dieses Gesetzes stehen, sondern zeigt bey jedem derselben, warum es ein allgemeines Gesetz seyn müße. Der Grund liegt in der Natur und Ordnung der Dinge und in dem Wohl der Geisterwelt. Warum muß es ein Gesetz seyn, sein Versprechen zu halten?

ten? Weil sonst der Zweck der Versprechen wegfällt, und die Ordnung der Dinge und das Wohl der Gesellschaft gestört werden.

Warum muß ich in dem dritten Beyspiele meine Talente entwickeln und bilden? Weil ich wollen muß, daß dieses ein allgemeines Naturgesetz werde? Und warum muß ich das denn wollen? Weil uns, wie Herr Kant selbst sagt, die Talente zu allerley möglichen Absichten **dienlich und gegeben sind**. Es ist also offenbar, daß in dem **dienlich und gegeben seyn** der letzte Grund der Verpflichtung liege.

Und so werden wir es bey allen Pflichten und moralischen Gesetzen finden. — Es kann ja auch nicht anders seyn. Ein Gesetz, eine Regel, eine Norm, müssen sich auf einen Zweck beziehen, wenn und in so fern sie von der Vernunft gegeben werden. Daß Hrn. Kants zweytes moralisches Princip: **Handle so, daß du die Menschheit sowohl in deiner Person, als in der Person eines jeden Andern, jederzeit zugleich als Zweck, niemals bloß als Mittel brauchst**, mit dem Princip der Glückseligkeit übereinstimme, oder das nämliche sage, habe ich oben schon gezeigt. Das dritte praktische Princip des Willens, welches den Willen jedes **vernünftigen Wesens als einen allgemein gesetzgebenden Willen ansieht**, setzt zum voraus, daß die Vernunft die den Willen bestimmt und ihn allgemein gesetzgebend macht, die Zwecke und Verhältnisse der Dinge einsehe, und nach ihnen entscheide, was Pflicht und Recht sey.

Sie führt uns darauf, daß die vernünftigen Wesen als Zwecke für sich existiren, oder daß ihre Glückseligkeit ihre Bestimmung und der letzte Zweck der Natur sey. Die Würde oder der innere Werth der Menschheit, so aus einem Willen entspringt, der allgemein gesetzgebend ist

ist, und aus dem Bewußtseyn einem solchen Willen zu folgen oder ihn zu haben, gewährt die höchste reinste Glückseligkeit.

Es ist also offenbar, daß alle moralische Principien uns am Ende dahin führen, daß wir glücklich seyn und Glückseligkeit befördern sollen, und daß wir, wie Herr Kant S. 35. selbst sagt, reine moralische Gesinnungen zum höchsten Weltbesten zu bewirken und den Gemüthern einzupfropfen haben. Auch die Idee eines Reichs der Zwecke bringt uns dahin; denn ein absoluter letzter Zweck ist und kann nichts anders seyn, als Glückseligkeit. Wenn übrigens Hr. Kant die moralische Würde und den innern Werth des Menschen nicht mit zur Glückseligkeit rechnet, so ist das eine dem ganzen Sprachgebrauch zuwiderseyende, zu enge Bedeutung des Worts, wie ich schon angemerkt habe. Eben so ist es gegen den Sprachgebrauch, wenn er S. 103 sagt: gegen das Gefühl unsers persönlichen Werths, sey ein angenehmer oder unangenehmer Zustand für nichts zu halten. Das Gefühl unsers persönlichen Werths ist doch, nach aller Menschen Empfindung auch angenehm, und heißt auch so.

Nach dem allen nun scheint es mir, daß wir bey unsern gewöhnlichen Principien der Moral mit allem Fuge und Rechte bleiben können, und daß wir dabey bleiben müssen.

Herrn Kants Principien bringen uns in keinem Betracht weiter — wir müssen vielmehr, um sie zu verstehn und anzuwenden, zu jenen zurückkehren.

Um zu wissen, was ein allgemeines Gesetz seyn könne, muß ich fragen und untersuchen, was ist das Beste, wobey kommt das meiste Gute heraus? Man betrachte insonderheit nur die Collisionsfälle, wenn die nämliche Handlung in der einen Rücksicht recht, in der andern unrecht ist — wie muß ich handeln? So daß meine Handlungsmarime Gesetz für alle vernünftige Wesen seyn könne, sagt Hr. Kant — habe ich da nun die Regel, wornach ich handeln kann und die mich bestimmt, oder muß ich nicht weiter fragen — muß ich nicht untersuchen, was in allem Betracht das Beste sey?

Ich habe oben schon die Beyspiele von Pflichten, die Hr. Kant S. 53 ꝛc. anführt, in dieser Rücksicht betrachtet; ich will hier nur noch eins derselben, welches ich dort übergangen habe und welches den Selbstmord betrift, etwas näher untersuchen.

Herr Kant denkt sich einen hofnungslosen Unglücklichen, der geneigt ist sich zu ermorden, und der noch so viel Vernunft hat, daß er fragen kann, ob es nicht pflichtwidrig sey? Er versucht: ob die Maxime seiner Handlung wohl ein allgemeines Naturgesetz werden könne. Seine Maxime aber ist: ich mache es mir aus Selbstliebe zum Princip, wenn das Leben bey seiner längern Frist mehr Uebel droht, als es mir Annehmlichkeiten verspricht, es mir abzukürzen. Es fragt sich nur noch, ob dieses Princip der Selbstliebe ein allgemeines Naturgesetz werden könne. Da sieht man aber bald, daß eine Natur, deren Gesetz es wäre, durch dieselbe Empfindung, deren Bestimmung es ist, zur Beförderung des Lebens anzutreiben, das Leben selbst zu zerstören, ihr selbst widersprechen, und also nicht als Natur bestehen würde, mithin jene Maxime unmöglich als allgemeines Naturgesetz Statt finden könne, und folglich dem obersten Princip aller Pflicht gänzlich widerstreite.

Eigentlich sollte die Frage seyn, kannst du wollen, daß alle hofnungslose Unglückliche sich das Leben nehmen?

men? und da sehe ich die Nothwendigkeit der Verneinung derselben nicht ein. Wir wollen aber die Frage lassen, wie sie Hr. Kant gestellt hat. Wenn Selbstliebe, Streben nach Glücklichkeit uns zur Erhaltung des Lebens antreibt, so sehe ich nicht ein, warum sie uns nicht zur Verlassung desselben bestimmen könne, wenn wir in einem Zustande der Hofnungslosigkeit sind, und das Leben kein Glück mehr ist. Selbstliebe treibt uns an für die Erhaltung der Glieder unsers Leibes zu sorgen — sie bestimmt uns aber auch dieselben abschneiden zu lassen. Da wäre der nämliche Widerspruch. Entweder dauert der Mensch nach diesem Leben fort — nun so ist der Selbstmord keine Selbstzerstörung — so ist er gleich einer Reise in ein unbekanntes Land: Oder er dauert nicht fort — und was giebt es dann für eine Verbindlichkeit im Zustande der Hofnungslosigkeit zu verharren?

Nach dem zweyten Princip der Sittlichkeit wird der Selbstmord auf folgende Art bestritten. Der Mensch ist Zweck an sich selbst, und man kann sich also desselben nicht als eines Mittels zur Erhaltung eines erträglichen Zustandes bis zu Ende des Lebens bedienen. Ich kann über den Menschen in meiner Person nicht disponiren, ihn zu verstümmeln, zu verderben oder zu tödten. Der Mensch ist an sich selbst Zweck, kann durchaus nichts anders heißen, als die Glückseligkeit ist der Zweck des Menschen — sein Leben als bloße Existenz kann es nicht seyn. Wie nun, wenn mein Zustand wirklich hofnungslos ist und ich keiner Glückseligkeit mehr fähig bin? Ich nehme nur, wie Hr. Kant, einen solchen Fall an, ohne zu behaupten, daß er wircklich Statt finde. Warum soll ich nun ein Leben, welches meinem Grundtriebe und meiner Bestimmung zuwider ist, nicht verlassen? Daure ich fort nach dem Tode, so war es ja nur eine bloße Vertauschung eines gewissen unangenehmen Zustandes gegen einen andern, von dessen Beschaffenheit ich nichts weiß. Daure ich nicht fort, nun so höret gewiß alle Verbindlichkeit auf, in dem Zustande der Hofnungslosigkeit fortzuleben: denn mit der Unmöglichkeit glücklich zu werden, fällt solche gänzlich weg.

Ich darf doch wohl nicht erst sagen, daß ich den Selbstmord keinesweges rechtfertige, und daß ich nur diesen apodiktischen Beweiß seiner Pflichtwidrigkeit bestreite.

Ich läugne das Faktum, und behaupte, daß es nach dem Urtheile der Vernunft, keinen Zustand der Hofnungslosigkeit (man verzeihe mir das Wort) gebe.

Ob gleich noch verschiedene andere Betrachtungen und Bemerkungen bey Lesung des Kantischen Werks sich mir dargeboten haben, so muß ich doch jetzt abbrechen.

Sollten sie das Gesagte des Druckes würdig halten; so hoffe ich, werden weder Herr Kant selbst, noch seine Verehrer, etwas Beleidigendes darin finden. Ich habe ohne die geringste Nebenabsicht meine Meynung gesagt, und es sollte mir die größte Freude seyn, wenn ich zu einer weitern Erörterung der Sache Veranlassung gegeben hätte.

Im Wesentlichen bin ich, wie gesagt, mit Herrn Kant einig, — der gute Wille gilt mir über alles, und ist das einzige durchaus unzweydeutige Gut. Auch lasse ich seine Principien als richtig gelten — nehme das zweyte derselben, so wie ichs verstehe und erkläre, als höchstes Princip der Moral an, und gestehe dem ersten zu, daß es uns die Richtigkeit und Nothwendigkeit der Pflichten in vielen Fällen auf eine ungemein anschauliche und auffallende Art darstelle; aber ich kann mich nur nicht überzeugen, daß die Principien der Vollkommenheit und Glückseligkeit falsch, gefährlich und schädlich seyn sollen, und daß es rathsam sey, sie gegen das Kantische zu vertauschen.

Von

Von den praktischen Schwierigkeiten, die aus diesem Tausch entstehen würden, habe ich gar nicht einmal gesprochen, und will auch nicht weiter darüber ausführlich seyn.

Es kommt hier auf die Entscheidung der reinen Vernunft an, was wahr und ihr gegründet sey.

Da sage ich nun, die Vernunft kann kein Gesetz, keine Regel des Handelns, des Thuns oder Lassens vorschreiben, ohne auf einen Zweck dabey Rücksicht zu nehmen.

Einen solchen absoluten Zweck in der Natur giebt sie uns selbst an — die denkenden Wesen machen ihn aus. Sie machen ihn aber nicht aus, in so fern sie bloß existiren, Realitäten oder Vollkommenheiten besitzen, sondern in so fern sie mit Bewußtseyn ihrer selbst und ihrer Realitäten existiren. Dieß Bewußtseyn seiner selbst und seiner Realitäten heißt und ist nun Glückseligkeit — also ist diese der letzte Zweck in der Natur und muß das letzte Ziel aller freyen Selbstthätigkeit vernünftiger Wesen seyn.

Aus dem Zwecke werden die Mittel bestimmt, und die Gesetze der Moralität fließen also aus dem Princip der Glückseligkeit. Es ist daher das höchste praktische Princip der reinen Vernunft: **befördere die Glückseligkeit der vernünftigen Wesen.** Zu diesem Imperativ der Vernunft, wie Herr Kant sagen würde, gesellt sich nun der allmächtige Naturtrieb der zwar ursprünglich und zunächst auf eigne Glückseligkeit geht, sich in der Folge aber selbst instinctartig auch auf andere erstreckt.

Weiterhin leitet und berichtigt ihn die Vernunft, die einsieht, daß das Wohl des Ganzen und der einzelnen Glieder unzertrennlich verbunden ist, daß sich keine isolirte Glückseligkeit denken läßt, daß die höchste Realität, und Würde des Menschen und die Quelle des reinsten und sichersten Vergnügens in dem Bewußtseyn eines guten Willens

Willens oder eines reinen Bestrebens zur Beförderung des höchsten Weltbesten liegen.

So stimmen also Naturtrieb, Erfahrung und Vernunft zusammen, vereinigen sich zur Festsetzung eines allgemeinen moralischen Princips für die ganze Geisterwelt, welches die Regel und das Motiv des Handelns zugleich in sich faßt, und auf das alle möglichen Erkenntniß- und Bewegungsgründe der Pflichten am Ende unfehlbar sich beziehen.

VII.

Errinnerungen gegen den Aufsatz:

Ueber Herrn Kants Grundlegung

zur

Metaphysik der Sitten.

Aus dem Braunschw. Journal 9. St. Sept. 1789. S. 48—75.

Mit aller der ungeheuchelten Hochachtung, welche nicht gemeiner philosophischer Scharfsinn, mit Wahrheitsliebe verbunden, bey jedem vernünftigen Leser erwecken muß, unternehme ich es, den mir ganz unbekannten Verfasser des Aufsatzes: Ueber Kants Grundlegung zur Metaphysik der Sitten, auf einige schwache Seiten, welche das von ihm vertheidigte System zu haben scheint, aufmerksam zu machen. Daß meine Erinnerungen — sie mögen ihm nun gegründet oder ungegründet erscheinen — auf jeden Fall keine ungütige Aufnahme bey ihm finden werden, dafür bürgt mir, außer dem Wunsche, den er selbst äußert, daß seine Abhandlung weitere Untersuchungen veranlassen möge, auch seine vernünfnünftige eines Philosophen ganz würdige Art zu denken, und unbefangen nach Wahrheit zu forschen, die aus seiner Abhandlung deutlich genug hervorleuchtet. Deßwegen ohne weitere Vorrede zum Gegenstande selbst. — Ich werde aber nicht den ganzen Aufsatz, der übrigens so viel Wahres und Vortrefliches enthält, der Ordnung nach durchgehen, sondern mich nur auf einige wenige Errinnerungen gegen das Wesentliche seiner Vorstellungsart einschränken.

Wenn die Moral aus dem Princip der eigenen Glückseligkeit hergeleitet werden soll, so muß das oberste Gesetz derselben heißen: **Thue, was dir im Ganzen deines Daseyns das größte Vergnügen, die meisten angenehmen Empfindungen verschaffet:** — oder, wenn fremde Glückseligkeit mit eingeschlossen wird: **Thue was mittelbar oder unmittelbar das Vergnügen und das Wohlseyn aller vernünftigen Geschöpfe am meisten befördert.**

Nach der erstern dieser beyden Maximen ist keine meiner Handlungen sittlich gut, die mich nicht froher und zufriedener macht; oder wenn zugegeben wird, daß mehr auf die Absicht und den Willen, als auf den wirklichen Erfolg des Thuns und Lassens ankommt, — wobey ich nicht wenigstens die Absicht habe, mir überwiegend angenehme Empfindungen zu verschaffen. Wie wenig Werth behalten aber dann diejenigen Tugenden, welche nach dem allgemeinen Urtheil des gesunden Menschenverstandes gerade die schönsten und achtungswürdigsten sind! Nach diesem Grundsatze ist der Arme, der durch heimlichen Betrug sich ein bequemes Auskommen verschaffen könnte, aber aus bloßer Gewissenhaftigkeit die Gelegenheit dazu ungenützt läßt, sondern lieber bis an das Ende seines traurigen Lebens mit Mangel und Elend kämpfen, als seine Hände mit Ungerechtigkeit beflecken will, — oder der gedrückte und verfolgte Mann, der seinen mächtigen Feind, welcher ihn zu Boden niederzutreten sucht, hinterlistiger Weise ins Verderben stürzen könnte, und es nicht thut, weil er glaubt, daß er verbunden sey, auch seine Feinde zu lieben, — oder der Geschäftsmann, der, anstatt nach dem Beyspiele vieler Andern, sein Amt schläfrig und saumselig zu treiben und sich ruhige Tage zu machen, sich vielmehr in der Vollbringung seiner Pflichten aufopfert, ob er gleich voraussieht, daß er sich nicht Belohnungen, nicht Ehre bey Menschen dadurch erwerben, sondern sich nur Neid, nur Haß, Verfolgung, und vielleicht lebenslängliches Elend zuziehen werde; — alle diese Menschen sind dann bedauernswürdige Thoren: wenigstens kann man sie nicht tugendhaft nennen; denn sie handeln doch gewiß nicht so, wie sie handeln, um sich überwiegend angenehme Empfindungen zu verschaffen. — Und wie schwer, wie unmöglich ist es der menschlichen Vernunft, zu bestimmen, was überwiegend angenehme Folgen haben werde. — wie oft trügt dieser Calcul, wenn er auch mit der größten Aufmerksamkeit und der kaltblütigsten Prüfung gezogen wird! Wie Manchem schon wurden Ehrenstellen und Reichthümer, die er sich durch die rechtmäßigsten Mittel erworben, Ursachen des größten Unglücks! Wie Manchem ziehen seine Kenntnisse, seine Gelehrsamkeit so viel Neid, Verdruß und Widerwärtigkeit zu, daß er gestehen muß, er wäre weit glücklicher gewesen, wenn er sich nie über den niedrigsten Pöbel an Aufklärung und Geistesausbildung erhoben hätte; und doch stehen diese Vorzüge, unter allem, was der Mensch wünschen kann, gewiß nicht unten an.

Doch unser Herr Verfasser versteht unter der Glückseligkeit, welche das Princip der Sittlichkeit seyn soll, das mit unsrer eigenen Glückseligkeit genau verbundene Wohl des ganzen Menschengeschlechts, ja des ganzen Geisterreiches. Sein oberstes Gesetz heißt also: Handle so, daß du jedesmal das meiste Glück dadurch bewirkst. Hier fragt sich nun erstlich: woher bin ich dann ver-

verbunden, fremdes Wohl, auch mit Schmälerung meines eigenen Vergnügens zu schaffen, meine Ruhe zu unterbrechen, meine Gesundheit, ja mein Leben in Gefahr zu setzen, um fremdes Glück zu befördern? Beruht etwa diese Verbindlichkeit bloß auf der Sympathie? oder auf dem Gedanken, daß das Wohl des Ganzen die Bedingung meiner eigenen Wohlfahrt sey? Soll ich hierdurch für die größten Aufopferungen, zu welchen ich mich um der fremden Glückseligkeit willen verstehe, schadlos gehalten werden? — auch dann noch schadlos gehalten werden, wenn ich im Dienste der Welt mein Leben verliere? Wer dieß behauptet, der muß denn doch wenigstens zugeben, daß der Fürst, der mit dieser überaus starken Sympathie nicht versehen ist, oder dem es natürlicher vorkommt, sein Glück auf eine von fremden Wohlseyn unabhängigere Art zu suchen, auch gar nicht unrecht thue, wenn er lieber die Menschen zu Myriaden aufopfert, lachende Provinzen zu Einöden und blühende Städte zu Steinhaufen machen, als seine Ehrsucht unbefriedigt lassen, oder dem Ruhm eines Eroberers entbehren will. — Und woher weiß ich denn — ich kurzsichtiges Geschöpf — was für das Ganze vortheilhaft sey? Hier tritt eben die unüberwindliche Schwierigkeit ein, welche, wie wir kurz vorher gesehen haben, die Bestimmung dessen, was in jedem einzelnen Falle zu unserm eigenen Wohlseyn das Meiste beytragen werde, zur Unmöglichkeit macht. Hat nicht ein ununterbrochenes Glück und blühender Wohlstand schon öfter den Untergang der mächtigsten Staaten beschleunigt als Druck und schwere Zeiten? Und was für eine Nation höchst schädlich, verderblich ist, wie oft ist nicht das für die Menschheit im Ganzen überschwänglicher Vortheil! — Doch gesetzt, es könnte jedesmal mit völliger Gewißheit ausgemacht werden, was das Nützlichste für das Ganze sey, gesetzt, die Verbindlichkeit fremdes Wohl zu befördern, könnte aus der Sympathie, oder aus dem Verhältniß, worin das allgemeine Beste in jedem Falle mit meinem

nem eigenen Wohlseyn stünde, oder aus sonst irgend einem Princip der Selbstliebe ganz befriedigend hergeleitet werden: so ist es doch an und für sich unrichtig, daß die vorhergesehenen überwiegend vortheilhaften Folgen eine Handlungsweise sittlich gut machen; denn es giebt tausend und aber tausend Fälle, wo das, was nach jedes Menschen Urtheil recht ist, leicht vorherzusehende traurige Folgen hat, das entgegengesetzte pflichtwidrige Verhalten aber ganz augenscheinlichen Vortheil bringen würde. Laßt uns einmal setzen: ein Mann, der auf einen hohen Posten sieht, erhält von seinem Landesherrn, dem er sein ganzes Glück zu verdanken hat, den Antrag, ihm zur Unterdrückung und Verurtheilung eines Unschuldigen, dessen Verderben er beschlossen hat, behülflich zu seyn. Er weigert sich. Der Fürst drohet mit Entlassung — mit Gefängniß. Der rechtschafne Diener sieht voraus, daß, wenn er auf seiner Weigerung beharrt, sein Untergang unvermeidlich ist. Aber noch mehr: alle die vortreflichen Entwürfe, die er zum Besten des Vaterlandes gemacht, und noch auszuführen gedachte, werden durch seine Entsetzung vereitelt. Er macht einem Unwürdigen Platz, der unsägliches Elend stiften wird. Ja er kann sich leicht vorstellen, daß der Unschuldige, an dessen Unterdrückung er keinen Antheil haben wollte, dem Verderben doch nicht entgehen werde. Was soll er thun? Wenn der Unterschied des sittlich Guten und Bösen bloß auf den vorausgesehenen nützlichen, oder schädlichen Folgen beruhet; so muß er einen Unschuldigen aufopfern, um nicht nur seine Familie zu erhalten, sondern auch noch fernerhin Gutes im Staate stiften zu können. Aber was sagt die Vernunft? Dieser zufolge muß er durchaus auf seiner edlen Weigerung beharren, wenn gleich die Uebel, die nicht nur für ihn, sondern auch für das Publikum daraus entstehen, noch so überwiegend, und die Vortheile welche aus dem Gegentheile entspringen würden, noch so beträchtlich und noch so augenscheinlich gewiß sind. Dergleichen Fälle sind in der Welt nichts seltenes;
und

und sollten wir nicht berechtigt seyn, daraus zu schließen, daß es nicht die Nützlichkeit, oder die Angemessenheit einer Handlungsweise zum eignen und allgemeinen Wohl sey, die sie eigentlich sittlich gut macht, sondern die Angemessenheit zu der reinen nicht von der Erfahrung abgezogenen Idee der Tugend, und zu dem absoluten Vernunftgesetze, welches unabhängig von aller Rücksicht auf Vergnügen und Wohlseyn gebietet, was geschehen soll?

Doch dieses sind die Schwierigkeiten noch nicht alle, die sich bey dem Systeme, welches auf dem Glückseligkeitsprincip beruht, finden. Wenn die sittliche Güte der Maximen und Handlungen durch ihre nützlichen Folgen bestimmt wird: so muß die Verbreitung sittlich guter Grundsätze den höchsten Grad des sittlichen Werthes haben; denn wie kann ich besser für das Wohl der Welt sorgen, als wenn ich die Tugend, diese letzte Bedingung aller Glückseligkeit, unter den Menschen gemeiner mache? Und wird nicht jede Bemühung zu fremden Wohlseyn, welche mit der Tugend derer, die ich glücklich zu machen suche, nicht bestehen kann, verkehrt, zweckwidrig und sittlich böse seyn? Wenn man also fragt? Was ist recht, was sittlich gut? so ist die Antwort: was Andere sittlich gut macht. Und wenn ich nun weiter frage: Worin besteht denn eben das Gute, wozu ich andere bilden soll? so wird es heißen: darin, daß du auch sie lehrest, auch sie angewöhnest, Tugend und Rechtschaffenheit zum Besten der Welt immer mehr zu verbreiten. Und so geht es immerfort, ohne daß ich jemals erfahren kann, worin denn eben diese sittliche Güte bestehe, zu deren weitern Verbreitung und Beförderung eine Handlungsart dienen muß, wenn sie sittlich gut seyn soll. Es ist eben so, als wenn man mir auf die Frage: Was ist Aufklärung? antworten wollte: Was Aufklärung in der Welt befördert; und wenn ich nun wissen wollte, was denn die Aufklärung befördere, — man mir nichts weiter zu sagen wüßte, als: was die Bemühung, die

die Aufklärung immer weiter umher zu verbreiten, unter den Menschen gemeiner macht; — ohne angeben zu können, worin denn eben das Wesen der Aufklärung bestehe, welche zu verbreiten freylich die Pflicht des wahrhaftig aufgeklärten Mannes ist. — Vor allen Dingen muß die reine Vernunft sagen, worin das Wesen der Tugend zu setzen sey; und dann läßt sich gar leicht erweisen, daß ihre Beförderung und Verbreitung unter den Menschen Pflicht, — daß sie Eigenschaft jedes tugendhaften Mannes sey. Wer aber sagt: die Tugend sey die Beförderung der Tugend, als des einzigen untrüglich sichern Mittels der wahren, dauerhaften Glückseligkeit (und so muß doch Jeder sagen, der dem Glückseligkeitsprincip treu bleiben will): wie kann der sich rühmen, er habe auf eine befriedigende Art erklärt, worin die Tugend bestehe?

Doch unser Herr Verfasser fühlt selbst, daß man nicht fortkommt, wenn man den sittlichen Werth des freyen Verhaltens bloß in die äußerlichen materiellen nützlichen und angenehmen Wirkungen oder Zwecke desselben setzt; deßwegen rechnet er die Selbstzufriedenheit mit zu den vortheilhaften Folgen des Rechtverhaltens, um welcher willen er das Glückseligkeitsprincip, als den letzten Grund aller Sittlichkeit, vertheidigt. Der vornehmste Bestandtheil der Glückseligkeit, sagt er, ist das Bewußtseyn unsers sittlichen Werthes. Dieß ist ganz richtig: was folgt aber hieraus? Meiner Einsicht nach nur dieses, daß die Tugend mit der wahren Glückseligkeit in der genauesten Verbindung stehe, ja daß die erstere die vornehmste Bedingung der letztern sey; keinesweges aber, daß wir um der Glückseligkeit, als eines materiellen Zwecks willen, handeln, wenn wir sittlich gut handeln, oder daß in der Tauglichkeit der Handlungsarten zur Erreichung dieses Zwecks der eignen und fremden Wohlfahrt die Tugend bestehe, und daß sich folglich aus dem Begriffe der Glückseligkeit bestimmen lasse, was sittlich gut, und was sittlich böse sey.

Die

Die Bemerkung, daß derjenige, welcher die Freuden des guten Gewissens und der Selbstbilligung aus dem Begriffe der Glückseligkeit ausschließt, diese letztere allzuenge einschränke, halte ich für sehr gegründet: aber wie kann diese Selbstzufriedenheit oder die Vorstellung davon, Erkenntnißquelle der Tugend seyn? Und das müßte sie doch seyn, wenn man sich zur Vertheidigung des Glückseligkeitsprincips auf sie mit Grund berufen wollte. Mit einem Worte: diese unmittelbar aus dem Bewußtseyn, daß wir recht gethan haben, entstehende Achtung und Billigung unserer selbst, setzt ja offenbar voraus, daß wir schon anders woher wissen, was recht und was unrecht ist. Fragt den Tugendhaften, warum er sich so ruhig, so groß, so weit über sein Elend erhaben fühlt; fragt den rechtschaffenen Mann, dessen wir oben Erwähnung gethan haben, den Mann, der edel genug dachte, um sich lieber dem unvermeidlichsten Elende preis zu geben, als Theil zu nehmen an der Unterdrückung eines Unschuldigen — fragt ihn, warum er in seinem Unglücke so gelassen, so gutes Muthes, so mit sich selbst zufrieden sey, und seinen Zustand, so sehr er auch das Harte und Drückende desselben fühlt, doch nicht mit dem Loos des glücklichsten Bösewichts vertauschen mögte. Er wird euch antworten: darum, weil ich gethan habe, was ich zu thun schuldig, was recht war. Wird hier nicht ganz offenbar vorausgesetzt, daß er schon vorher gewußt habe, was er zu thun schuldig und was recht war, und solches nicht erst aus der Selbstbilligung habe schließen können? Und woher soll er es gewußt haben? Nicht aus den vorhergesehenen Folgen seines Verhaltens; denn diese waren, wie wir oben bemerkt haben, traurig für ihn und traurig für das Publikum; noch viel weniger daraus, weil er hofte, wegen eines solchen Verhaltens das Vergnügen der Selbstachtung zu genießen; denn weil wir uns nicht selbst achten können, ohne zu wissen, daß wir sittlich gut gehandelt haben: so muß ja vor der Selbstachtung, ja auch schon vor der Hofnung, daß wir uns durch eine Handlungsweise

weise diesen Selbstgenuß verschaffen werden, die Erkenntniß des sittlich Guten vorhergehen; man müßte denn das für eine befriedigende Erklärung annehmen wollen, wenn Jemand sagte, gut ist, was durch das Bewußtseyn, gut gehandelt zu haben, beseligt. Daß der Rechtschaffene um des vorausgesehenen und gewünschten Gewissensgenusses willen pflichtmäßig handle, kann man zugeben; aber daß er aus der Idee oder aus dem Vorschmack dieses Gewissensgenusses beurtheilen könne, was denn eigentlich recht sey und wie er handeln müsse, um seiner Pflicht ein Gnüge zu leisten, folglich des Vergnügens der sittlichen Selbstbilligung theilhaftig zu werden; — darunter, ich gestehe es, weiß ich mir nichts zu denken. Auf diesen versteckten Zirkel wünschte ich den Herrn Verfasser vorzüglich aufmerksam zu machen.

Die Unzulänglichkeit der äußerlichen Folgen der menschlichen Handlungen, ihnen sittlichen Werth zu ertheilen, hat ohne Zweifel den Engländer Hutcheson und Andere bewogen, ein besonderes moralisches Gefühl, als Erkenntnißquelle des Guten und Bösen anzunehmen: und man muß bekennen, daß sie sich vermittelst dieses Gefühls weit besser aus dem Labyrinthe zu helfen wissen, als die, welche, was Tugend und Laster sey, bloß aus der Schicklichkeit zur Erreichung materieller Zwecke beurtheilen wollen, und behaupten, der ganze uns Menschen erkennbare Unterschied der Tugend und des Lasters bestehe in der Angemessenheit oder Unangemessenheit zur Glückseligkeit. Denn wenn man die Vertheidiger des unmittelbaren moralischen Gefühles fragt; warum gerecht, ehrlich und aufrichtig handeln, gut sey? so werden sie antworten: weil ein solches Verhalten, wenn wir es bey Andern wahrnehmen uns Achtung und Liebe abbringt, und wenn wir uns selbst dessen bewußt sind, in uns Wohlgefallen an uns selbst erweckt. Auf die Frage aber: warum denn die eine Art des Verhaltens Wohlgefallen, die andere Mißfallen erwecke, sind sie keine weitere Antwort schuldig. Denn indem

dem sie dieses moralische Erkenntnißprincip ein Gefühl nennen: so kommen sie allem Forschen nach weitern Gründen zuvor; weil sich von keinem einzigen Sinne ein fernerer Grund angeben läßt, als — daß wir einmal so beschaffen sind. Indessen irren die Anhänger dieses sittlichen Gefühles darin, daß sie das moralische Vergnügen und Mißvergnügen nicht für bloße Folgen des Urtheiles, daß etwas gut oder böse sey — sondern selbst für die Quelle dieses Urtheiles halten, mithin die sittliche Beschaffenheit des Thuns und Lassens, welche nur aus reiner Vernunft erkannt werden kann, aus einem besondern Sinne, folglich aus einem empirischen Princip, kennen lernen wollen.

Doch der Herr Verfasser sagt ja ausdrücklich, daß, wenn einmal die Vernunft entschieden habe, welche Maximen und Handlungen recht seyen, d. i. zur Erhaltung und Beförderung eigener und fremder Glückseligkeit wesentlich erfordert werden; — wenn sie einmal den Calcul des grössern und geringern Gutes, des größern und geringern Uebels gezogen habe — ein Vernunftgeschäft, welches das Sittliche und Unsittliche scheide, — daß alsdann in einzelnen Fällen gar nicht weiter untersucht werden dürfe, ob die Befolgung dieser einmal genehmigten Maximen auch noch zur Beförderung der Glückseligkeit beytrage — denn das sey schon ausgemacht, verstehe sich schon von selbst. In diesem Betrachte könne man also sagen, wir müssen recht handeln, ohne andere Rücksicht und Absicht, lediglich, weil es recht ist; — Allein sollte es denn wirklich andem seyn, daß es sich in jedem einzelnen Falle von selbst verstehe, daß die Beobachtung einer von der Vernunft einmal als sittlich gut anerkannten Handlungsmaxime überwiegenden Vortheil wirke? Ich glaube das Gegentheil dargethan zu haben. Nur noch ein Beyspiel: Wenn mir der Gedanke aufstiege, einem reichen Manne, mit dem ich in allerley Verbindungen und Geschäften stünde, von Zeit zu Zeit, heimlich, so daß er es gar nicht merken könnte, eine Kleinigkeit zu entwenden, — nicht um das

Entwendete in meinen eigenen Nutzen zu verwenden, sondern — um eine dürftige Familie zu unterstützen, verlassene Waisen erziehen zu lassen u. s. f. so müßte ich diesem Gedanken ohne allen Zweifel widerstehen, ohne zu fragen, was wird in diesem Falle den meisten Vortheil bringen. Und warum? Der Herr Verfasser antwortet: Weil es sich von sich selbst versteht, daß die Befolgung der einmal von der Vernunft gebilligten Maxime, allen Betrug zu meiden, in jedem, und also auch in dem gegenwärtigen Falle, überwiegenden Nutzen bringt; — sich also von selbst versteht, daß es in allem Betracht nützlicher sey, dem reichen Manne seine funfzig oder sechzig Thaler, deren Verlust, wenn sie ihm nach und nach und auf eine vorsichtige Art wären entwendet worden, er gar nicht verspürt, und nie würde erfahren haben, zu lassen, und mich der hülflosen Waisen, denen ich von diesem Gelde einige Versorgung und Erziehung hätte verschaffen können, zu entschlagen, als — einen so wohlthätigen Diebstahl zu begehen? — O die menschlichen Pflichten müssen einen tiefern Grund in der vernünftigen Natur haben, als das Vermögen, den Calcul der größern oder geringern Summe der aus einer Handlungsweise entspringenden angenehmen Empfindung zu ziehen! — Ja, Rechtthun ist allerdings in jedem Falle gut und das Gegentheil böse: allein dieß ist nicht die relative Güte, nicht die Tauglichkeit zur Glückseligkeit, sondern — das absolut Gute und Böse, dessen Idee durch die Vernunft und ihr sittliches Gesetz unmittelbar gegeben, nicht aus Beziehungen auf Neigungen gefolgert oder abgezogen wird. — Ob aber dieses unbedingt Gute in jedem vorkommenden Falle auch relativ gut, das ist, Mittel und Bedingung der Glückseligkeit sey? Diese Frage — wenn sie beantwortet werden kann — wird doch schlechterdings nicht aus den Begriffen von Sittlichkeit und Glückseligkeit, — sondern nur durch einen Umweg und vermittelst gewisser Zwischenbegriffe, beantwortet werden können.

Es sind demnach — daß ich das Gesagte noch einmal zusammenfasse — die Hauptfragen, welche auf eine gründliche und befriedigende Art beantwortet werden müssen, wenn das System des Herrn Verfassers auf uneingeschränkten Beyfall soll rechnen können, kürzlich folgende:

1) Wie soll ich es anfangen, um in jedem Falle ganz sicher zu bestimmen, was für mich und für Andere, mittelbar oder unmittelbar, näher oder entfernter, das Nützlichste sey; und wie können ohne diese Bestimmung die auf Glückseligkeit abzielenden Vorschriften, wofür die sittlichen Gesetze doch ausgegeben werden, die erforderliche Untrüglichkeit, verbindende Kraft und Würde haben?

2) Woher weiß ich, daß ich verbunden bin, fremdes Wohl — oft sogar mit Hintansetzung und Aufopferung meiner eigenen Ruhe und Glückseligkeit, zu schaffen, wenn nicht ein unmittelbares Vernunftgesetz mir dieses zur Pflicht macht?

3) Wenn Tugend einerley mit dem ist, was in jedem Falle das Wohl der Menschheit am meisten befördert; so werde ich dann zum Besten der Welt am meisten beytragen, d. i. tugendhaft handeln, wenn ich die Tugend selbst auf Erden zu verbreiten suche. Die passendste Erklärung also, die sich nach diesem Systeme von dem sittlich Guten geben läßt, ist diese: das sittlich Gute besteht in der Beförderung des sittlich Guten. Wie reimt sich dieses?

4) Wie kann der an sich ganz richtige Satz, daß die sittliche Selbstbilligung das vornehmste Ingredienz der menschlichen Glückseligkeit sey, zur Unterstützung des Glückseligkeitsprincips angeführt werden, wenn nicht diese Selbstbilligung Erkenntnißquelle des sittlich Guten ist? — und wie kann sie dieses seyn, da sie das Urtheil, daß man recht gehandelt habe, folglich

lich auch den Begrif von dem, was recht und unrecht ist, voraussetzt?

5) Wie läßt sich behaupten, es verstehe sich in jedem Falle von selbst, daß das pflichtmäßige Verhalten überwiegend vortheilhafte, das Gegentheil überwiegend nachtheilige Folgen habe, welches sich auch allerdings von selbst verstehen müßte, wenn die Sittlichkeit aus dem Princip der Glückseligkeit hergeleitet werden könnte? — Wie ist es endlich überhaupt zu erklären, daß oft gerade diejenigen Handlungen, die sowohl für den Handelnden selbst, als auch für die Welt die wenigsten Vortheile verheißen, den höchsten sittlichen Werth haben?

Daß bey einem absoluten Gesetze der Sittlichkeit, welches von aller Erfahrung unabhängig in der menschlichen Vernunft liegt, alle diese Schwierigkeiten wegfallen, ist von selbst einleuchtend. — Da aber dieses reine Gesetz bloß formal ist, mithin von aller Materie des Willens oder den Gegenständen der Neigungen abstrahirt; so kann es unmöglich Wohlseyn, sondern es muß nothwendig die absolute innere, ebenfalls bloß formale Willensvollkommenheit zum Zwecke haben. Wenn dieses reine Gesetz nun von uns angewendet werden soll: so muß freylich ein Objekt hinzukommen, welches als Materie nach der Willensform bestimmt wird: hieraus folgt aber, meiner Einsicht nach, gar nicht, daß diese Materie, die sich freylich immer auf Glückseligkeit bezieht, oder daß diese Glückseligkeit selbst, der letzte Bestimmungsgrund des guten Willens und seines Grundsatzes sey. Auch ist der Wille gut — nicht um desjenigen was er will, sondern — um der Art und Weise willen, wie er will; oder mit andern Worten: die sittliche Willensgüte wird bestimmt, nicht durch das materielle Objekt des Wollens — eigne und fremde Glückseligkeit — sondern durch die Uebereinstimmung dieses Wollens (seiner Form nach) mit dem obersten

und

und absolutesten aller Willensgesetze, das schlechterdings
von keiner äußern Beziehung abhängt, sondern in dem innern Wesen der Vernunft selbst seinen Grund hat. Die
Regel, welche jedes vernünftige Wesen, vermöge seiner
Vernunft selbst sich vorschreibt, und wornach die Urtheilskraft entscheiden muß, ob eine Maxime oder eine Handlung sittlich gut oder böse sey, ist diese: Frage dich selbst,
ob du wohl die Handlung die du vorhast, wenn sie nach einem Gesetze der Natur, von der du ein Theil wärest, geschehen sollte, als durch deinen Willen möglich, ansehen
könntest (Crit. der pract. Vern. S. 122); oder mit andern
Worten: ob du als vernünftiges Wesen wünschen könnest,
daß Jedermann so handle *)? Um diese Frage zu beantworten muß man nun zwar allerdings einen materiellen
Zweck vor Augen haben, nämlich die allgemeine Ordnung
und das Wohl der menschlichen Gesellschaft, oder wohl gar
des ganzen Geisterreichs, d. i. ob eine Handlungsweise
dem Sittengesetze angemessen sey, muß daraus beurtheilt
werden, ob sie, wenn sie allgemein befolgt würde, zur
Erhaltung der allgemeinen Glückseligkeit dienlich wäre oder
nicht: aber der letzte Grund der Verpflichtung liegt nicht
in diesem dienlich seyn, wie der Herr Verfasser sagt,
sondern in dem Vernunftgesetze, welches will: ich solle so
handeln, daß meine Handlungsweise zu einer allgemeinen
Vorschrift für vernünftige Wesen tauglich sey; ob aber
eine Maxime diese Tauglichkeit besitze, dieß muß aus der
Dienlichkeit zur Erreichung eines allgemein gewünschten
und gesuchten Endzweckes abgenommen werden. Wenn
ich wissen will, ob es recht oder unrecht sey, zu stehlen; so
werfe ich die Frage auf: wie, wenn ein Jeder, so oft es
ihm für ihn selbst und für Andere (denen er vom dem ge-
stohlenen Wohlthaten erzeigen könnte) nützlich schiene, sich
erlaubte zu stehlen, würde dabey das allgemeine Beste bestehen

§ 4

*) Hierüber muß man lesen was Kant in seiner Metaphysik
der Sitten S. 64 — 70 sagt. Zus. des Herausg.

stehen können, und mögtest du in einer solcher Welt leben? Wenn ich nun hierauf mit Nein antworten, und den heimlichen Diebstahl, so vortheilhaft er auch, in dem gegenwärtigen Falle, mir selbst und Andern seyn würde, dem ungeachtet als etwas Unerlaubtes verabscheuen muß: so ist ja ganz offenbar, daß ich ihn nicht eigentlich um der schädlichen Folgen willen verabscheue und unterlasse (denn diese würden im gegenwärtigen Falle überwiegend angenehm seyn); auch nicht um der bösen Folgen willen, welche die allgemeine Erlaubniß zu stehlen in der Welt nach sich ziehen würde (denn wenn Ich heimlich und unentdeckt stehle: so folgt ja gar nicht, daß nun Jedermann sich solches erlauben werde): daß also die Unterlassung des Stehlens, nicht in diesem einzelnen Falle, sondern überhaupt zum allgemeinen Besten erforderlich ist, dieß ist keinesweges der Bestimmungsgrund meines Willens, sondern nur dasjenige, woraus ich belehrt werde, wie mein Verhalten beschaffen seyn müsse, wenn es den reinen Gesetze angemessen seyn soll. Es muß doch ein Grund vorhanden seyn, woraus ich weiß, daß ich so unnachläßlich verbunden bin, nach solchen Maximen zu handeln, deren Befolgung von jeder Vernunft gebilligt werden muß. Und wo liegt denn dieser Grund? Nicht in den zur Beförderung der Glückseligkeit tauglichen oder untauglichen Wirkungen des Verhaltens (denn die Tugend läßt oft nichts als Elend, und Ungemach — das Laster aber die größten Vortheile erwarten); auch nicht darin, daß durch mein Verhalten die schädliche Maxime nicht möge allgemein eingeführt werden (denn dieß ist, wenn ich heimlich Böses thue, gar nicht zu besorgen); — und wo denn sonst? — Die einzige hierauf mögliche Antwort ist: in einem ganz kategorischen Imperativ der Vernunft, welche wir als vor aller Erfahrung gebietend, wie unsre Maximen beschaffen seyn sollen, nothwendig anerkennen müssen, weil diese formelle Beschaffenheit derselben, wie wir gesehen haben, nicht aus Erfahrung erkannt werden kann, und weil wir vermittelst der

Erfahrung von unsern Pflichten nimmermehr belehret werden könnten, wo wir nicht ein unbedingt gebietendes formelles Vernunftgesetz zu unsern Erfahrungen mitbrächten.

Doch ich breche hier ab: Der Herr Verfasser verzeihe mir meine Einwendungen, und achte sie einer aufmerksamen Prüfung nicht unwürdig. Sein Aufsatz ist von allen mir bekannten, was gegen das Kantische Moralsystem geschrieben worden ist, meiner Einsicht nach, das Vorzüglichste und Bündigste. Er hat in das System, das auf das Princip der Glückseligkeit gegründet ist, so viel Consequenz zu bringen gewußt, als mir dasselbe empfänglich zu seyn scheint. Er ist der Mann, von dessen ächt philosophischen Geiste und Wahrheitsliebe es zu erwarten ist, daß er die obigen Zweifel entweder genugthuend auflösen, oder — wenn solches unthunlich seyn sollte — gewiß von selbst einsehen werde, wie viel seyn System dadurch verliere.

So wenig indessen, nach diesen Ausführungen, die Sittlichkeit mit dem Streben nach Glückseligkeit einerley ist, (indem die erstere unbedingte Willensgüte, die letztere aber möglichste Befriedigung der Neigungen zum höchsten Zweck hat): so sicher führt doch die Sittlichkeit mittelbarer Weise zur Glückseligkeit, und so innig bleibt alsonach in dem Systeme der reinen Sittlichkeit die von dem Herrn Verfasser geforderte Verbindung zwischen beyden. Denn erstlich, die aus dem Bewußtseyn des Rechtverhaltens unmittelbar entspringende Billigung und Achtung unsrer selbst ist das allervornehmste Ingredienz aller menschlichen Glückseligkeit. Zweytens, die sittliche Güte ist Würdigkeit, glückselig zu seyn, und wir können ganz zuversichtlich hoffen, daß die allervollkommenste Vernunft, der heiligste und gerechteste Gott, uns in den kommenden Perioden unsers Daseyns dasjenige Maaß der Glückseligkeit werde zu Theil werden lassen, welches uns nach dem Grade unsers moralischen Werthes zukommt. Je bessere, je sittlich vollkommenere Geschöpfe wir also hier zu werden suchen, je bereitwilliger und entschlossener wir sind, so oft es unsere Pflicht von uns fodert, dem Vergnügen dieses Lebens zu entsagen, desto sicherer sind unsere Ansprüche auf das Glück der Zukunft. Endlich drittens, das reine Gesetz misbilligt ja keinesweges die Sorge für unsre Wohlfahrt, sondern es will ja nur, daß wir unsern Glückseligkeitstrieb auf eine solche Art zu befriedigen suchen sollen, wie es vernünftiger Wesen würdig ist: ja unter dieser Einschränkung macht dasselbe es uns sogar zur Pflicht, unser Bestes zu befördern. Auch ergiebt sich aus dem Obigen, daß, so wenig auch selbst fremdes Wohl der allerletzte und höchste Zweck der Tugend ist, doch das menschliche Geschlecht gewiß im Ganzen desto glückseliger seyn würde, je allgemeiner die Maximen der Sittlichkeit würden auf Erden befolget werden. In diesen Rücksichten, besonders aber vermittelst der Ideen von Gott und Unsterblichkeit, die selbst aus dem Gesetze der reinen Vernunft hergeleitet sind, ist und bleibt die Sittenlehre, mittelbarer Weise, die einzig ächte und untrügliche Glückseligkeitslehre, wie auch der große, vortrefliche Weltweise, den auch der Herr Verfasser so innig verehrt, in mehrern Stellen seiner Werke sagt. Nur muß man wohl bemerken, daß die Religionsideen von Gott, Unsterblichkeit und künftiger Belohnung die sittliche Verbindlichkeit nicht gründen, sondern aus dieser und aus dem Gesetze erst hergeleitet werden. — Die Glückseligkeit ist also nicht das ganze, das vollendete höchste Gut, wie der Herr Verfasser anzunehmen scheint, (auch nicht einmal der vornehmste Bestandtheil des höchsten Gutes), (denn dieß ist die sittliche Vollkommenheit) aber doch ebenfalls ein unentbehrlicher, obgleich der zweyte Bestandtheil desselben. (Siehe Critik der prakt. Vernunft. S. 189 ff.).

Ob übrigens die Hoheit und Würde der Tugend dadurch mehr gewinne, wenn man ihren Ursprung in der reinen Vernunft selbst, und ihren Zweck in der absoluten

Güte

Güte und Vollkommenheit findet, als wenn man die Sittlichkeit ihrem innern Wesen nach mit der Angemessenheit zur Glückseligkeit oder dem relativ Guten für einerley hält, — dieß zu entscheiden ist die Sache des Gefühls; und über das Gefühl läßt sich nicht streiten. Indessen scheint es mir wenigstens, daß ein Wesen, welches ohne alle Absicht auf Vergnügen und Vortheil, selbst seinen beliebtesten Begierden zuwider, aus bloßer Achtung gegen ein ganz unbedingtes Gesetz in seinem Innern, thut, was es für seine Pflicht hält, meiner Hochschätzung, ja selbst der Glückseligkeit durch eine gränzenlose Dauer weit würdiger sey, als ein Geschöpf, das, so gesetzmäßig und untadelhaft sein äußerliches Verhalten auch immerhin seyn mag, doch keiner höhern Antriebe zum Wollen und zum Handeln empfänglich ist, als solcher, die von seiner eigenen Glückseligkeit hergenommen sind, und welches also — man mag sagen was man will, — und seine Glückseligkeitsmaximen mögen auch noch so fein und richtig kalkulirt seyn — die Vernunft doch nur als eine Dienerin seiner Neigungen gebraucht. — Ich bewundere die erhabenen Talente des menschlichen Geistes; ich erstaune, wenn ich in dem sterblichen Erdbewohner, der auf der einen Seite so vieles mit dem vernunftlosen Thiere gemein hat, zugleich ein Wesen erblicke, welches durch die Kräfte seines Genie's sich eine so weit ausgebreitete Herrschaft über die Natur erworben hat, — welches schwimmende Städte auf dem Meere erbauet, — die Luft durchschift, — der Blitzwolke ihre Waffen raubt, und dem Kometen seine Bahn vorzeichnet: aber dieß alles erhebt nicht so die menschliche Natur in meinen Augen, — macht sie mir nicht so ehrwürdig, als wenn ich sie mir als frey, als sittlich denke. — Daß ich mit dem Staube so nahe verwandtes Geschöpf gleichwohl das Vermögen besitze, unabhängig von allen Motiven der sonst so mächtigen Sinnlichkeit zu wollen und zu handeln nach dem Gesetze, das ich als ein vernünftiges Wesen mir selbst vorschreibe, — zu entsagen jedem Erdenglück

glück und jedem Freudengenuß, wenn meine Pflicht solches von mir fordert, — zu trotzen jeder Widerwärtigkeit, die auf dem Wege der Tugend mich treffen kann; — nicht unterzuliegen und an der göttlichen Tugend nicht treulos zu werden, — unter dem härtesten Leidensdrucke, den ich um des Guten willen dulden muß, unter der schmerzendsten Empfindung der Armuth, der Verachtung, der Verfolgung und jedes Elendes, mich dennoch groß und — nicht ganz unglücklich zu fühlen; — o dieser Gedanke erfüllt meine Seele nicht mit Bewunderung allein, sondern auch mit inniger Achtung gegen die Menschheit in mir selbst und in dem geringsten meiner Brüder, — hebt mich über mich selbst und über die Sinnenwelt empor, und giebt mir den Muth, darnach zu ringen, daß auch ich durch sittliche Veredelung der Ehre, ein Mensch zu seyn, immer würdiger werden möge.

Christian Willh. Snell.
Prorector des Gymnasii zu Idstein.

Es scheint hier nicht am unrechten Orte zu seyn dasjenige zu lesen, was ein Gelehrter in dem Göttingischen Anzeigen *) in Rücksicht auf beyde Systeme angemerkt hat. Folgendes sind seine eigene Worte.

Was ist das Interesse des ganzen Streits? Kant und der Verfasser (der unten genannten Schrift) wollen zum obersten Princip der Sittlichkeit angenommen wissen: **Handele nach solchen Grundsätzen, von denen du wollen kannst, daß sie allgemein**

---

*) St. 7. v. J. 1790. in der Rec. über den Menon, oder Versuch in Gesprächen die vornehmsten Punkte aus der Critik der praktischen Vernunft des Hrn. Prof. Kant zu erläutern von Fr. Willh. Daniel Snell. Lehrer an dem Gymnasium zu Giessen 1789. S. 392. in 8. Die Grundsätze und Hauptideen sind alle aus der Grundlegung zur Metaphysik der Sitten und der Critik der reinen praktischen Vernunft genommen, und werden durch Beyspiele von allerley tugendhaften und lasterhaften Charakteren, Gesinnungen und Handlungen erläutert.

gemein angenommen werden. Das andere, so verwerflich vorgestellte, System nimmt an: Liebe dich selbst, oder, Suche dein Wohlseyn mit Vernunft, oder nach deiner bestmöglichen Erkenntniß. Beyde Systeme gründen sich also auf die Gesetze der Vernunft und des Willens zusammen genommen; wie sollen sie nun in ihren Folgen verschieden seyn? Beym erstern System muß gleich gefragt werden, was für Grundsätze allgemein angenommen wir wollen können; also was die unabänderlichen Grundsätze des Willens sind? Und beym andern System wird so fort Hauptfrage: Was die Vernunft uns nothwendig vorschreibt? Wenn es also unabänderliches Gesetz des menschlichen Willens ist sein eigenes Wohl zu begehren, nicht wollen zu können, was von allen Seiten angesehn, nach bestmöglichster Ueberlegung und Einsicht unserm Wohl wahrhaftig entgegen, nicht einmal (als geringeres Uebel) besser, begehrlicher ist, als sein Gegentheil: so ist klar, daß der formale Kantsche Grundsatz keine andern bestimmten (materiellen) Grundsätze geben könne, als solche, die dem Gesetz der Selbstliebe, der eigenen Glückseligkeit, gemäß sind. Auf der andern Seite, wenn es unmittelbar durch das Wesen der Vernunft bestimmte Gesetze für die freyen Handlungen giebt; so muß die vernünftige Selbstliebe diese zuförderst anerkennen und zu befolgen suchen. Ferner erhellt also auch leicht, daß unter denselben Voraussetzungen, unter welchen das Princip der Glückseligkeit von der Gerechtigkeit und Rechtschaffenheit abführen kann, das Kantsche formelle Princip vor ähnlichen Verirrungen nicht sichert. Wer glauben kann, daß andern durch Gewalt oder Arglist das Ihrige zu nehmen, kurz gegen die wahren Gesetze der Gerechtigkeit und Menschenliebe zu handeln, seiner Glückseligkeit wirklich völlig angemessen sey; der wird auch glauben, daß jeder vernünftige Mensch an seiner Stelle eben so handeln würde; wird den für schwach und einfältig halten, der es nicht thäte; sein höchstes materielles Princip ist dieß: Ein jeder sucht sich sein Leben so angenehm, als möglich, zu machen, und schränkt seine Neigungen nie weiter ein, als er muß. Und nun einige der scheinbarsten Einwürfe. a) Die Moralität beruhe nicht darauf, was man thue, sondern warum man es thut; ein System werde also dadurch nicht moralisch, daß es am Ende dieselben Folgen giebt, zu denselben Handlungen bestimmt, wie das System der reinen Sittlichkeit; es komme auf die Gründe an. (Antw. Allerdings so. Wer aber das System der vernünftigen Selbstliebe kennt, weiß auch, daß eine seiner ersten und consequentesten Folgen ist, nach

den

den erkannten Pflichten zu handeln, ohne alle weitere Rück‍sicht). b) Selbstliebe sey ein Naturtrieb, der nicht geboten zu werden brauche. Antw. Selbstliebe wird auch nicht geboten, sondern vernünftige Selbstliebe, d. h. der Instinkt wird sittlich durch die Vernunft. c) So würde doch Tugend nichts weiter seyn, als Trieb zum Wohlseyn, zur Glückseligkeit. Antw. So nemlich, wie Mensch weiter nichts ist, als Thier, und Lallen des Kindes einerley mit Beredsamkeit. d) Ein Mensch würde um so pflichtmäßiger und tugendhafter handeln, je mehr er sich bey seiner Handlung der davon abhängigen Glückseligkeit als seiner ersten Absicht, seines ersten Grundsatzes bewußt wäre. Antw. Folgt nicht (s. a). Der Mensch darf sich bey seinen tugendhaften Handlungen der Uebereinstimmung der‍selben mit seinem wahren Beßten bewußt seyn. Aber es ist sei‍ner Eingeschränktheit angemessener, beym Handeln sich einzig an seine nächsten Absichten und Grundsätze zu halten, wenn diese einmal richtig bestimmt und geordnet sind. e) Aber der Begrif von Glückseligkeit ist empirisch, veränderlich, streitig und mit Schwierigkeiten umgeben, und es hängt nicht vom Menschen ab, glücklich zu seyn, wie es von ihm abhängt, sittlich zu seyn, weil es hierbey nur auf den gu‍ten Willen ankömmt. Antw. Das allgemeine des Trie‍bes zum Wohlseyn ist dem Willen so wesentlich, als dem Verstande der Trieb zum Denken, und die Unmöglichkeit, wi‍dersprechende Dinge zu vereinigen; die Rechtschaffenheit besteht in jedem System in der Uebereinstimmung des Willens mit der beständlichen Erkenntniß; und die Anwendung der allgemei‍nen Grundsätze des Rechtverhaltens bey wirklichen Angelegenhei‍ten und Verhältnissen in der Welt hat die gleichen Schwierigkei‍ten bey einem, wie bey dem andern. —

Hier mögen noch einige Anmerkungen eines Gelehrten aus der oberdeutschen Litt. Zeit. St. 97. v. J. 1789. über ebendensel‍ben Menon ihren Platz finden.

S. 18. wird der Einwurf gegen die Allgemeinheit und Noth‍wendigkeit des moralischen Gesetzes aus den Beyspielen roher Völker, die keine Begriffe von Moralität zu haben scheinen da‍durch beantwortet, daß es keine solche Menschen geben könne; weil sonst das moralische Gesetz nicht allgemein und noth‍wendig wäre. Aber ist dieser Grund nicht auf eine Voraus‍setzung gebaut, welche der Gegner gerne zugiebt, und geradezu behauptet? Richtiger ist S. 19. dieser Einwurf dadurch wider‍legt, daß sich das Daseyn solcher Völker nicht erweisen lasse, bey
denen

denen man keine Spur von Moralität antrift und S. 58. wohl aber findet man, daß die moralischen Grundsätze bey manchem rohen Volke sehr schwach und unvollkommen sind. Dieß kann aber auch nicht anders seyn; da das moralische Gesetz der Vernunft angehört, so kann es nur in dem Grade wirksam seyn, in welchem die Vernunft selbst angebaut ist.

Sollten wohl alle die Consequenzen aus dem Glückseligkeitssysteme fließen, welche der V. aus denselben zieht: wenn z. B. S. 81. V. behauptet wird, vermöge dieses Systems sey es erlaubt, Verbrechen auszuüben, wenn man nur klug zu Werke gehe, wenn man nur vor Entdeckung und Strafe sicher sey, so hat der V. den Gesichtspunkt zu sehr verengt, aus welchem die besten Moralisten das System der Glückseligkeitslehre darstellen. Nach demselben kann unsere Glückseligkeit nicht vollkommen befördert werden, wenn wir nicht auch die allgemeine Glückseligkeit befördern. Eben so wenig gründliches scheint mir auch dieß zu enthalten, was S. 85. zur Widerlegung des Glückseligkeitssystems gesagt wird. „Gerne wollte ich auf das Vorrecht der „Vernunft Verzicht thun, wenn sie mich doch nichts lehren „könnte, als was mich der Instinkt weit sicherer lehren würde „(nemlich uns glücklich zu machen):" Woher weiß denn der V. daß uns der Instinkt weit besser lehren würde glücklich zu seyn, als die Vernunft? Läßt sich etwa folgender Schluß rechtfertigen? Ich sehe, daß eine gewisse Art von Glückseligkeit (die thier sche) durch Instinkt möglich ist; also ist auch eine Art von Glückseligkeit, diejenige, für welche vernünftige Wesen bestimmt sind, durch Instinkt möglich.

VIII.
Antwort
an den Herrn Prorector Snell
auf seine Errinnerungen gegen den Auffatz:

Ueber Herrn Kants Grundlegung zur Metaphyſik der Sitten.

Aus dem Braunſchw. Journal. 12tes St. M. Dec. 1789.

Nehmen Sie, zuförderst mein Herr, meinen aufrichtigen und lebhaften Dank für die Aufmerkſamkeit, deren Sie meinen Aufſatz gewürdigt und für den edlen Ton, in welchem Sie dagegen geſchrieben haben. Das letztere iſt mir inſonderheit um deſto ſchätzbarer und angenehmer geweſen, da es ſcheint, daß ſo manche Anhänger und Vertheidiger des Kantſchen Syſtems die dagegen gemachten Einwürfe nicht anders als mit einer Art von Unwillen und von leidenſchaftlicher Heftigkeit und Bitterkeit aufnehmen und beantworten.

Sie haben ſo ganz das Gegentheil davon gethan, und mich dazu beſtimmt, Ihnen ſobald als möglich zu antworten, und Ihnen öffentlich meine Hochachtung und meine Dankbarkeit zu bezeigen. Sie ſelbſt und das Publikum werden finden, daß wir uns in dem Weſentlichen unſerer Grundſätze und Ueberzeugungen — ja ſelbſt unſerer Geſinnungen — ſehr ähnlich und gleich ſind, und daß nur eine gewiſſe Verſchiedenheit in den Vorſtellungsarten oder in der Verbindung und Zuſammenreihung der Gedanken unter uns Statt findet.

Ich

zur Metaphysik der Sitten.

Ich will es von neuem versuchen, Ihnen in möglichster Kürze die Reihe meiner Gedanken über die wichtige Materie, von der unter uns die Rede ist, vorzutragen, und hiernächst Ihre Errinnerungen dagegen beantworten.

Es ist die Naturbestimmung der uns bekannten und empfindenden und denkenden Wesen glücklich zu seyn *). Einen andern — einen höhern Zweck ihres Daseyns kennen wir nicht, können ihn uns gar nicht denken. Die ganze Einrichtung der Natur dieser Wesen und der Körperwelt um sie her, soweit wir Begriffe davon haben — zielet auf diesen großen Zweck. Das angebohrne innere Streben alles dessen, was lebt, empfindet, und denkt, geht auf die Erreichung seines Wohlseyns und seiner Glückseligkeit. Die Entwickelung und Ausbildung jeder Anlage und Fähigkeit der empfindenden und denkenden Wesen, wird veranlaßt und befördert durch den Trieb nach eignem Wohlthun, und befördert und erhöhet wiederum das Wohlseyn. Die Grade und die Arten des Wohlseyns und der Glückseligkeit sind endlich verschieden, nach der grabartigen Verschiedenheit des Empfindungsvermögens und der Denkkraft.

Die

*) Kant sagt in der praktischen Critik S. 235.
„Wenn man nach dem letzten Zwecke Gottes in der Schöpfung der Welt fragt, muß man nicht die Glückseligkeit der vernünftigen Wesen in ihr, sondern das höchste Gut nennen, welches jenem Wunsche dieser Wesen noch eine Bedingung, nämlich die der Glückseligkeit würdig zu seyn, d. i. die Sittlichkeit eben derselben vernünftigen Wesen, hinzufüget, die allein den Maaßstab enthält, nach welchem sie allein der ersteren durch die Hand eines weisen Urhebers, theilhaftig zu werden hoffen können." So ist denn Glückseligkeit doch der Zweck und Sittlichkeit nun die Bedingung. Es versteht sich aber ganz von selbst, daß kein Zweck ohne seine wesentliche Bedingung erreicht werden kann, und nie haben sich verständige und gute Menschen die Glückseligkeit ohne Sittlichkeit gedacht.

Die Vorstellung von dem Wohlseyn und der Glückseligkeit Anderer, erzeugt und erhöhet dieselben an und für sich bey allem, was empfindet und denkt.

Mitempfinden, Theilnehmen und Wohlwollen, sind Naturtriebe und Naturbedürfnisse der beseelten und geistigen Wesen.

Der Instinkt lehrt und treibt alles, was empfindet, das zu wählen und zu thun, was sein Wohl befördert und vermehrt, das hingegen zu fliehen und zu vermeiden, was Uebelseyn erzeugt. Bey dem denkenden Wesen der Menschen kommen Erfahrung und Vernunft hinzu, welche ihn über die Mittel, durch die er sein Wohl und seine Glückseligkeit erreichen kann, belehren. Vermittelst beider, der Erfahrung und der Vernunft gelangt er zu der Einsicht, daß nicht immer das gegenwärtig Angenehme und die augenblickliche Lust daurendes Vergnügen verschaffen, sondern oft das Gegentheil davon zur Folge haben. Diese Einsicht zügelt und leitet seine Begierden, und bestimmt ihn sehr oft das gegenwärtig Angenehme aufzuopfern und das gegenwärtig Unangenehme zu wählen und zu ertragen, um ein größeres bleibenderes Gut und Vergnügen dadurch zu erreichen, oder ein größeres bleibenderes Uebel und Leiden dadurch zu verhüten. Außerdem lehren den Menschen Erfahrung und Vernunft noch, daß sein eigenes Wohlseyn und seine Glückseligkeit nicht ohne andere Menschen, nicht außerhalb der Gesellschaft zu erreichen sind und bestehen können.

Zu dieser Ueberzeugung gesellet sich der natürliche angeflammte Trieb des Mitempfindens, der Theilnehmung und des Wohlwollens — und er fühlt und erkennet, daß er für Andere so wie Andere für ihn leben müssen. Bey immer zunehmender Erfahrung und vernünftiger Einsicht finden die Menschen auf diese Weise, daß gewisse Handlungen oder Arten zu handeln, im Ganzen und in der Regel

gel ihr Wohlseyn vermehren, andre hingegen solches vermindern und stören. Eben so finden sie, daß in Rücksicht des gesellschaftlichen Zusammenlebens, die einzelnen Mitglieder einer Gesellschaft gewisse Handlungen beobachten, andere hingegen unterlassen müssen, wenn das Wohl des Ganzen und also auch der einzelnen Glieder befördert und erhalten werden soll. Auf diesem Wege sind die Menschen dazu gekommen, gewisse Handlungen als recht, andere hingegen als unrecht anzuerkennen — und es für Pflicht anzusehen, die einen zu üben, und die andern zu unterlassen. Sobald es ausgemacht ist, daß gewisse Handlungen im Ganzen und in der Regel unser eignes Wohl befördern, oder zum Besten und zur Erhaltung der Gesellschaft nothwendig sind, ist gar nicht weiter die Frage, ob sie auch gegenwärtig angenehm sind oder nicht.

Die Vernunft befiehlt und nöthigt uns das zu thun, was Recht und Pflicht ist. Für ein vernünftiges Wesen giebt es kein höheres, kein größeres Bedürfniß als das, seiner Vernunft zu folgen, und ihren Gesetzen und Vorschriften Gehör zu geben.

Das Bewußtseyn recht gehandelt zu haben, oder unserer Vernunft und unserm Gewissen treu gewesen zu seyn, ist die höchste, süßeste und reinste Art des Vergnügens und der Glückseligkeit. So wie das Bewußtseyn des Gegentheils uns durchaus unglücklich macht. Sich selbst in seinem eigenen Urtheile hochschätzen zu können, ist die süßeste — sich selbst verachten zu müssen, ist die bitterste aller Empfindungen.

Keine noch so große Masse von Freuden oder angenehmen Gefühlen kann uns für den Verlust unsers sittlichen Werths in unserm Selbstgefühl entschädigen. Kurz das innere Urtheil, du hast wider deine Vernunft und Ueberzeugung gehandelt, macht uns der Glückseligkeit unfähig.

Die Wissenschaft dessen, was in Ansehung unserer freyen Handlungen recht oder unrecht, mit andern Worten, vernunftmäßig oder vernunftwidrig ist, heißt die Moral. Ihr Grundgesetz ist: thue das, was deine Vernunft als recht anerkennt, und dir zu thun befiehlt; unterlaß das, was deine Vernunft als unrecht anerkennt, und dir zu unterlassen befiehlt. Die Moral ist also zunächst keine Anweisung zur Glückseligkeit, sondern zum Rechtthun.

Fragen wir aber nun weiter, was Recht ist, und warum wir das, was unsere Vernunft dafür anerkennt, thun sollen: so werden wir auf die Glückseligkeit, als den letzten Zweck unsers Daseyns und das Ziel unsers ganzen Strebens und unserer angebohrnen Thätigkeit und Begehrungskraft, zurückgeführt. Die reine Vernunft an und für sich, giebt uns für unsere freyen Handlungen lediglich das Gesetz, daß kein Widerspruch unter denselben seyn darf, daß sie zweckmäßig seyn müssen.

Diese bloß formelle abstrakte Regel der reinen Vernunft, die man auch folgendermaßen ausdrücken kann: handle wie ein vernünftiger Mensch — oder handle so, wie du wollen mußt, daß jeder vernünftige Mensch handle — lehrt uns nun aber an und für sich nichts — so wenig wie uns der Grundsatz des Widerspruchs überhaupt an und für sich etwas lehrt.

Es muß ein Zweck, ein Etwas da seyn, wornach die Vernunft das Zweckmäßige und das Recht in unsern freyen Handlungen beurtheilt. Diesen Zweck finden wir nun in der Natur unsers Begehrungsvermögens und in dem angebohrnen Thätigkeitstriebe selbst, und zwar in der ganzen bloß formellen Beschaffenheit. So wenig wir uns eine Vernunft ohne den Grundsatz des Widerspruchs, so wenig können wir uns eine Begehrungskraft und Selbstthätigkeit ohne den Grundtrieb nach Glückseligkeit denken.

Das Princip der Glückseligkeit ist daher in seiner höchsten Allgemeinheit und an und für sich genommen, gar nicht als ein materielles Princip anzusehen, sondern lediglich als ein formelles, welches unzertrennlich und wesentlich mit zur beseelten Natur gehört. Es verhält sich eben so zum Begehrungsvermögen, wie sich das Princip des Widerspruchs zum Erkenntnißvermögen verhält — und ist in seiner Art eben so rein und allgemein — eben so empirisch und materiell.

Befördere deine eigene und Anderer Glückseligkeit so viel als du kannst, ist daher das allgemeinste Grundgesetz alles menschlichen Thuns und Lassens — und die Moral, die uns lehrt, was recht und unrecht, was gute und böse ist, beruht in ihren Erkenntnissen und Bewegungsgründen lediglich auf diesem Princip.

Mir scheint dieses so einleuchtend, so hell und klar, — daß ich nicht begreife, wie und warum man daran zweifeln kann oder will. Unter vielen Stellen aus den **Kantschen** Schriften, die ich zum Beweise der Richtigkeit dieser Theorie und Gedankenfolge anführen und auslegen könnte, wähle ich nur eine, und zwar die, welche mir gerade beym Aufschlagen der **Critik der praktischen Vernunft** in die Augen fällt. Er sagt Seite 271. „Zwar kann „man nicht in Abrede seyn, daß, um ein entweder noch „ungebildetes oder auch verwildertes Gemüth zuerst ins Ge- „leis des moralisch Guten zu bringen, es einiger vorberei- „tenden Anleitungen bedürfe, es durch seinen eigenen Vor- „theil zu locken, oder durch den Schaden zu schrecken: al- „lein sobald dieses Maschinenwerk, dieses Gängelband, „nur einige Wirkung gethan hat, so muß durchaus der „reine moralische Bewegungsgrund an die Seele gebracht „werden, der nicht allein dadurch, daß er der einzige ist, „welcher einen Charakter (praktische consequente Denkungs- „art nach veränderlichen Maximen) gründet, sondern auch „darum, weil er den Menschen seine eigene Würde fühlen „lehrt,

„lehrt, dem Gemüthe eine ihm selbst unerwartete Kraft
„giebt, sich von aller sinnlichen Anhänglichkeit, sofern sie
„herrschend werden will, loßzureißen, und in der Unab-
„hängigkeit seiner intelligiblen Natur und der Seelen-
„größe, dazu er sich bestimmt, für die Opfer, die er dar-
„bringt, reichliche Entschädigung zu finden." Also sind
vorbereitende Anleitungen nöthig, um die Gemüther ins
Geleis des moralisch guten zu bringen — und diese Anleitungen bestehen darin, daß man sie durch eigenen Vortheil
locke oder durch den Schaden schrecke? Man kann und
man muß demnach die Menschen auf diesem Wege zur moralischen Gesinnung führen? Aber könnte man das, müßte
man das, wenn dieser Weg nicht wirklich zu dem Ziele
führte — wenn das Streben nach Glückseligkeit und die
moralische Gesinnung so anderartige, ja ganz entgegengesetzte Dinge wären; wie Herr Kant *) an andern Stellen behauptet? Wenn ich Jemand rückwärts führe, so
bringe ich ihn dadurch nimmermehr vorwärts.

Alles Gängeln des Kindes muß machen, daß dasselbe
wirklich selbst dabei gehe, und seine Füße brauche, sonst
wird es dadurch nimmermehr gehen lernen.

Eben so ist es auch mit den Anleitungen zur Moralität durch Vorstellung des eignen Vortheils und Schadens.
Wenn diese mit jener nicht in unmittelbarer und wesentlicher Verbindung stehen, so ist die Anleitung durchaus falsch
und

---

*) So sagt er S. 61. ganz ausdrücklich. Das gerade Wi-
derspiel des Princips der Sittlichkeit ist: „wenn das der
eigenen Glückseligkeit zum Bestimmungsgrunde des Willens gemacht wird."

Ist diese Behauptung nun wahr, so ists offenbar schlechterdings unmöglich und widersinnig, jemand durch Vorstellung des eignen Vortheils ins Geleis des moralisch Guten
bringen zu wollen.

zur Metaphyſik der Sitten.

und zweckwidrig *). Doch ſie müſſen in der allergenaueſten und weſentlichſten Verbindung nach Herrn Kants Meynung ſtehen — denn er ſagt, daß der reine moraliſche Bewegungsgrund für die Opfer, die er darbringt, reichliche Entſchädigung finde. Nun das iſt ja gerade, was ich will und behaupte, die Moralität wirkt die höchſte und reinſte Glückſeligkeit, und iſt der alleinige ſichere Weg zu ihr. Wenn Herr Kant S. 211. das Wohlgefallen an ſeiner Exiſtenz, welches das Bewußtſeyn der Tugend nothwendig begleiten muß, nicht Glückſeligkeit, ſondern ein Analogon der Glückſeligkeit nennen will, ſo kann ich das für nichts anders als für eine Gewaltſamkeit anſehen, die er den Begriffen und der Sprache, ſeiner Theorie zu Liebe, anthut. Wenn er aber S. 157. folgendermaßen ſchreibt: „Hält nicht einen rechtſchafnen Mann im größten Unglücke „des Lebens, das er vermeiden konnte, wenn er ſich nur „hätte über die Pflicht wegſetzen können, noch das Be„wußtſeyn aufrecht, daß er die Menſchheit in ſeiner Per„ſon, doch in ihrer Würde erhalten und geehrt habe, daß „er ſich nicht vor ſich ſelbſt zu ſchämen und den innern An-

M 4 „blick

---

*) Die ganze Sache beſteht wohl eigentlich darin, daß der ungebildete Menſch nur durch ein unmittelbares ſinnliches Intereſſe beſtimmt wird, der gebildete hingegen ſich durch ein mehr mittelbares, entfernteres und höheres Intereſſe beſtimmen läßt.

Dieſes iſt ganz natürlich, weil es dem ungebildeten am Vernunftgebrauch und daher entſtehender Willensfreyheit fehlet.

Uebrigens muß ich geſtehen, iſt es meiner Ueberzeugung und meinen Grundſätzen zuwider, ein höheres Intereſſe durch ein niederes zu erwecken, z. B. wißbegierig durch Eßluſt, und wohlthätig durch Ehrgeiz zu machen. Jeder Trieb des Menſchen muß durch das mit demſelben unmittelbar verbundene Intereſſe erregt, und ein niederer Trieb wohl durch einen höhern angereizt werden, aber nie umgekehrt ein höherer durch einen niederen.

„blick der Selbstprüfung zu scheuen Ursache habe? Die„ser Trost ist nicht Glückseligkeit, auch nicht „der mindeste Theil derselben, ꝛc." Wenn er so schreibt, so weiß ich nicht, was ich davon denken und dazu sagen soll.

Aber ich würde hier zu weitläuftig werden, wenn ich mich in eine ausführliche Beurtheilung der Kantschen Critik einlassen wollte. Vielleicht daß ich zu einer andern Zeit einige Anmerkungen über dieselbe, in diesem Journale dem Publikum mittheile. Ich will jetzt versuchen, die Einwürfe, welche Sie mir in ihrem Aufsatze gemacht haben, zu beantworten. Sie sagen; wenn die Moral aus dem Princip der Glückseligkeit hergeleitet werden soll, so muß das oberste Gesetz derselben heißen: **thue das, was dir im Ganzen deines Daseyns das größte Vergnügen, die meisten angenehmen Empfindungen verschaft:** — oder wenn fremde Glückseligkeit mit eingeschlossen wird: **thue das, was mittelbar oder unmittelbar das Vergnügen und das Wohlseyn aller venünftigen Geschöpfe am meisten befördert.** Nach einigen Zwischensätzen sagen sie ferner: „wie wenig Werth behal„ten aber dann diejenigen Tugenden, welche, nach den all„gemeinen Urtheile des Menschenverstandes, gerade die „schönsten und achtungswerthesten sind!" Sie führen nachher verschiedene Tugendübungen dieser Art an. Aber ich frage Sie, ob nicht auch nach dem allgemeinen Urtheile des gesunden Menschenverstandes, das Bewußtseyn, die schönsten und achtungswürdigsten Tugenden ausgeübt zu haben, das größeste und süßeste Vergnügen, dessen der Mensch fähig ist, gewährt? „Sie sagen ferner, wie schwer, wie unmöglich ist es der menschlichen Vernunft, zu bestimmen, was überwiegend angenehme Folgen haben werde." In manchen Fällen ist solches allerdings schwer, aber da, wo die Vernunft entscheidet, was Recht und Pflicht ist, fällt die Schwierigkeit von selbst weg. Denn das

das Bewußtseyn recht gehandelt zu haben, gewährt auf alle Fälle das sicherste und das größte Vergnügen. — Und bey dem Bewußtseyn wider Pflicht und Gewissen gehandelt zu haben, kann kein reines und wahres Vergnügen Statt finden. Uebrigens frage ich sie, ob sich dasjenige, wovon ich wollen kann, daß sich alle vernünftige Wesen es zur Regel ihres Thuns und Lassens machen, leichter bestimmen lasse; als das, was im Ganzen die meisten guten Folgen haben wird. Und wie läßt sich das erste wohl anders, als nach Maaßgabe des zweyten bestimmen? ferner sagen Sie: „woher bin ich denn verbunden fremdes Wohl auch mit Schmälerung meines eigenen Vergnügens zu schaffen? ꝛc." ich antworte, weil meine Vernunft mir es befiehlt, weil ich mich in dem Bewußtseyn, meine Pflicht gethan zu haben, für alle Aufopferungen entschädigt fühle, weil der Gedanke, pflichtwidrig und unwürdig gehandelt zu haben, mir alle Freuden des Lebens verbittern und meine ganze Glückseligkeit zerstören würde. Derjenige, dem seine Vernunft nicht befiehlt, was er thun soll, und den Gewissen und moralischer Sinn nicht antreiben, seiner Vernunft Gehör zu geben und seine Pflicht zu erfüllen, der im Bewußtseyn der Tugend sich nicht glücklich, und in dem Bewußtseyn des Lasters sich nicht elend sieht, wird durch keine moralische Grundsätze und Theorien erleuchtet und gebessert werden können.

Sie sagen: woher weiß ich denn — ich kurzsichtiges Geschöpf, was für das Ganze vortheilhaft sey? Ich antworte, woher weiß ich denn — ich kurzsichtiges Geschöpf, was für die ganze Geisterwelt Regel der freyen Handlungen seyn könne? Ich denke doch, das Erste lasse sich eben so leicht als das letzte, ja das letzte lasse sich nur dann bestimmen, wenn man das Erste schon gefunden hat. So muß in dem von Ihnen angegebenen Beyspiele der auf einem hohen Posten stehende Mann offenbar um des allgemeinen Besten willen, seinem Fürsten nicht zu Gefallen leben, und ihm nicht zur Unterdrückung und Verurtheilung des Unschuldigen, dessen Verderben er beschlossen hat, behülflich seyn. Ganz offenbar wird eine solche Handlungsweise, zur Erhaltung der bürgerlichen Sicherheit, Ordnung und Glückseligkeit, unumgänglich erfordert.

Ferner sagen Sie, „doch dieses sind die Schwierigkeiten noch nicht alle, die sich bey dem Systeme, welches auf dem Glückseligkeitsprincip beruht, finden. Wenn die sittliche Güte der Maximen und Handlungen, durch ihre nützliche Folge bestimmt wird, (sollte eigentlich heißen, durch die dabey verabzielten nützlichen Folgen) so muß die Verbreitung sittlich guter Grundsätze den höchsten Grad des sittlichen Werths haben ꝛc. Wenn man also fragt, was ist recht, was sittlich gut? so ist die Antwort, was andere sittlich gut macht ꝛc." Diese Antwort, muß ich gestehn, scheint mir gar nicht passend und auf keine Weise aus dem Vorhergehenden zu folgen. Angenommen, daß der höchste Grad der Tugend darin bestehe, Tugend zu befördern, so bestimmt der höchste Grad einer Sache, ja keinesweges die ganze Sache überhaupt, und es giebt ja weit mehrere Arten tugendhafter Handlungen, die nicht zunächst und unmittelbar auf die Beförderung der Tugend Andrer abzwecken. Ich kann ja mit Recht sagen: der höchste Grad der Weißheit und Glückseligkeit besteht darin, Weißheit und Glückseligkeit zu befördern, aber deßwegen kann ich ja die Frage: was ist weise, was ist glücklich? nicht so beantworten, was Andre weise oder glücklich macht.

Weiter sagen Sie „wie kann diese Selbstzufriedenheit oder die Vorstellung davon Erkenntnißquelle der Tugend seyn? und das müßte sie doch seyn, wenn man sich zur Vertheidigung des Glückseligkeitsprincips auf sie mit Grund berufen wollte."

Ich muß gestehn, daß ich die Folge in diesem Raisonnement nicht einsehe. Die Vernunft ist die Erkenntnißquelle der Tugend, durch sie unterscheiden wir, was Recht und Unrecht, was gut und böse ist, und das

innere

innere Gefühl bestimmt unsern Werth, und unsere Glückseligkeit, nach Maaßgabe wir der Entscheidung der Vernunft Folge leisten oder nicht. Wir wissen zum Voraus, ehe wir handeln, daß uns das Bewußtseyn, recht und vernünftig gehandelt zu haben, beseligen, das Gegentheil davon aber uns innerlich unglücklich und elend machen wird. Ich kann schlechterdings hierin keinen versteckten Zirkel mit Ihnen finden. Der Vorschmack des Gewissensgenusses, um mich Ihres Ausdrucks zu bedienen, soll keinesweges beurtheilen, was Recht sey und wie wir handeln müssen, sondern uns nur antreiben und bestimmen, das zu thun, was die Vernunft für Recht erkennt. Die ganze Streitfrage beruht ja darauf, ob der Rechtschafne, um des vorausgesehenen und gewünschten Gewissensgenusses willen, pflichtmäßig handelt, und dieser Genuß Glückseligkeit zu nennen sey.

Ferner sagen Sie: „allein sollte es denn wirklich an dem seyn, daß es sich in jedem einzelnen Falle von selbst verstehe, daß die Beobachtung einer von der Vernunft einmal als sittlich gut anerkannten Handlungsmaxime überwiegenden Vortheil wirke? Ich glaube das Gegentheil dargethan zu haben *)."

Erlauben Sie mir mein Hochgeehrter Herr, Ihnen zu sagen, daß Sie so etwas nicht dargethan haben, und nimmermehr darthun werden oder können, wenn Sie nicht anders die Collision der Pflichten, wobey wir eine niedere Pflicht

---

*) Ich setze noch hinzu, daß, sobald Sie solches in irgend einem Falle als ausgemacht beweisen können, und im Stande sind, darzuthun, daß die Beobachtung einer von der Vernunft einmal als sittlich gut anerkannten Handlungsmaxime nicht überwiegenden Vortheil im Ganzen, sondern vielmehr das Gegentheil bewirke, alsdann diese Handlung offenbar, nach aller vernünftigen Menschen Urtheil, für Sie und Jeden, der mit Ihnen gleiche Ueberzeugung in diesem Punkte hat, aufhöre, sittlich gut zu seyn und zu heißen.

Pflicht einer höhern aufopfern, hieher rechnen. In einem solchen Falle aber nennen wir nun grade die höhere Pflicht diejenige, durch deren Beobachtung das meiste Gute erreicht wird. Gerecht zu seyn ist offenbar eine höhere Pflicht, als wohlthätig zu seyn, denn ohne Gerechtigkeit kann die menschliche Gesellschaft, und die ganze gesellige Glückseligkeit gar nicht bestehn. Es kann also gar nicht die Frage seyn, wie Sie meinen, ob man nicht stehlen dürfe, um Gutes zu thun, wiewohl ein so außerordentlicher Fall im menschlichen Leben eintreten kann, in dem alle Moralisten den Diebstahl für erlaubt und pflichtmäßig erkennen werden. Nehmen Sie z. B. an, daß man durch eine Kleinigkeit einen Apfel, einen Bissen Brod oder dergleichen, welches man seinem Eigenthümer, ohne dessen Vorwissen, wegnähme, sich selbst oder Andern das Leben retten könnte, würde da ein vernünftiger Moralist eine solche an und für sich unrechtmäßige Handlung, nicht für durchaus recht und pflichtmäßig erklären? Giebt es nun nicht im menschlichen Leben manche solcher Fälle, in denen es Pflicht ist, schnurgerade dem zuwider zu handeln, was in der Regel recht ist? Deßhalb hält es ja auch so äußerst schwer, in jedem einzelnen Falle zu bestimmen, was recht ist oder nicht, und es erhellet hieraus, daß das Nützliche ein höherer Begrif ist als das Recht und wir dieses nach jenem, keinesweges aber umgekehrt zu bestimmen haben. Bey der Anwendung des Kantschen Princips: **handle so, daß diese Handlungsweise Regel für die ganze Geisterwelt werden kann**, muß ich eben auch im einzelnen Falle untersuchen, wobey das meiste Gute herauskömmt, denn nur darnach kann im Allgemeinen und im Einzelnen das Thun und Lassen vernünftiger Wesen bestimmt werden. Ein **absolutes Recht**, ein **absolutes Gut** sind Chimären und keine reelle Begriffe. **Recht** und **Gut** sind relative Begriffe, die sich auf die Glückseligkeit beziehen. Giengen nicht die Begriffe von Wohlseyn und Glückseligkeit der empfindenden und vernünftigen

tigen Wesen vorher, oder lägen sie nicht zum Grunde: so würden wir gar keine Vorstellung von Recht, Pflicht u. s. w. haben.

Dieses erhellet auch noch offenbar daraus, daß die Begriffe von dem, was recht oder unrecht, moralisch gut oder böse ist bey verschiedenen Völkern und in verschiedenen Zeitaltern so sehr verschieden, und oft ganz entgegengesetzt gewesen sind, ohne daß man sagen kann, es sey immer nur eine von diesen entgegengesetzten Meynungen die richtige oder wahre gewesen. Je nachdem die Lage, die Umstände, und Verhältnisse bey diesem oder jenem Volke verschieden waren, und ein verschiedenes System der öffentlichen und Privatglückseligkeit hervorbrachten, je nachdem waren auch die Begriffe von dem, was recht oder unrecht ist, verändert und verschieden. Ja selbst bey dem nämlichen Volke und dem nämlichen einzelnen Menschen ist, nach Verschiedenheit der Umstände eine und dieselbe Handlung, bald recht und bald unrecht. Schon das Sprichwort sagt: summum jus summa injuria.

Die Handlung ist im Allgemeinen und in jedem einzelnen Falle moralisch recht, durch die nach unserer Ueberzeugung das meiste Gute gewirkt wird.

Irren können wir in dieser Beurtheilung und Ueberzeugung allerdings gar leicht, und die Folgen unsrer Handlungen können oft ganz anders ausfallen, als wir gedacht haben — aber die Folgen der Handlungen als solche, bestimmen auf keine Weise den moralischen Werth derselben — es kommt lediglich dabey auf unsere Ueberzeugung und Absicht an. Wer das thut, was er bey vernünftiger Ueberlegung für das beste hält, der handelt recht, die Folgen seiner Handlungen mögen seyn, welche sie wollen; wer wider seine Ueberzeugung des besseren handelt, der thut unrecht, wenn nachher auch noch so viel Gutes aus einer solchen moralisch unrechten Handlung entspringt. Es ist

aus

aus diesem allen, wie mir scheint, ganz offenbar einleuchtend, daß der allergemeinste Grundsatz der Sittlichkeit und die höchste Regel der freyen Handlungen vernünftiger Wesen ist: so viel Gutes als möglich zu thun; oder in jedem einzelnen Falle so zu handeln, daß das meiste Gute dadurch erreicht und befördert werde.

Sie werden mir immer wieder hiegegen einwenden, daß diese Regel in der Anwendung und Ausübung sehr große Schwierigkeiten habe, und ich gestehe solches sehr gern zu; leugne aber, daß daraus irgend etwas weiteres wider sie gefolgert werden könne. Ja ich behaupte, daß die Natur und Bestimmung moralischer Wesen, die durch Vernunftgebrauch und Willensfreyheit glücklich seyn und ihre Glückseligkeit erringen sollen, schlechterdings ein solches Princip der Moral erfordern, welches zwar seiner Form nach und im Allgemeinen die möglichste Einfalt, Klarheit und Bestimmtheit hat, in Ansehung des Materiellen und der Anwendung und Ausübung aber eine stete Anstrengung der Geisteskräfte und immer zunehmende Vervollkommung des Denkens — und Wollensvermögens erfordere. Die Moral kann und darf nie eine solche Wissenschaft werden, wie die Arithmetik und Geometrie — denn sonst würde sie der Ausbildung, der Vervollkommnung und Veredlung — und folglich auch der höchsten Art von Glückseligkeit der vernünftigen Wesen, sehr enge Grenzen setzen, und insonderheit auch keine so große Mannigfaltigkeit und Eigenthümlichkeit sittlicher Charaktere zulassen, und die bewundernswürdige Verschiedenheit in den Tugenden und dem moralischen Werth verschiedener Menschen zu einer sehr maschinenmäßigen, wenig verdienstlichen und reizenden Einförmigkeit herabsetzen. Eine weitere Auseinandersetzung dieser Materie würde mich hier viel zu weitläuftig machen, und ich glaube für Sie und für jeden, der Vergnügen findet, über dieselbe weiter nachzudenken, genug gesagt zu haben.

Ich

zur Metaphysik der Sitten.

Ich füge nur noch hinzu, daß jeder einzelne Mensch der alleinige gültige Richter über die Sittlichkeit seiner Handlungen seyn kann, und daß jeder nur durch das Urtheil seiner eigenen Vernunft über die überwiegend guten oder nachtheiligen Folgen seines Thuns oder Lassens zu wirklich moralischen Handlungen bestimmt werden kann.

Daher wird denn für diesen etwas Pflicht, was für jenen gar nicht Pflicht ist, — daher hat jener Reue und Gewissensruhe über Handlungen, deren Rückerinnerung einem andern keine solche Unlust verursacht.

Sie werden den Grund zu diesen Behauptungen in dem Zusammenhange meiner oben vorgetragenen Gedanken leicht selbst finden, und eben so leicht weitere Folgerungen daraus herleiten.

Und so glaube ich denn, mein Hochgeehrter Herr, auf ihre Einwendungen die gehörige Rücksicht genommen und sie der Natur der Sache gemäß beantwortet zu haben. Prüfen Sie meine Gedanken und Gründe mit Ihrer unbefangenen Wahrheitsliebe und dem Ihnen eigenen Scharfsinne. Es wird mir sehr angenehm seyn, die Resultate Ihres Nachdenkens und Ihrer Ueberzeugung zu erfahren, es mögen dieselben ausfallen, wie sie wollen. Mich interessirt schlechterdings nur die Wahrheit, und ich weiß es Jedem von Herzen Dank der mir in meiner Einsicht und Ueberzeugung einen Irrthum aufdeckt. Ich habe kein System der Philosophie geschrieben, welches ich aufrecht zu halten bemüht seyn dürfte, und bin keines Systems und keines Lehrers der Philosophie Anhänger oder Vertheidiger. Es schien mir, daß durch Herrn Kants Theorie und Grundsätze gar nichts für die gründliche und deutliche Erkenntniß und die feinere und leichtere Anwendbarkeit und Ausübung der moralischen Wahrheiten gewonnen würde — daß vielmehr im Gegentheil Irrthum und Verwirrung der Vorstellungen dabey zum Grunde liege.

Diese

Diese Ueberzeugung bestimmte mich, ohne irgend eine anderweitige Absicht, zur öffentlichen Bekanntmachung meiner Gedanken.

Es scheint mir gar nicht gut, daß man ohne Noth den einfachen, geraden, natürlichen Gang der menschlichen Gedanken in den wichtigsten Angelegenheiten verläßt und dafür ein künstliches Gewebe überabstrakter Spekulation aufstellt, in welches sich nur sehr wenige Menschen finden können, und das uns am Ende doch nun nicht weiter, sondern immer wieder dahin führt, wo wir längst waren.

Alles was Herr Kant auf seine Theorie baut und daraus herleitet und beweist, läßt sich auf die gewöhnliche eben so gut bauen und eben so gut daraus herleiten, und beweisen. Der Gedanke, welchen Herr Kant so oft, und den auch Sie in Ihrem Aufsatze äußern, daß die Hoheit und Würde der Tugend dadurch mehr gewinne, wenn man ihren Ursprung in der reinen Vernunft selbst, und ihren Zweck in der absoluten Güte und Vollkommenheit findet, als wenn man die Sittlichkeit, ihrem innern Wesen nach, mit der Angemessenheit zur Glückseligkeit oder dem relativ Guten für einerley hält — hat in der That nur etwas Scheinbares. Denn ein absolutes Gut, eine absolute Güte und Vollkommenheit sind in dieser Bedeutung keine reelle Begriffe. Alles Gute ist nur in Beziehung auf Glückseligkeit gut. Was nicht empfunden oder gedacht wird, und dadurch, daß es empfunden oder gedacht wird, beglückt und beseligt, ist kein Gut.

Ich kann in der That nicht begreifen, wie Sie sagen können: „die Glückseligkeit ist nicht das ganze, das vollendete höchste Gut, auch nicht einmal der vornehmste Bestandtheil desselben.

Das, was Sie höchstes Gut nennen, kann doch nur auf den Zustand vernünftiger Wesen Beziehung haben — und zwar nur in so fern Sie sich desselben bewußt sind, bewußt

wußt seyn können und werden. Gewähret nun aber nicht das Bewußtseyn des höchsten Guts die höchste Glückseligkeit? Und wie kann ich sagen, die Glückseligkeit ist der zweyte Bestandtheil des höchsten Guts, die sittliche Vollkommenheit aber die vornehmste? Gewährt denn das Bewußtseyn der sittlichen Vollkommenheit nach aller vernünftigen Menschen Empfindung und Urtheil, nach dem allgemeinsten Sprachgebrauch und nach der allereigentlichsten Bedeutung der Worte nicht gerade die höchste Glückseligkeit? Ich sehe durchaus nicht was für ein Vortheil aus dieser Verwirrung der Begriffe und des Sprachgebrauchs erwachsen kann, und ich gestehe Ihnen aufrichtig, daß ich eher Abnahme als Zuwachs der Sittlichkeit davon erwarten mögte, wenn man die Begriffe von Tugend und Glückseligkeit in den Gemüthern der Menschen trennen, und dieselben sogar einander entgegensetzen will. Ich dächte also, wir ließen es dabey, daß Rechtschaffenheit und Tugend die wahre Glückseligkeit der Menschen ausmachen, und gründen — daß die Tugend zwar nicht der alleinige, aber doch der erste, wesentlichste und unentbehrlichste Bestandtheil der ganzen menschlichen Glückseligkeit sey.

IX.

An den Hrn. Verfaſſer der Antwort auf meine Errinnerungen gegen den Aufſatz: Ueber Herrn
Kant's Grundlegung zur Meta-
phyſik der Sitten.

Aus dem Braunſchw. Journal 5te St. Mon. May. Jun. 1790.

Ich müßte, mein hochgeehrter Herr! der Ehre, mich mit einem Manne von Ihrem Geiſte und von Ihren Geſinnungen, öffentlich zu unterhalten, ganz unwerth ſeyn, wenn die gütige Aufnahme, welche meine Errinnerungen bey Ihnen gefunden, die Mühe, welche Sie ſich gegeben, ſolche zu beantworten und endlich der würdige Ton, womit ſie dieſes gethan haben, Ihnen nicht meine ganze Dankbarkeit erworben, und die Hochachtung, die ich ſchon vorher gegen Sie empfand, nicht noch vermehrt hätte. Ich halte es für meine Pflicht, dieſes hier öffentlich zu erklären, und Ihnen zugleich die Reſultate eines ruhigen und unbefangenen Nachdenkens über Ihren vortreflichen Aufſatz, welche Sie zu erfahren wünſchen, in möglichſter Kürze mitzutheilen. So wie in meinen Augen nichts alberner, kindiſcher und einem Wahrheitsforſcher nichts unanſtändiger iſt, als wenn man in öffentlichen Unterſuchungen, zumal wenn es Gegenſtände betrift, welche vorzüglich den aufgeklärten und die meiſte Achtung verdienenden Theil des Publikums intereſſiren müſſen, eitle Rechthaberey und Anſprüche auf Unfehlbarkeit eigener Einſichten verräth: ſo werde ich mir es auch dießmal zum unverbrüchlichen Geſetz machen, mit Ausſchließung aller Nebenabſichten, nur das, wovon ich glaube aus hinlänglichen Gründen überzeugt zu ſeyn, zwar mit offenherziger Wahrheitsliebe, aber ohne alle ungebührliche Anmaßung, darzule-
gen.

gen. — Hoffentlich wird es durch meine folgenden Ausführungen noch einleuchtender werden, daß wir in der Hauptsache mit einander übereinstimmen. In wie fern ich aber Recht oder Unrecht habe, wenn ich dafür halte, daß durch gewisse veränderte Bestimmungen einiger ihrer Vorstellungsarten die Sache der uns Beiden über Alles heiligen Wahrheit gewinnen würde, dieß zu entscheiden, will ich Ihrer eigenen und jedes nachdenkenden und zu solchen Untersuchungen geschickten Lesers Beurtheilung lediglich überlassen.

Um jedes bey unserer Untersuchung etwa noch obwaltende Mißverständniß, soviel möglich, völlig zu heben, bemerke ich vor allen Dingen, daß wir den Unterschied zwischen dem **objektiven** und **subjektiven sittlich Guten** nie aus den Augen verlieren dürfen. Das Erstere, worunter man die Beschaffenheit und die Bestimmungen versteht, welche unsre Maximen und freyen Handlungen haben müssen, wenn sie recht seyn sollen, ist ein Gegenstand der Erkenntniß: das letztere besteht in der Uebereinstimmung unsers Willens und unserer Gesinnungen mit dem erkannten objektiven sittlich Guten. Die Vernunft entscheidet, was objektiv recht und unrecht ist, sie bestimmt, wie unsere Maximen und Handlungen beschaffen seyn müssen, wofern sie moralisch gut seyn sollen: wenn wir aber nun diese von der Vernunft vorgeschriebenen Regeln befolgen, und zwar deßwegen befolgen; so handeln wir subjektiv recht oder tugendhaft. Hierin sind wir völlig einig (nach Ihrem Aufsatze). Die Frage ist nur: Nach welchen Gründen die Vernunft das objektive Recht bestimme, ob nach der Tauglichkeit zur Erhaltung der Glückseligkeit, oder nach einem höhern reinen Vernunftgesetze.

Der Mensch, sagen Sie, ist von der Natur zur Glückseligkeit bestimmt, und die Vernunft ist ihm dazu gegeben, daß er vermittelst derselben und der Erfahrung ausmache, was im Ganzen für ihn das Nützlichste sey. Bey die-

dieser Prüfung sieht er bald ein, daß er manches geringere Gute aufopfern und manches geringere Uebel übernehmen müsse, um entweder edlerer und bleibenderer Genußarten theilhaftig zu werden, oder um größern und bleibendern Uebeln zu entgehen. Wegen des natürlichen Mitgefühls und Wohlwollens, wie auch wegen der anderweitigen Verbindungen, worin das Wohlseyn des einzelnen Menschen mit dem wahren Besten der ganzen Gesellschaft steht, darf meine Vernunft bey Bestimmung dessen, was überwiegend angenehm und beglückend ist, nicht bloß das, was mich, das prüfende Subjekt, selbst unmittelbar angeht, in Rechnung bringen, sondern sie muß auch vorzüglich darauf sehen, was fremdes Wohl befördert: denn indem ich das Glück meiner Mitmenschen schaffe; so vermehre ich ja mittelbarer Weise mein eignes Vergnügen, und eine Glückseligkeit, welche ich auf den Ruinen fremden Wohlseyns zu erbauen suche, ist keine ächte, keine daurende Glückseligkeit. Diejenigen Handlungsarten nun, welche meine Vernunft mittelbar oder unmittelbar, näher oder entfernter für Bedingungen meines ächten und dauerhaften Wohls erkennt, erklärt sie für sittlich gut und macht sie mir zur Pflicht. Es bleibt also die Vorstellung des eigenen überwiegenden Vergnügens des handelnden Subjekts selbst, (dieses Vergnügen mag nun aus Befriedigung der selbstsüchtigen oder der wohlwollenden Trieb entstehen) der allerletzte Entscheidungsgrund, wornach die Vernunft das objektiv sittlich Gute bestimmt. Das Grundgesetz der Moral ist (dieß sind Ihre eigenen Worte): Thue das, was deine Vernunft als recht anerkennt. — Fragen wir aber nun weiter, was recht ist (oder was die Vernunft für objektiv recht erkennt) und warum wir es thun sollen: so werden wir auf die Glückseligkeit, als den letzten Zweck unsers Daseyns zurückgeführt. Sie sagen: Die Moral, die uns lehrt, was recht und unrecht, was gut und böse ist, beruht in ihren Erkenntnissen und Bewegungsgründen lediglich auf diesem Princip, diesem Grundgesetz alles menschlichen Thuns und Lassens, welches uns befiehlt, unsere eigene und Anderer Glückseligkeit, so viel als wir können, zu befördern.

Daß die Vernunft, indem sie über ihr wahres, daurendes Wohl nachdenkt, wirklich so verfährt, und nach der Absicht der Natur so verfahren muß, wie Sie vortreflich erklärt haben, daß sie sich auf diese Art ihre Klugheitsmaximen entwirft, daß sie hierbey, jemehr sie durch Erfahrung und Uebung aufgeklärt ist, desto mehr die Freuden, die aus einem gebildeten Verstande und aus einem edlen, wohlwollenden Herzen entspringen, in Anschlag bringt. Dieß alles ist ganz unbezweifelt gewiß. Daß dieß aber nicht die ganze, nicht die höchste Bestimmung der Vernunft sey, und daß die in Absicht auf Glückseligkeit von ihr entworfenen praktischen Maximen, mit welcher richtig beurtheilenden und unverrückten Hinsicht auf bleibendes, höheres oder entferntes Vergnügen sie immer vorgezeichnet seyn mögen, nicht mit dem objektiv sittlich Guten einerley seyen, sondern daß dieses von der Vernunft (und dieß ist ihr vornehmstes Geschäft, und ihre erhabenste Bestimmung *) nach einer weit höhern Regel beurtheilt und festgesetzt werde, nach einer Regel, welcher selbst das überlegteste Streben einer noch so vernünftigen, noch so fein und richtig kalkulirenden Selbstliebe unterworfen seyn muß, dieses scheint mir eben so wenig bezweifelt werden zu können.

Denn wir wollen annehmen, die Gesetze: du sollst nicht stehlen, nicht lügen, würden deswegen von meiner praktischen Vernunft als sittliche Verhaltungsregeln anerkannt, weil ich im Ganzen und in der Regel (d. i. im Durchschnitte und in den meisten Fällen) mich selbst durch Stehlen und Lügen unglücklicher machen, weil ich, wenigstens

---

*) Man vergleiche Kants Critik der prakt. Vernunft S. 107. ff. die schöne Stelle: Es kommt allerdings ꝛc.

stens in den meisten Fällen, fremdes Unglück dadurch stiften würde, welches, vermöge der engen Verbindung zwischen der Glückseligkeit des Individuums und dem Wohl des Ganzen, früher oder später auf mich selbst zurückfallen dürfte: so muß es mir doch in jedem einzelnen Falle erlaubt seyn, zu untersuchen: ob denn auch in dieser meiner gegenwärtigen Lage aus dem Stehlen und Lügen mehr Unangenehmes als Angenehmes für mich entstehen würde; und wenn sich nun das Gegentheil findet: so muß ich befugt, ja verbunden seyn, jene Gesetze, als nicht mehr für mich verbindend, zu übertreten. Wenn die Vernunft das objektive, sittlich Gute bloß nach Maaßgabe des von einer Handlungsweise zu erwartenden Vergnügens bestimmt: so leuchtet mir nicht ein, was von Ihnen behauptet wird: „Sobald es ausgemacht ist, daß gewisse Handlungen im Ganzen und in der Regel unser eignes Wohl befördern, oder zum Besten und zur Erhaltung der Gesellschaft nothwendig sind, ist gar nicht weiter die Frage, ob sie auch gegenwärtig angenehm sind oder nicht," (oder, wie ich es verstehe, ob diese Handlungen auch gerade in dem gegenwärtigen concreten Falle überwiegend angenehme Folgen haben werden). Man wird vielleicht sagen: Wir sind deßwegen verbunden, uns an die einmal von der Vernunft gebilligten Glückseligkeitsmaximen zu halten, weil es so äußerst schwer ist, in einzelnen Fällen mit Gewißheit vorherzusagen, ob das Gegentheil von dem, was sie gebieten, im Ganzen unserer Existenz mehr wahren Vortheil bringen werde, als ihre Beobachtung. Ich antworte hierauf: Es verhält sich meiner Einsicht nach, mit der Glückseligkeitswissenschaft wie mit jeder andern praktischen Wissenschaft oder Kunst. Oekonomen und Aerzte müssen zwar die in den meisten Fällen nützlichen Regeln ihrer Kunst wissen; wer wird es aber nicht billigen, wenn sie in solchen Fällen, wo, wegen gewisser besondern Umstände, nur mit überwiegender Wahrscheinlichkeit zu vermuthen ist, daß aus der Uebertretung ihrer Kunstregeln mehr Vortheil

ent-

entspringen werde, als aus ihrer Beobachtung, dieselben wirklich aus den Augen setzen? Wenn nun die Sittenlehre nichts anders ist, als Glückseligkeitswissenschaft, d. i. wenn die Vernunft alle ihre sittlichen Gesetze nur als Verhaltungsregeln vorschreibt, welche jenem höchsten Grundgesetze: Beförbere deine eigene und fremde Glückseligkeit (als eine Bedingung der deinigen) untergeordnet sind, und sie nur darum für verbindend hält, weil sie ihre Befolgung in den meisten Fällen für das Mittel zu ihrem letzten Zwecke, der Glückseligkeit ansieht: so scheint mir ganz offenbar hieraus zu folgen, daß diese Gesetze jedesmal, **wenn es auch nur höchstwahrscheinlich ist** (völlige Gewißheit ist hierzu wohl nicht erforderlich), daß größere Glückseligkeit aus ihrer Uebertretung, als aus ihrer Beobachtung entspringen werde, ihr verbindendes Ansehen verlieren müssen. Ich bin also befugt, anstatt mein Geld zur Befriedigung meines reichen Gläubigers zu verwenden, lieber die Schuld, wofern mir dieses möglich ist, abzuleugnen, und mit dem, was ich durch diese Lüge gewonnen habe, einer bedrängten Familie beyzustehen: denn es fällt ja doch deutlich genug in die Augen, daß ich auf diese Art dem Gesetze: schaffe soviel Glückseligkeit als du kannst, weit mehr Genüge thun und mir selbst einen viel süßern sympathetischen Genuß verschaffen würde, als wenn ich mein Geld dem wohlhabenden Manne, dem ich schuldig bin, bezahlete. Nun fragt sich: wird eine jede Ausnahme von dem einmal als gültig anerkannten Sittengesetzen, um beabsichteter und zugleich höchst wahrscheinlicher überwiegender angenehmer Folgen willen, von der praktischen Vernunft — ich will nicht sagen, des großen Haufens, sondern — selbst der weisesten und besten Menschen, gebilligt oder verworfen? Denn dieß bleibt ja doch immer der untrüglichste Prüfstein aller moralischen Begriffe und Urtheile. Die Antwort ergiebt sich von selbst, und mit derselben auch die., meiner Ueberzeugung nach, ganz richtige Folge, daß dasjenige, was einer Lebensregel objektive sittliche Gültigkeit ertheilt, nicht die von ihrer Beobachtung zu erwartende Vermehrung eigener und fremder Glückseligkeit seyn könne, von so edler und dauernder Art diese auch immerhin seyn mag: Denn, ich wiederhole es nochmals, ich verstehe unter der Glückseligkeit, deren noch so vernünftige Erwartung und Bezweckung ich für untauglich halte, Sittlichkeit zu begründen, keinesweges etwa bloß die Befriedigung selbstsüchtiger, niedriger Neigungen, sondern ächtes, dauerhaftes Wohlseyn, so geistig, so rein, so sehr auf Sympathie und Wohlwollen gegründet, so fest mit fremder und allgemeiner Glückseligkeit verschlungen und dabey so richtig auf die entfernteste Zukunft berechnet, als man sich dasselbe nur immer vorstellen mag: Hierbey muß ich aber noch dieses bemerken, daß man zum Beweise des Satzes, daß die Vernunft lediglich nach dem Princip der Glückseligkeit oder nach den vorausgesehenen und beabsichteten angenehmen Folgen der Handlungen bestimme, was Recht und Pflicht sey, sich gar nicht auf das unmittelbar aus dem Bewußtseyn der subjektiven Sittlichkeit fließende Vergnügen der Selbstbilligung berufen dürfe: denn die Rede ist hier nur von dem Entscheidungsgrunde der objektiven Moralität, welche bey der subjektiven schon vorausgesetzt werden muß. Doch wir werden in der Folge noch einmal auf diesen wichtigen Punkt zurückkommen.

Erlauben Sie mir, mein geehrtester Herr! bey der Betrachtung über die Unzulänglichkeit des Glückseligkeitsprincips zur Bestimmung des sittlich Guten, noch einige Augenblicke zu verweilen. Wenn der letzte Grund, worauf die Vernunft ihre Urtheile über Recht und Unrecht bauet, die Vorstellung der zu schaffenden größtmöglichen eigenen Glückseligkeit ist, wenn wir uns für verbunden halten, z. B. menschenfreundlich, wohlthätig, gemeinnützig, auch mit Aufopferung manches gegenwärtigen Vergnügens zu handeln, weil wir vermöge des natürlichen Mitgefühls und der engen Verbindung zwischen fremden
und

und unserm eigenen Wohlseyn, uns doch im Ganzen hiedurch einen überwiegenden Zuwachs an wahrer Glückseligkeit zu verschaffen hoffen; was wollen wir denn antworten, wenn uns Jemand versichert, daß bey ihm das Gefühl des theilnehmenden Wohlwollens äußerst schwach, die Triebe der Selbstsucht und des Eigennutzes aber desto stärker seyn, welches leider bey vielen wirklich der Fall ist, daß er sich überdies in solchen Umständen befinden, wo er des Beystandes seiner Mitmenschen mehr als Andere entbehren könne, und also nicht nöthig habe, ihre Liebe und Gefälligkeit mit Aufopferung eines beträchtlichen Theiles seines selbstischen Vergnügens zu erkaufen, — wenn er zuletzt aus diesem allen den Schluß ziehr, daß seine Vernunft bey Bestimmung dessen, was für ihn überwiegend beglückend, folglich sittlich gut sey, mehr auf die Befriedigung seiner selbstsüchtigen Neigungen Rücksicht nehmen dürfe, ja nehmen müsse, als die Vernunft des größten Theiles der übrigen Menschen, deren Denkungs- und Empfindungsart ganz anders beschaffen sey, oder die sich in einer ganz andern äußerlichen Lage befinden, — kurz, daß man ihm nicht zumuthen könne, daß er nun fremden Wohlseyns willen etwas von dem Vergnügen der Habsucht, der Bequemlichkeit und andern selbstischen Genußarten, worin er gerade seine größte Glückseligkeit finde, hingebe; — was wollen wir ihm antworten? Wollen wir zu ihm sagen: So bist du ein fühlloser, hartherziger Mann, welcher den sanften, erfreuenden Empfindungen der Menschenliebe gar nicht fähig ist; so wird er uns dieses gar gern zugeben, aber eben aus dieser seiner subjektiven Hartherzigkeit und Unempfänglichkeit für das Vergnügen des Wohlthuns die Folge ziehen, daß die Gebote der Menschenliebe (die, wofern sie aus dem Glückseligkeitsprincip abgeleitet sind, für jeden Menschen doch nur in dem Grade verbindend seyn können, in welchem er für seine Person fähig ist, sich durch thätiges Wohlwollen beglückt zu fühlen) ihn nichts, oder doch lange nicht so viel, als Andere von ganz verschiedener subjektiven Beschaffenheit, angehen. Oder wollen wir ihm zu Gemüthe führen, daß denn doch wenigstens der natürliche moralische Sinn, der gegen eine gerechte, großmüthige und menschenfreundliche Gesinnungs- und Handlungsart Hochachtung und Wohlgefallen empfindet, ihn belehren müsse, daß er verbunden sey, nicht bloß für sich, sondern auch für Andere zu leben: so fürchte ich, wir werden gar nichts bey ihm ausrichten. Denn er wird uns gewiß antworten: „Das moralische Gefühl ist keine Erkenntnißquelle des Rechts und Unrechts, sondern es hängt lediglich ab von dem Begriffe des objektiven sittlich Guten. Wenn nun meine Vernunft urtheilet, daß es, wegen meiner Unempfänglichkeit für theilnehmende Empfindungen und der andern angeführten Ursachen, für mich Pflicht sey, von den selbstsüchtigen Genußarten meine Glückseligkeit zu erwarten, und mich um fremde Wohlfahrt wenig zu bekümmern; so werde ich nur unter der Bedingung, wenn ich meinen eigennützigen Trieben folge, des Vergnügens der Selbstbilligung theilhaftig werden können? Ich muß es frey gestehen, ich sehe nicht, was wir, als Anhänger des Glückseligkeitsprincips, einem solchen Menschen weiter antworten wollen. Das Einzige, wodurch wir ihn alle Ausflüchte auf einmal abschneiden können, ist, daß wir ihm sagen: Du magst dir von der Ausübung der Regeln der Gerechtigkeit und des Wohlwollens überwiegendes Vergnügen versprechen oder nicht, so bist du doch ein **vernünftiges Wesen**, und als ein solches mußt du einsehen — nicht daß du ohne Menschenliebe nicht wahrhaftig glücklich seyn kannst (denn es kommt allerdings nicht der Vernunft zu, eigenmächtig zu entscheiden, wodurch wir glücklich werden können; sie muß vielmehr in dieser Beurtheilung lediglich nach der subjektiven Beschaffenheit der Empfindungen und Neigungen richten), sondern — daß du als ein mit Vernunft begabter Mensch verbunden bist, so zu handeln, wie alle Menschen handeln müssen, wenn die Welt als ein durchgängig mit sich selbst

har=

harmonirendes Ganzes vernünftiger Wesen bestehen soll. So gewiß du nun überzeugt seyn mußt, daß diese Weltvollkommenheit nimmermehr zu erwarten wäre, wenn ein Jeder nur für sich sorgen, nur nach eigennützigen Maximen handeln wollte, so gewiß mußt du auch ganz unabhängig von allen Rücksichten auf deine eignes Vergnügen einsehen, daß es Pflicht für dich sey, gerecht, wohlthätig zu handeln, von deiner eigenen Bequemlichkeit manches dem Wohl deiner Nebenmenschen aufzuopfern x.

Ja, mein hochgeehrter Herr, wenn wir nicht die häufigsten Ausnahmen von den moralischen Vorschriften, Ausnahmen, wogegen sich alle Menschenvernunft und alles Menschengefühl empört, gelten lassen, wenn wir nicht die Gründe derer, welche um ihren Pflichten auszuweichen, sich auf ihre subjektive Empfindungsweise berufen, für ganz unwiderleglich halten wollen: so dürfen wir, meiner festen Ueberzeugung nach den Entscheidungsgrund, wornach die Vernunft das objektiv sittlich Gute bestimmt, nicht in dem Verlangen nach Glückseligkeit und in den zu erwartenden angenehmen Folgen der Handlungen suchen. Denn in diesem Falle würde jeder Mensch befugt seyn, sich seine eigene Glückseligkeit zu machen. Die Vernunft kann mir zwar die Vorschrift geben: schaffe deine Glückseligkeit; wodurch ich aber glückselig zu werden suchen soll, dieß kann die Vernunft für sich mir nimmermehr befehlen, sondern es hängt dieses lediglich von meinen subjektiven Meynungen und Gefühlen der Lust und Unlust ab, deren bloße Auslegerin und Dienerin die Vernunft ist, wenn es auf Glückseligkeit ankommt. Da nun aber eine solche Festsetzung und Beurtheilung der sittlichen Verhaltungsregeln nach eines Jeden seiner besondern Empfindungsweise durchaus nicht Statt haben kann: so müssen wir den Grund, warum die Vernunft eine Handlungsmaxime für sittlich gut erklärt, in ihrer Tauglichkeit zu einer allgemeinen Gesetzgebung suchen. Eine Maxime wird aber alsdann von meiner Vernunft für tauglich zu einer allgemeinen Gesetzgebung erkannt,

kannt, wenn ich einsehe, daß, wofern die menschliche Gesellschaft als ein physisch, intellectuel und moralisch vollkommenes Ganzes bestehen soll, alle Menschen darnach handeln müssen. Dieß ist auch wirklich die Regel, nach welcher jeder menschliche Verstand den objektiven moralischen Werth der Handlungsweisen beurtheilt. Und wo liegt denn nun der letzte Grund dieser Entscheidung? Doch gewiß nicht in einem Bedürfnisse meiner Neigungen und im Verlangen nach Glückseligkeit: Denn hierauf lassen sich, wie wir so eben gesehen haben, keine allgemeingültige Maximen erbauen, ja es läßt sich oft voraussehen, daß die Befolgung solcher allgemeingültigen Handlungsregeln der Glückseligkeit des handelnden Subjekts großen Eintrag thun werde. Sie werden sagen: in dem Bedürfniß der Vernunftmäßigkeit, oder in dem Bedürfniß, unsere Maximen vernunftmäßig einzurichten *); und hierin bin ich vollkommen Ihrer Meynung. Es ist also im innern Wesen meiner Vernunft gegründet, daß sie dasjenige billigen muß, was sich zur allgemeinen Gesetzgebung für alle vernünftige Wesen schickt, sie ist folglich für sich gesetzgebend und bedarf dazu nicht erst eines von den Neigungen aufgegebenen Zwecks, der Glückseligkeit: sie schreibt mir sittliche Verhaltungsregeln, als ernste kategorische Gebote vor, insofern sie Vernunft ist, nicht in sofern sie mir dazu gegeben

---

*) Sie sagen dieß wirklich selbst. „Die Vernunft, dieß sind Ihre eigenen Worte, befiehlt und nöthigt uns das zu thun, was Recht und Pflicht ist. Für ein vernünftiges Wesen giebt es kein höheres, kein größeres Bedürfniß, als das, seiner Vernunft zu folgen." Sind aber die Gesetze der Vernunft, die ich befolgen soll, nichts anders als Glückseligkeitsmaximen, so vortreflich und zweckmäßig sie auch seyn mögen, und bin ich nur darum verbunden, ihnen nachzuleben, weil ich sie für Mittel zur Erreichung der Glückseligkeit halte: so ist ja offenbar mein höchstes Bedürfniß das, mich glücklich zu machen, und das, meiner Vernunft zu folgen, ist jenem untergeordnet.

ben ist, daß sie mich lehre, was ich thun oder lassen muß, um der Glückseligkeit, oder der größtmöglichen Summe des Angenehmen theilhaftig zu werden. Mithin beruhet denn die Moral in Ansehung ihrer Erkenntnisse oder der Bestimmung dessen, was Pflicht ist, doch nicht auf dem Grundgesetze der Glückseligkeit, und das, was macht, daß ich eine Maxime für sittlich gut erkläre, ist nicht ihre erkannte Angemessenheit zu meiner Glückseligkeit, sondern ihre erkannte Angemessenheit zu meiner Vernunft selbst, welche nothwendig fordert, nicht nur daß meine Handlungen (nach Ihrem Aufsatze) frey vom Widerspruch, daß sie zweckmäßig seyen, in sofern sie den vom Begehrungsvermögen aufgegebenen Zweck, die Glückseligkeit, zum Gegenstande haben, sondern auch (und diese Forderung gehet jener noch weit vor) daß meine Handlungen unmittelbar mit meiner vernünftigen Natur selbst übereinstimmen, d. i. daß sie durchgängig solchen praktischen Regeln genau angepaßt seyen, von deren allgemeinen Befolgung das größtmögliche Weltbeste die Folge seyn würde. — Sie selbst, wenn mich nicht alles trügt, behaupten ebenfalls, nur mit etwas andern Worten, an mehrern Orten ihrer Abhandlung, daß der Entscheidungsgrund, wornach die Vernunft das moralisch Gute bestimmt, etwas anders, etwas höheres sey, als die Vorstellung unserer Glückseligkeit und das Verlangen darnach. Sie sagen: daß es zwar in manchen Fällen allerdings schwer sey, voraus zu bestimmen, was überwiegend angenehme Folgen haben werde; und was also nach Ihrem Systeme, sittlich gut sey; da aber wo die Vernunft entscheide, was Recht und Pflicht sey, falle die Schwierigkeit von selbst weg. Also entscheidet ja die Vernunft, wie Sie hier ganz deutlich zu verstehen geben, nach andern Gründen, als nach der vom Verhalten zu erwartenden Glückseligkeit: denn zu bestimmen, was überwiegende Glückseligkeit bringen werde, das ist ja eben die Schwierigkeit, wovon Sie sagen, daß ihr durch die Entscheidung der Vernunft abgeholfen werde. Noch merk-
würdi-

würdiger ist mir folgende Stelle. Ich hatte die Frage aufgeworfen: woher bin ich denn verbunden (und woher weiß ichs, daß ich verbunden bin) fremdes Wohl mit Schmälerung meines eigenen Vergnügens zu schaffen? Sie antworten auf diese Frage nicht: weil ich vermöge des natürlichen Wohlwollens und der Mitempfindung durch Beförderung fremden Wohls mich selbst glücklich mache, (denn es konnte Ihrem Scharfsinne nicht entgehen, daß man mit dieser Antwort, aus den oben angeführten Gründen, bey weitem nicht in allen Fällen auslanget, ja daß in dem Zusatze: mit **Schmälerung** meines eigenen Vergnügens d. i. mit Verminderung dessen, was nun einmal für mich Wohlseyn ist, dieß schon mit begriffen ist, daß ich, wegen meiner subjektiven Beschaffenheit und individuellen Lage, für das, was ich Anderer Wohl aufopfere durchaus keine hinlängliche Entschädigung, auch nicht vermittelst der theilnehmensten und wohlwollensten Neigungen, selbst nicht auf die allerentfernteste Weise, mit Grund erwarten kann). Sie antworten vielmehr auf obige Frage gerade wie ich selbst würde geantwortet haben: **weil meine Vernunft mir es befiehlt***). Nun denn, wenn mir die Vernunft sagt, daß ich auch dann noch wohlthun soll, wenn ich schon voraussehe, daß ich dadurch mein Vergnügen zuverläßig schmälern werde: so liegt ja der letzte Entscheidungsgrund wornach sie bestimmt, was Tugend und Pflicht ist, offenbar nicht in meinem Glückseligkeitstriebe,

---

*) Daß ich, wie Sie gleich hinzusetzen, in dem Bewußtseyn, meine Pflicht gethan zu haben, mich für alle Aufopferungen entschädigt fühle, mag ganz richtig seyn, kann aber bey der Frage, nach welchen Gründen die Vernunft bestimme, was Pflicht sey, gar nicht in Betrachtung kommen. Denn wenn ich mir bewußt seyn soll, meine Pflicht gethan zu haben; so muß ich ja, ehe ich sie that, schon gewußt haben, was Pflicht sey, folglich dieses aus dem zu erwartenden moralischen Vergnügen nicht erst lernen wollen.

triebe, sondern in der Vernunft selbst; mithin ist diese nicht bloß Dolmetscherin der Neigungen, die sich sämmtlich auf Glückseligkeit beziehen, sondern durch sich selbst Gesetzgeberin; sie bedarf, um moralische Gebote zu geben, keines von dem Begehrungsvermögen ihr vorgesetzten Zweckes (des Angenehmen), dem sie ihre Vorschriften etwa bloß anpaßte, sondern sie darf, um sittliche Gesetze zu ertheilen, bloß sich selbst voraussetzen, und ist in diesem Geschäfte sich selbst letzter und höchster Zweck. Ich müßte mich gar sehr irren, wenn nicht dieses alles aus Ihren eigenen so eben angeführten Behauptungen ganz natürlich und ungezwungen folgte, und wenn wir also nicht in der Hauptsache einig wären.

Sie scheinen mir nicht nur in Ansehung der in der reinen Vernunft selbst liegenden Bestimmungsgründe der objektiven sittlichen Güte mit mir übereinzustimmen, sondern Sie erklären sich auch über das Wesen des moralisch Guten an mehrern Orten auf eine solche Art, welche mich nicht zweifeln läßt, daß Sie dasselbe mit mir in der Allgemeingültigkeit der Maximen finden. Ich will nur eine einzige Stelle anführen. Sie sagen, es müsse in dem von mir angegebenen Beyspiele der auf einem hohen Posten stehende Mann offenbar um des allgemeinen Besten willen seinem Fürsten nicht zu Gefallen leben und ihm nicht zur Unterbrückung und Verurtheilung eines Unschuldigen behülflich seyn. Ganz offenbar werde eine solche Handlungsweise zur Erhaltung der bürgerlichen Sicherheit, Ordnung und Glückseligkeit unumgänglich erfordert. Recht ist also, nach Ihrer eigenen Erklärung, eine Handlungsweise, welche so beschaffen ist, daß ihre allgemeine Befolgung dem Wohl des Ganzen höchst zuträglich seyn würde; sie bleibt aus dieser Ursache auch sogar noch in solchen einzelnen Fällen recht, wo es, wie in dem eben angeführten Beyspiele (denn ich hatte ja vorausgesetzt, daß unser Mann durch die Unterbrückung eines Unschuldigen überwiegende Glückseligkeit schaffen könnte), höchst wahrscheinscheinlich) ist, daß die Beobachtung solcher allgemein gültiger Handlungsmaximen sowohl dem handelnden Subjekte, als auch dem Ganzen, äußerst nachtheilig seyn werde. Wo liegt denn aber nun der Grund, warum meine Vernunft das sittlich Gute auf diese Art bestimmt? Offenbar nicht im Verlangen nach meiner eigenen Glückseligkeit, auch nicht einmal in dem Wunsche, das allgemeine Beste zu schaffen (denn oft schadet es sowohl meiner als des Ganzen Wohlfahrt augenscheinlich, wie in unserm Beyspiele wirklich der Fall ist, wenn ich mich der Rechtschaffenheit von Herzen befleißige, während daß Andere das Gegentheil thun); also unstreitig nirgends anders, als in der wesentlichen Einrichtung meiner Vernunft selbst, welche mir, wie allen Menschen, ganz kategorisch befiehlt — nicht in jedem Falle das zu thun, wodurch ich das meiste Glück zu schaffen hoffen kann, sondern — in keinem Falle nach andern, als nach solchen Maximen zu handeln, welche zu einer allgemeinen Gesetzgebung, wovon das ächte, daurende und stets wachsende Wohl des ganzen Menschengeschlechtes der idealische Zweck wäre, tauglich sind. Wenn dieses alles richtig ist, so heißt das oberste Grundgesetz alles menschlichen Thuns und Lassens nicht, wie es von Ihnen ausgedrückt ist: Beförderte beine eigene und Anderer Glückseligkeit so viel du kannst, (denn hieße es so, so würden unzählig viele Ausnahmen von sittlichen Geboten und Verboten gebilligt werden müssen, welche doch, wie wir gesehen haben, nach dem Urtheile aller verständigen Menschen durchaus nicht Statt haben können), sondern diese oberste Grundregel unserer ganzen Thätigkeit heißt: Handle bey Beförderung deines eigenen und das mit deiner Glückseligkeit aufs genaueste verbundenen fremden Wohlseyns stets nach solchen Vorschriften, welche, deiner besten Ueberzeugung nach, alle Menschen befolgen müßten, wenn die wahre physische, intellectuelle und moralische Veredelung und Glückseligkeit des ganzen menschlichen Geschlech=

tes

tes auf festen Gründen beruhen und je länger je mehr wachsen sollte.

Je wichtiger nun eine Handlungsmaxime im Plane einer allgemeinen Gesetzgebung zur Erhaltung des Weltbesten erscheint, für ein desto höheres sittliches Gesetz ist dieselbe zu halten. Hier hat die Vernunft noch immer genug zu thun, um zu bestimmen, wie denn nun die Maximen beschaffen, und wie sie nicht beschaffen seyn müßten, wenn von ihrer allgemeinen Beobachtung das Bestehen und die Glückseligkeit der menschlichen Gesellschaft die gewisse Folge seyn sollte, welche Gesetze höher und welche niedriger seyen u. s. w. Hier ist also noch Veranlassung genug, durch Anstrengung und Uebung der Geisteskräfte unser Denkens- und Wollensvermögen zu vervollkommnen nach Ihrer Antwort. Aber immer ist es denn doch leichter, die Regeln im Allgemeinen, nach welchen alle Menschen handeln müßten, wenn die Weltglückseligkeit in ihrer größtmöglichen Vollkommenheit erreicht werden sollte, als in einzelnen Fällen auszumachen, wovon die meisten angenehmen Folgen zu hoffen seyen. — Bey dieser Prüfung kommt es, wie Sie sehr richtig bemerken, auf eigene beste Einsicht und Ueberzeugung an. Einzelne Menschen und ganze Völker können in ihren Meynungen von dem objektiven Recht und Unrecht sehr weit von einander abgehen; d. i. über das, was zum Bestehen und zum Wohl des Ganzen (so weit ein Jeder sich das Ganze zu denken vermag) erfordert werde, sehr verschieden urtheilen: wofern sie aber nur zur Festsetzung der Begriffe des sittlich Guten und Bösen die Tauglichkeit zu einer allgemeinen Gesetzgebung zum Entscheidungsgrunde nehmen (und seitdem Menschen über Pflicht und Recht nachgedacht haben, fiengen sie immer ihre Untersuchungen mit der Frage an: wie wenn das Alle thäten, was würde davon die Folge für das Ganze seyn)? und ihrer besten Ueberzeugung gemäß handeln; so kann man ihnen die Moralität nicht absprechen. Je mehr indessen die Vernunft durch Erfahrung, Erwerbung der

Kennt-

Kenntnisse, Uebung und formelle Bildung geschickt wird, einzusehen, worin die wahre Weltvollkommenheit besteht und wie das Verhalten der Menschen beschaffen seyn müsse, wenn sie (so viel an uns ist) soll wirklich gemacht werden; desto besser wird sie auch im Stande seyn, ihre sittlichen Maximen so zu bestimmen, daß aus ihrer allgemeinen Beobachtung jener idealische Zweck ihrer allgemeinen Gesetzgebung, das wahre Wohl des Ganzen wirklich entspringen würde, d. i. objektiv wahre und richtige Lebensregeln zu entwerfen.

Daß endlich auch in Collisionsfällen nach eben diesem Princip der Allgemeingültigkeit entschieden werden müsse, läßt sich leicht einsehen. Denn indem ich mich für befugt, ja für verbunden halte, ein gewisses Gesetz B um eines höhern A willen, das gegenwärtig nicht zugleich mit jenem beobachtet werden kann, aus den Augen zu setzen; so geschieht dieses nicht etwa darum, weil ich mir von der Befolgung von A in dem gegenwärtigen Falle mehr angenehme Folgen verspreche, als von B, sondern — weil ich urtheile, daß zum Bestehn und zum Wohl des Menschengeschlechts es noch wichtiger sey, daß alle Individuen A, als daß sie B durchgängig ausüben, und daß es also selbst eine zur allgemeinen Gesetzgebung taugliche Maxime sey, in solchen Fällen, wo A und B schlechterdings nicht zugleich beobachtet werden können, das letztere, als nicht mehr verbindend, um des ersteren willen aus den Augen zu setzen. Also auch hier die nämliche Entscheidungsregel der Allgemeingültigkeit, ohne welche gar kein Begrif von Recht und Pflicht Statt findet. Auch hierin sind wir, soviel ich einsehen kann, gleicher Meynung. „Gerecht zu seyn, sagen Sie, ist offenbar eine höhere Pflicht, als wohlthätig zu seyn." Und hier frage ich nun, warum denn? Nicht etwa deßwegen, weil bey der Ausübung der Gerechtigkeit in jedem einzelnen Falle mehr Gutes und Angenehmes herauskäme, als bey der Ausübung der Wohlthätigkeit (denn es dürfte Fälle genug geben, wo das Gegentheil mit größter Wahrscheinlichkeit zu vermuthen wäre, wie wenn ich z. B. meinen reichen Gläubiger um 10 Thaler betröge und damit den Vater einer hilflosen Familie aus dem Schuldthurme erlösete), sondern wie Sie sehr richtig sagen, weil ohne Gerechtigkeit die menschliche Gesellschaft und die ganze gesellige Glückseligkeit gar nicht (und gewiß noch weit weniger, als wenn keine Pflichten der Wohlthätigkeit ausgeübt würden) bestehen könnte. Also ist es ja, nach dieser Ihrer eigenen Erklärung offenbar nicht die in jedem gegenwärtigen Falle von einer Handlungsart zu erwartende Summe angenehmer Folgen, sondern vielmehr die Idee der Tauglichkeit zu einer allgemeinen Gesetzgebung, für ein Ganzes vernünftiger Wesen, das bestehen und sich dem Ziele seiner Vollkommenheit, das sich bloß denken, nie völlig erreichen läßt, unabläßig nähern soll, diese Idee ist es, welche in allen Collisionen den Ausschlag giebt *).

Nachdem nun meine Vernunft das **objektive sittlich Gute** auf die erklärte Art bestimmt hat; so fühle ich mich mit Achtung dagegen erfüllt, welche mich zur Ausübung desselben antreibt; und wenn ich mir dann der **objektiven sittlichen Güte** bewußt bin, oder mir das Zeugniß geben kann, daß meine Gesinnungen und Handlungen jener Vernunfterkenntniß von dem, was recht ist, angemessen sind, daß meine Triebe und Neigungen dadurch beschränkt und geleitet werden; so entsteht unmittelbar

---

*) Daß ich also befugt, ja verbunden bin, einem Andern etwas zu entwenden, wenn ich schlechterdings auf keine andere Art mein Leben zu fristen weiß, kommt nicht daher, weil ich hierdurch mehr Glückseligkeit bewirke, als durch das Gegentheil (denn ich bleibe ja auch dann noch dazu verbunden, wenn mir mein Leben zur Last, und der Tod das Allerwünschenswertheste ist) sondern daher, weil es, wenn das menschliche Geschlecht bestehen soll, von größerer Wichtigkeit ist, daß ein jeder sein Leben zu erhalten suche, als daß ein jeder Andern das ihrige lasse.

bar aus diesem Bewußtseyn das Vergnügen der moralischen Selbstbilligung und Selbstachtung; und daß diese die reinste und geistigste aller angenehmen Empfindungsarten, die unentbehrlichste Bedingung, ja der wichtigste Bestandtheil der wahren und daurenden Glückseligkeit eines gebildeten Gemüths sey, dieß, mein Herr, haben Sie vortreflich gezeigt. Ich hatte in meinem ersten Aufsatze eben dieses sehr deutlich und bestimmt behauptet, und ich stimme Ihnen auch jetzt noch, der grossen Hochachtung gegen den vortreflichen Mann ungeachtet, welcher mit bewundernswürdigem Scharfsinne das Gegentheil zu erweisen sucht, oder doch erwiesen haben zu wollen scheinet, hierin von ganzen Herzen bey *). Nur darf dieses, daß die subjektive Tugend eine unmittelbare Quelle der Glückseligkeit ist, wie schon oben erinnert worden, bey der Frage, nach welchem Entscheidungsgrunde die Vernunft das objektive sittlich gute bestimmt, gar nicht in Betrachtung kommen, oder wir dürfen daraus, daß das Bewußtseyn rechtschaffen gehandelt zu haben, so beglückend ist, nicht schließen wollen, daß es also doch der Begrif der Glückseligkeit und das Verlangen nach Glückseligkeit sey, nach dessen Maaßgabe die Vernunft beurtheile, was Recht sey. Denn zugegeben, daß der Rechtschafne, um des vorausgesehenen und gewünschten Gewissensgenusses willen, pflichtmäßig handelt, und dieser Genuß Glückseligkeit zu nennen sey; so muß er, der Rechtschafne, ja doch ganz unabhängig von der Vorstellung dieses Genusses und dem Verlangen darnach erst wissen, was denn Pflicht sey, folglich muß dieses, (wofern nicht das moralische Gefühl, sondern die Vernunft, die Erkenntnißquelle des sittlich Guten seyn soll, wie Sie doch ausdrücklich behaupten), aus ganz andern

---

*) Eben dieser Meynung ist auch der scharfsichtige Recensent der Crit. und prakt. V. in der allg. Litt. Zeit. (Num. 188. v. J. 1788.) ein Mann, den das Publikum auch vorher schon als einen sehr helldenkenden Philosophen kannte.

andern Gründen ausgemacht werden. Sie selbst sagen eben dieß mit klaren Worten. „Der Vorschmack des Gewissensgenusses soll keinesweges beurtheilen was Recht sey und wie wir handeln müssen, sondern uns nur antreiben und bestimmen, das zu thun, was die Vernunft für Recht erkennt *)." Es muß also doch, wie Hr. Kant sagt (Crit. der prakt. V. S. 67.) der Begrif der Moralität und Pflicht vor aller Rücksicht auf diese Zufriedenheit des Gewissens vorhergehen und kann von dieser gar nicht abgeleitet werden. Mir scheint es demnach, daß ich gar nicht zu viel gesagt habe, als ich behauptete, es sey ein Zirkel, wenn man daraus, weil die Tugend (so viel Abbruch sie in manchen Fällen unsern anderweitigen Vergnügen auch thun mag) uns immer wenigstens durch das unmittelbare Vergnügen beglückt, den Schluß ziehen wollte, daß die Sittlichkeit denn doch auf dem Princip der Glückseligkeit beruhe. Denn es wäre dieß eben so viel, als wenn ich sagte: die Tugend ist Tugend, weil sie uns, in Ermangelung aller andern angenehmen Folgen, wenigstens unmittelbar beglückt, sie beglückt uns aber unmittelbar, weil wir sie für Tugend erkennen. Das frohe Gefühl „sagt ein scharfsinniger Schriftsteller, mit dem wir uns im Besitze einer guten That und jener Stärke der Seele, die sie vollbrachte, glückselig schätzen, kann uns das Gute angenehm, aber nicht kennbar machen. Sonst wäre man ja

froh,

*) Uebrigens muß ich noch bemerken, daß unsre Streitfrage wirklich nicht darauf beruht, ob der Rechtschafne, um des vorausgesehenen Gewissensgenusses willen, pflichtmäßig handelt (dieses kann man, wenn von einem schon rechtschaffenen Menschen die Rede ist, zugeben, nur muß hiebey wohl beherzigt werden, was Kant sagt Crit. der prakt. V. S. 208. und 209), sondern lediglich darauf, ob die Vernunft, diese einzige Quelle des sittlich Guten den Begrif desselben von der Vorstellung der Folgen unsrer Handlungen ableite, oder ob das Nützliche ein höherer Begrif sey, als das Recht und dieses nach jenem bestimmt werden müsse.

froh, weil man wüßte, daß man Gutes gethan, und man wüßte, daß man Gutes gethan, weil man froh wäre *).„ Oder, man hofte froh zu werden, weil man wüßte, daß das, was man zu thun im Sinne habe, gut sey, man wüßte aber, daß dieses gut sey, daher, weil man durch dessen Vollbringung froh zu werden hofte; wo denn aber doch offenbar die Folge durch die Ursache, und eben diese Ursache wieder durch die Folge definirt würde.

Ich kann nicht umhin, noch einige Worte über den Unterschied des **Materialen** und des **Formalen** in den praktischen Principien hinzuzufügen. Die Materie des Begehrungsvermögens ist das Angenehme. Wenn nun die Vernunft durch die Vorstellung des Angenehmen, oder der Summe desselben, der Glückseligkeit, bestimmt wird, sich gewisse Lebensregeln vorzuschreiben; so ist ihr Bestimmungsgrund material (welches bey bloßen Klugheitsmaximen der Fall ist). Wenn aber die Vernunft gar nicht durch die Hinsicht auf irgend einen ihr vom Begehrungsvermögen aufgegebenen materialen Zweck, sondern lediglich durch ihre eigene innere Beschaffenheit bestimmt wird, sich Verhaltungsregeln zu entwerfen; so wird ihr ein formaler Bestimmungsgrund zugeschrieben, (und dieß ist der Fall bey den sittlichen Gesetzen). Denn wenn ich eine Maxime für moralisch richtig, und gut erkläre, nicht wegen ihrer erkannten Tauglichkeit zur Bewirkung meiner Glückseligkeit, sondern wegen ihrer erkannten Tauglichkeit zu einer allgemeinen Gesetzgebung, deren idealer Zweck die Erhaltung und unaufhörlich fortschreitende Vervollkommung des Menschengeschlechts, als eines Ganzen vernünftiger Wesen ist; so liegt der letzte Grund meiner sittlichen Begriffe doch offenbar nicht im Triebe nach Glückseligkeit, nicht in der Selbstliebe, sondern bloß in der wesentlichen Form

---

*) S. Hr. Seb. Mutschelle's sehr schöne Schrift über das sittlich Gute. S. 35.

Form meiner reinen praktischen Vernunft. Zwar müssen wir uns bey der Glückseligkeit auch etwas formales zum Grunde liegendes denken, weswegen Sie auch das Glückseligkeitsprincip für ein formales halten. Allein die bey der Glückseligkeit zum Grunde liegende formale Bedingung ist nichts anders, als der allererste und gemeinste **Urtrieb** der menschlichen Natur, wovon Sie reden. Was mit diesem übereinstimmt, ist angenehm und wird begehrt, was ihm zuwider ist, das ist unangenehm und wird verabscheut, und der Innbegrif alles Angenehmen und Begehrungswerthen ist **Glückseligkeit**. Diese nun, ob sie gleich ein allgemeiner Begrif, oder wie **Kant** sagt, der allgemeine Titel aller subjektiven (und materialen) Bestimmungsgründe ist, muß dem ungeachtet, eben deßwegen, weil sie alles Angenehme, als die Materie des Begehrens in sich faßt, für den höchsten und allgemeinsten aller materialen Zwecke, und ihr Princip nicht für ein formales, sondern für ein materiales, gehalten werden. Auch setzt ja der Begrif des Angenehmen, unstreitig Erfahrung voraus *). Man wird vielleicht hierbey errinnern: wenn das erkannte sittlich Gute, vorzüglich in sofern wir uns desselben selbst bewußt sind, etwas angenehmes sey (welches ich gern einräume); so beruhe es ja doch eben auf dem Urtriebe, auf welchen sich alles andere Angenehme gründet. Ich antworte: Allerdings liegt der Grund, warum das Bewußtseyn der Tugend unmittelbares Vergnügen gewährt, auch in dem allgemeinen Urtriebe: hieraus folgt aber gar nicht daß

---

*) Meiner Einsicht nach, sollte man daher den Urtrieb, welcher, als die bloß formale allgemein subjektive Bedingung aller Gefühle und alles Wollens und Nichtwollens, vor aller Erfahrung in der Seele liegt, nicht Glückseligkeitstrieb nennen. Wenigstens wird er erst vermittelst der Erfahrung, durch welche ich erst lerne, was mit ihm (dem Urtriebe) übereinstimme oder angenehm sey, und von welcher also der Begrif der Glückseligkeit durchaus abhängt, — zum Glückseligkeitstriebe.

daß die Erkenntniß und die Bestimmung des sittlich Guten selbst aus dem Princip der Glückseligkeit abgeleitet sey. Die Vorstellung dessen, was die Vernunft für sittlich gut erkennt, ist angenehm, weil sie (diese Vorstellung) mit dem Urtriebe meiner vernünftigen Natur übereinstimmt: die Vernunft erkennt aber etwas für sittlich gut, nicht weil dessen Vorstellung unmittelbar angenehm ist (in diesem Falle wäre das moralische Gefühl selbst die Erkenntnißquelle der Tugend, wofür es doch nach unserer beiden Meynung durchaus nicht darf gehalten werden), sondern weil es der wesentlichen Einrichtung der Vernunft selbst, oder dem reinen Gesetze derselben angemessen ist. Die formale Bedingung aller sittlichen Begriffe ist also etwas ganz anders, als die formale Bedingung aller Lustgefühle oder der Glückseligkeit: jene liegt in der reinen praktischen Vernunft und ist das absolute Sittengesetz: diese liegt ganz außer der Vernunft in dem sinnlichen Theile der menschlichen Natur, und ist nichts anders, als der allgemeine Grund oder Urtrieb derselben.

Indessen bedarf ich zur Anwendung des reinen formalen Gesetzes, allerdings einer Materie, des Begehrungsvermögens, oder der aus der Erfahrung geschöpften Vorstellungen von dem Angenehmen, von der Glückseligkeit und den Mitteln derselben. Ich muß mir die Glückseligkeit als Bedürfniß vorstellen, und indem ich nun, um diesem Bedürfniß Genüge zu leisten, mir Maximen der Klugheit entwerfe; so werde ich gewahr, daß ich, vermöge der ursprünglichen und wesentlichen Einrichtung meiner vernünftigen Natur, genöthigt, verbunden bin, alle diese Maximen der Klugheit und der Selbstliebe einer allgemein gesetzgebenden Form fähig zu machen, d. i. mein eigenes Wohl auf die Art zu suchen, daß alle Menschen auf eben die Art ihre Glückseligkeit, unbeschadet des Ganzen, suchen könnten. Durch dieses formale Gesetz wird also die Materie meiner Willkühr, die Sorge für mein eigenes Bestes, eingeschränkt, und eben dadurch zur Sorge für das

das Wohl meiner Mitmenschen, die sich nach allgemein gültigen Maximen äußert, erweitert. Man darf aber nicht glauben, daß hierdurch die Vorstellung des allgemeinen Besten zum letzten Bestimmungsgrunde der moralischen Gesetze erhoben werde: nein, die Idee des Weltbesten, als des Objekts der allgemeinen Gesetzgebung, ist selbst von der Form der praktischen Vernunft abhängig, d. i. der Grund, warum ich meine Maximen nur unter der Bedingung für sittlich gut erkläre, wenn sie zur allgemeinen Gesetzgebung, deren idealer Zweck das Beste des Ganzen ist, tauglich sind, liegt in der reinen Vernunft, nicht etwa darin, weil ich in dem Besten des Ganzen ein natürliches Vergnügen, oder wohl gar ein Bedürfniß finde: die Materie der moralischen Verhaltungsregeln (die allgemeine Glückseligkeit) wird dem zufolge durch das reine Vernunftgesetz angegeben, nicht aber dieses aus jener allererst hergeleitet. In so fern meine Gesinnung moralisch gut seyn soll muß, wie Kant sagt, die bloße Form des Gesetzes, welches das Verlangen nach eigener Glückseligkeit einschränkt, zugleich ein Grund seyn, die Materie sittlich richtiger Maximen (das allgemeine Wohl) zum Willen hinzuzufügen, aber sie nicht voraussetzen *). (Vergleiche Crit. d. prakt. V. S. 60. und 61.

*) Ich halte es für nöthig, mich noch mit einigen Worten über meinen Begrif von dem Weltbesten, dem allgemeinen Wohl der Glückseligkeit des Ganzen u. dgl. als dem idealisen Objekt der Gesetzgebung der menschlichen Vernunft zu erklären. Ich verstehe darunter keinesweges die bloß sinnliche allgemeine Glückseligkeit des Menschengeschlechts, sondern auch vorzüglich die stets fortschreitende intellectuelle und sittliche Ausbildung desselben. Diese Idee nun von einem Ganzen vernünftiger, oder wenn von der Menschenwelt die Rede ist, von einem Ganzen vernünftig sinnlicher Wesen, welches bestehen, und in ununterbrochenem Fortgange sich vervollkommnen soll, diese Idee, die selbst aus der Vernunft abstammt, ist auch das Ziel, welches die Vernunft

Weitläuftigere Erläuterungen aller dieser Ideen verbietet der Raum. Indessen wird hoffentlich das bisher Gesagte hinlänglich seyn, um das Anstößige in der Kantischen Behauptung, daß das Princip der Glückseligkeit das gerade Widerspiel von dem des Sittlichen sey, hinwegzunehmen. Die Meynung des großen Mannes kann nämlich nicht diese seyn, daß Verlangen und Streben nach Glückseligkeit nicht in einem Subjekte mit der Tugend bestehen könne (man sehe, wie er sich selbst hierüber erklärt: Crit. der prakt. V. S. 207. ff. und 166. u. a. m.); sondern obiger Satz will nur dieses sagen, daß nicht allein der Grund des

nunft bey ihrer Gesetzgebung stets vor Augen hat. Diejenigen Handlungsmaximen nämlich, welche alle Menschen in allem ihren Thun und Lassen durchgängig befolgen müßten, wenn jenes Weltbeste in möglichster Vollkommenheit, so weit solches von Menschen abhängt, erreicht werden sollte, diese schreibt uns die Vernunft als Gesetze vor. Da aber, wenn auch ich noch so gewissenhaft diese Gesetze beobachte, während daß Andere sie vernachläßigen, hierdurch die Idee des allgemeinen Wohles keinesweges realisirt wird; so kann dieses Beste des Ganzen, auch nicht für den materialen Bestimmungsgrund meiner sittlichen Gesinnungen angesehen werden. Ich soll nach solchen Maximen handeln, die alle Menschen beobachten müßten, wenn das allgemeine Wohl der Welt in möglichster Vollkommenheit erreicht werden sollte, nicht weil ich hierdurch dieses Weltbeste wirklich zu machen hoffen kann, sondern weil meine Vernunft eine solche Handlungsweise billigt, und befiehlt. Es ist also nicht die Glückseligkeit, die ich in Befolgung dieser Maximen stifte, oder zu stiften suche, welche diesen ihren sittlichen Werth giebt, sondern lediglich ihre Angemessenheit zu der praktischen Vernunft, die sich eben hierdurch a priori gesetzgebend beweiset, daß sie mir gebietet, in jedem Falle, ich mag davon Vermehrung oder Verminderung meiner subjektiven Glückseligkeit voraussehen, mein Thun und Lassen denjenigen praktischen Regeln anzupassen, deren ganz allgemeine Beobachtung sie für die unentbehrlichste Bedingung der Realisirung jener Idee des Weltbesten ansiehet.

des Verlangens nach Glückseligkeit, und der Grund der Moralität wesentlich unterschieden seyen, sondern auch jenes, durch dieses müsse eingeschränkt und beherrscht werden. — Ungeachtet nun ein entweder noch rohes oder schon verwildertes Gemüth durch Vorstellungen seines eigenen Vortheils, nicht eigentlich zur Tugend kann gebildet werden; so läßt sich doch gar wohl begreifen, wie Furcht und Hofnung, dadurch, daß sie den Antrieben zu unsittlichen Handlungen das Gegenwicht halten, der noch schwachen moralischen Gesinnung den Sieg wenigstens Anfangs erleichtern, bis diese durch Zeit und Uebung stark genug wird, um jenes Beystandes der Selbstliebe immer weniger zu bedürfen, und endlich auch wohl ganz entbehren zu können.

Ist es endlich nach Ihrem eigenen Ausdrucke für jedes vernünftige Wesen Bedürfniß seiner Vernunft zu folgen, oder recht und gut zu handeln, ein Bedürfniß über welches es kein höheres, kein größeres giebt; so muß die Tugend für das vorzüglichste alles Guten gehalten werden. Wird nun aber der Begrif der Tugend bestimmt, nicht durch die Vorstellung und Erwartung irgend einer sich auf Glückseligkeit beziehenden Folge der Handlungen, sondern durch die innere formale Beschaffenheit, oder das reine Gesetz der Vernunft; so muß die Tugend keinesweges als etwas relativ- sondern als etwas schlechthin und absolut Gutes gedacht werden. Ich habe mich also in meinem ersten Aufsatze doch wohl keiner Uebereilung schuldig gemacht, als ich behauptete: der erste und vornehmste Bestandtheil des höchsten Gutes sey nicht die Glückseligkeit, sondern die Tugend, wie unzertrennlich auch auf die von mir erklärte Art, Glückseligkeit mit Sittlichkeit zusammenhängen mag. Man denke auch nicht, daß die Tugend nur in so fern, für etwas Gutes zu halten sey, als sie theils vermittelst des Bewußtseyns guter Gesinnungen und Handlungen unmittelbar beglückt, theils durch die Religion mittelbarer Weise den ihr angemessenen Grad der Glückseligkeit

keit in einer andern Welt hoffen läßt; nein, das Bewußtseyn der Tugend ist vielmehr eben darum so erfreulich und so tröstlich, weil ich sie auch dann noch, wenn sie mich in jedem andern Betrachte unglücklich macht, für etwas, das an sich, ohne alle Rücksicht auf ihre Folgen gut, folglich absolut gut ist, halten muß. Und was die Glückseligkeit anlangt, welche mir die Tugend in dem andern Leben verheißt; so fällt es ohnehin in die Augen, daß ich diese nur deßwegen hoffen kann, weil meine Gesinnungen und Handlungen gut sind. Wenn also in allem Betrachte die Tugend nur darum beglückt, weil sie gut ist, nicht darum gut ist, weil sie beglückt; so ist das absolut Gute keine Chimäre, sondern ein reeller Begrif. Zugegeben, was Sie so schön darstellen, daß wahre stets wachsende Glückseligkeit, Ausbildung und Veredelung unserer vernünftigsinnlichen Natur der höchste Zweck unsers Daseyns sey, den wir denken können, zugegeben, daß selbst alle sittliche Anlagen unserer Seele, von der ewigen Weißheit und Güte, durch die wir existiren, uns zu dem Ende mitgetheilt worden, daß wir vermittelst derselben, vorzüglich in den kommenden Perioden unserer gränzenlosen Dauer, zum Genusse der reinsten und geistigsten Glückseligkeit gelangen mögen; so sehe ich doch gar nicht, was hieraus gegen die absolute Güte und Würde der Tugend gefolgert werden könne, da der Begrif des sittlich Guten ja gar nicht aus der Vorstellung unserer Bestimmung zur Glückseligkeit hergeleitet wird, sondern sich unmittelbar auf das unbedingte Vernunftgesetz gründet. — Sie sehen also aus diesen allen, mein hochgeehrter Herr! wie vollkommen ich, ungeachtet des von mir behaupteten absoluten Werthes der Tugend, mit Ihnen darin übereinstimme, wenn Sie sagen; daß die Moralität die höchste und reinste Glückseligkeit wirke, und der alleinige sichere Weg zu ihr sey. Dieß ist und bleibt auch in meinem Systeme eine unumstößliche Wahrheit, welches ich auch schon in meinem ersten Aufsatze deutlich und bestimmt erklärt zu haben glaube.

Ungern

Ungern breche ich hier ab, Ihre reichhaltige Abhandlung, welche gewißlich jedem Leser, den solche Gegenstände interessiren, eben so schätzbar als mir seyn muß, enthält noch so manches, worüber ich mich mit Ihnen noch ferner unterhalten mögte, so manches, bey dessen genauerer Erörterung es sich eben so deutlich wie bey den bisherigen Betrachtungen zeigen würde, daß die Grundideen, worauf unsre beiderseitigen sittlichen Lehrgebäude ruhen, in der That nicht so weit, als es bey dem ersten Anblicke etwa scheinen mögte von einander abweichen. Aber ich müßte fürchten, alle Gränzen zu überschreiten, wenn ich weitläuftiger seyn wollte.

Schmeichelhaft ist für mich der Gedanke, daß vielleicht durch unsere gegenseitigen Erklärungen wenigstens bey einigen Lesern manches Verwirrung und Anstoß erzeugende Mißverständniß gehoben werden dürfte. — Was mich aber am meisten freuet, ist, daß ich es bey diesem philosophischen Schriftwechsel mit einem, wiewohl mir auch sogar dem Namen nach unbekannten Gelehrten zu thun hatte, den ich hier, vor dem Angesichte eines mir höchst achtungswürdigen Publikums, mit völliger Beystimmung meines Herzens, von meiner aufrichtigsten Ehrerbietung versichern kann.

Christian Wilh. Snell.

Recension.

Ueber die Grundlegung zur Metaphysik der Sitten.
von
Immanuel Kant.
Aus der allg. deutsch. Bibl. B. 66. St. 2.

In dem Vorsatz, dereinst eine Metaphysik der Sitten zu liefern, die eine reine Moralphilosophie, die von allem, was nur empirisch seyn mag, völlig gesäubert sey, läßt Hr. Prof. Kant diese Grundlegung vorangeben, worin er das Subtile, das in der Metaphysik der Sitten unvermeidlich ist, vorträgt, um es nicht künftig faßlichern Lehren beyzumischen, und das oberste Princip der Moral aufsuchen, und festsetzen will, welches er für ein in seiner Absicht ganzes und von allen andern sittlichen Untersuchungen abzusonderndes Geschäft hält. Er ist der Meynung, daß es von der äußersten Nothwendigkeit sey, einmal eine reine Moralphilosophie zu bearbeiten, denn daß es eine solche geben müsse, leuchte von selbst aus der gemeinen Idee von Pflicht und von sittlichen Gesetzen ein — und zwar nicht bloß aus einem Beweggrunde der Speculation, um die Quelle der a priori in unsrer Vernunft liegenden praktischen Grundsätze zu erforschen, sondern weil die Sitten selbst allerley Verderbniß unterworfen bleiben, so lange jener Leitfaden und oberste Norm ihrer richtigen Beurtheilung fehlt. Er hat hiebey den Gang genommen, der seiner Meynung nach, der schicklichste ist, wenn man von gemeinen Kenntnissen zur Bestimmung des obersten Princips derselben **analytisch**, und wiederum zurück von der Prüfung dieses Princips und der Quelle desselben zur gemeinen Erkenntniß, darin sein Gebrauch angetroffen wird **synthetisch** den Weg nehmen will. Es hat also diese merkwürdige Schrift folgende drey Abschnitte erhalten. I. Uebergang von der allgemeinsittlichen Vernunfterkenntniß zur philosophischen. II. Uebergang von der populären Moralphilosophie zur Metaphysik der Sitten. III. Letzter Schritt von der Metaphysik der Sitten zur Critik der reinen praktischen Vernunft. Ich werde die Hauptsätze des Buchs ausziehen, und einige erläuternde und prüfende Anmerkungen hinzusetzen.

Hr.

Hr. Kant bemerkt zuerst, daß ohne Einschränkung nichts für gut zu halten sey, als ein **guter Wille**, daß dieser Wille, nicht durch das, was er bewirkt und ausrichtet, nicht durch seine Tauglichkeit zur Erreichung irgend eines vorgesetzten Endzwecks, sondern allein durch das Wollen d. i. an sich gut sey, und für sich betrachtet, ohne Vergleichung weit höher zu schätzen sey, als alles, was durch ihn zu Gunsten irgend einer Neigung, ja, wenn man will, der Summe aller Neigungen, nur immer zu Stande gebracht werden könnte. Der Verf. gesteht, daß in diesem Grundsatz zur Schätzung des Werths des Willens etwas Befremdliches liege, ob er gleich die Beystimmung auch der gemeinen Vernunft haben soll; er hält es also für nöthig ihn noch näher zu prüfen. Hierbey wünschte ich nun, daß es dem Verf. beliebt hätte, vor allen Dingen den allgemeinen Begriff von dem, was gut ist, zu erörtern, und was er darunter versteht, näher zu bestimmen, denn offenbar müßten wir uns erst hierüber einverstehen, ehe wir über den absoluten Werth eines guten Willens etwas ausmachen können. Ich bin also berechtigt zuerst zu fragen, was ist überhaupt gut, und was ist insonderheit ein **guter Wille**? Läßt sich auch ein und für sich und ohne Beziehung auf irgend ein Object betrachteter guter Wille denken? Sagt man: das ist gut, was allgemein gebilligt und geschätzt wird, so darf ich weiter fragen, warum wird es gebilligt und geschätzt, geschichts mit Recht und mit Grunde oder nicht? Eine allgemein übereinstimmende Billigung, wenn sie auch in irgend einem Stücke statt fände und möglich wäre, würde doch einem philosophischen Forscher nie für den letzten Entscheidungsgrund gelten können. Hier sehe ich nun nicht, wie man überhaupt irgend etwas als schlechterdings und ganz absolut gut annehmen, oder etwas **gut** nennen könne, das in der That zu nichts gut wäre, und eben so wenig, wie man einen absolut und bloß in sich betrachtet, guten Willen annehmen könne. Allein der Wille soll nur in Beziehung auf irgend ein Object desselben absolut gut seyn, nicht in Beziehung auf sein Princip oder ein Gesetz, um dessentwillen er handelt. Es sey so; dann frag ich weiter: ist es hinlänglich einen Willen zum Guten zu machen, daß er nur nach irgend einem Princip oder aus Achtung gegen irgend ein Gesetz handle, sey es wie es wolle, gut und böse? — unmöglich, also muß es ein gutes Princip, ein gutes Gesetz seyn, dessen Befolgung einen Willen gut macht, und die Frage, was ist **gut**? kehrt also wieder zurück, und wenn wir sie vom Willen bis auf das Gesetz zurückgeschoben hatten, so müssen wir sie nun doch hier auf

auf eine genugthuendere Weise beantworten; d. i. wir müssen nun endlich doch auf irgend ein Object oder auf den Endzweck des Gesetzes kommen, und müssen das Materielle mit zu Hilfe nehmen, weil wir, mit dem Formale weder des Willens noch des Gesetzes auslangen. Was hieraus für das ganze Moralsystem folge, werden wir hernach sehen. Nun fahre ich fort eine Bemerkung des Verf. mitzutheilen, wodurch er seinen obigen Grundsatz vom Werth eines absolut guten Willen bestätigen will. Es ist diese: daß falls an einem Wesen, das Vernunft und Willen hat, seine Erhaltung, sein Wohlergehen, mit einem Worte, seine Glückseligkeit der eigentliche Endzweck der Natur wäre, sie ihre Veranstaltung dazu sehr schlecht (ganz dem Grundsatz entgegen: daß in den Naturanlagen eines organisirten Wesens kein Werkzeug zu irgend einem Zwecke gefunden werde, als was auch zu demselben das schicklichste und ihm angemessenste sey,) getroffen habe, sich die Vernunft des Geschöpfs zur Ausrichterin dieser ihrer Absicht zu ersehen. Denn alle Handlungen, die es in dieser Absicht auszuüben hat, würden ihm weit genauer durch Instinct vorgezeichnet, und jener Zweck weit sicherer dadurch haben erhalten werden können, als es jemals durch Vernunft geschehen kann, die allenfalls ihm nur dazu hätte dienen können, um über die glückliche Anlage seiner Natur Betrachtungen anzustellen, sie zu bewundern, und der wohlthätigen Ursache dankbar zu seyn; nicht aber um sein Begehrungsvermögen jener schwachen und trüglichen Leitung zu unterwerfen, und in die Naturabsicht zu pfuschen. Mit einem Worte, sie würde verhütet haben, daß Vernunft nicht in praktischen Gebrauch ausschlüge. ꝛc. Bey diesem Raisonnement ist, wie es mir scheint, weder auf die Frage, ob auch eine ganz unpraktische Vernunft möglich wäre, noch auf die Natur der sich nur allmählig entwickelnden Vernunft, und gleichfalls nur progressiven Glückseligkeit des Menschen gehörige Rücksicht genommen. Die Natur, sagt der Verf. hätte, wenn Glückseligkeit ihr Zweck war, uns weit sicherer und ohnfehlbarer durch Instincte dazu geführt; ja, antworte ich, wenn Glückseligkeit durch Vernunft, und Glückseligkeit durch Instincte einerley ist, und zwischen beyden kein anderer Unterschied ist, als daß die erstere schwächer, geringer und mißlicher ist, als die letztere, und wenn wir auf den Umstand, daß wir sie unsern Bemühungen verdanken, auf den köstlichen Zusatz uns bewußt zu seyn, daß sie größtentheils das Werk unsrer Selbstthätigkeit ist, gar nicht rechnen dürfen — nun dann was es weit sicherer und zweckmäßiger den Menschen durch den

Instinct

Instinct zur Glückseligkeit zu treiben, oder welches einerley, eine thierische oder instinctmäßige Glückseligkeit zu geben. Aber wozu sollte ihm dann die Vernunft, die Einsicht und Erkenntniß von dem, was ihn glückselig macht dienen? Sollte sie mit den Instincten, die uns zur Glückseligkeit treiben, völlig übereinstimmen, und das müßte wohl seyn, wenn sie das ihr vom V. angewiesene Geschäft verrichten sollte, so würden sich ihre Maximen von den Leitungen unsrer Triebe nicht unterscheiden lassen, und wir würden es nie ausmachen können, wie viel Antheil an unserer Beseligung der Zwang des Instincts oder die Wahl der Vernunft habe, — oder sie sollte, mit dem Instinct uneinig die Zwangsgesetze desselben mißbilligen, und die Sclaverey der Sinnlichkeit verwerfen; alsdann würde sie nicht nur ein müßiger, sondern auch schädlicher Zusatz zu unsrer mit sich selbst (im Widerspruch stehenden Natur seyn, und alle Freuden der Triebe würden uns durch diese zwar vernünftige aber ganz unnütze Tadlerin gestört und vergällt werden. Es scheint also, wenn wir überall Vernunft haben sollten, so müßte es eine praktische Vernunft seyn, und wir sind nicht berechtigt aus dem Umstande, daß uns unsre nicht auf einmal vollkommene, sondern nur allmählich sich ausbildende Vernunft, auch nur zu einer progressiven Glückseligkeit führt; die nämlich gleichfalls nicht auf einmal, nicht in irgend einem bestimmten Augenblick unsers Daseyns vollkommen ist, sondern mit unsrer sich vervollkommnenden Vernunft so ziemlich parallel fortläuft; (es versteht sich wahre innere Glückseligkeit)) hieraus, sage ich, sind wir nicht berechtigt, zu schließen, weder daß unsre Glückseligkeit nicht ein Zweck der Natur sey, noch daß uns die Vernunft nicht gegeben sey, uns glückselig zu machen. Daß sie diesen Zweck aber so selten, so unvollständig erreicht, kann eben so wenig einen Grund abgeben, es zu leugnen, daß sie bestimmt sey, uns der Glückseligkeit theilhaftig zu machen, als ihre Unhinlänglichkeit und ihr Unvermögen, die Menschen auf irgend eine beträchtliche Weise tugendhaft oder der Glückseligkeit würdig zu machen, etwas wider die Voraussetzung, daß uns die Vernunft als eine Führerin zur Tugend gegeben worden, beweisen kann. — Mit diesem ersten Satz hängt nun folgender zusammen: „eine Hand-
„lung aus Pflicht hat ihren moralischen Werth nicht in der Ab-
„sicht, welche dadurch erreicht werden soll, und er hängt also
„nicht von der Wirklichkeit des Gegenstandes der Handlung ab,
„sondern bloß von dem Princip des Wollens, nach welchem die
„Hand-

„Handlung, unangesehen aller Gegenstände des Begehrungs-„vermögens geschehen ist. —" Worin kann also, setzt der V. hinzu, „der moralische Werth der Handlung liegen, wenn er „nicht im Willen, in Beziehung auf deren verhofte Wirkung lie-„gen soll! er kann nirgends anders liegen, als im Princip des „Willens — denn der Wille ist mitten inne, zwischen seinem „Princip a priori, welches formell ist, und zwischen seiner „Triebfeder, welche materiell ist, gleichsam auf einem Schei-„dewege; und da er doch durch irgend etwas muß bestimmt „werden, so wird er durch das formelle Princip des Wollens „überhaupt bestimmt werden müssen, wenn eine Handlung aus „Pflicht geschieht, da ihm alles materielle Princip entgegen „ist." Dies formelle Princip drückt nun der dritte Satz so aus: „Pflicht ist Nothwendigkeit der Handlung aus Ach-„tung für das Gesetz" so bleibt nämlich für den Willen nichts anders übrig, was ihn bestimmen oder zu einem guten Willen machen kann, als objectiv das Gesetz, und subjectiv reine Achtung für dieses praktische Gesetz, mithin die Maxime, einem solchen Gesetze, selbst mit Abbruche aller meiner Neigungen Folge zu leisten. Zur weiteren Erläuterung dient folgendes. „Alle Wirkungen, z. B. Annehmlichkeit des Zustandes, Beförderung des Glücks anderer konnten auch durch andere Ursachen zu Stande gebracht werden, (doch wohl nicht auf gleiche Art, und in gleichem Maaße) und es brauchte also das zu nicht des Willens eines vernünftigen Wesens, worin gleichwohl das höchste und unbedingte Gut allein kann angetroffen werden; es kann also nichts anders als die Vorstellung des Gesetzes an sich selbst, die freylich nur in vernünftigen Wesen statt findet, sofern sie nicht die verhofte Wirkung der Bestimmungsgrund des menschlichen Willens ist, das so vorzügliche Gute, das wir sittlich nennen, ausmachen, welches in der Person, die darnach handelt, selbst schon gegenwärtig ist, nicht aber allererst aus der Wirkung erwartet werden darf. „Der Verf. fährt weiter fort:" was kann das aber für ein Gesetz seyn dessen Vorstellung auch ohne auf die daraus erwartete Wirkung Rücksicht zu nehmen, den Willen bestimmen muß, damit dieser ohne Einschränkung gut heißen könne? Die bloße Gesetzmäßigkeit der Handlung ist übrig, welche allein dem Willen zum Kennzeichen dienen soll; d. i. Ich soll niemals anders verfahren als so, daß ich auch wollen könne, meine Maxime soll ein allgemeines Gesetz werden.

ben. Hier ist nun die bloße Gesetzmäßigkeit überhaupt (ohne irgend ein auf gewisse Handlungen bestimmtes Gesetz zum Grunde zu legen) das, was dem Willen zum Princip dient, und ihm auch dazu dienen muß, wenn Pflicht nicht überall ein leerer Wahn und chimärischer Begriff seyn soll, hiemit aber stimmt die gemeine Menschenvernunft in ihren praktischen Beurtheilungen auch vollkommen überein, und hat das gedachte Princip jederzeit vor. Augen." Dies alles macht der Verfasser durch folgendes Beyspiel deutlich, das ich abgekürzt hersetzen will. Es sey die Frage, ob ich, wenn ich im Gedränge bin, nicht ein Versprechen thun darf, in der Absicht es nicht zu halten. Ich mache hier leicht den Unterschied, den die Bedeutung der Frage haben kann, ob es klüglich, oder ob es pflichtmäßig sey, ein falsches Versprechen zu thun. Zwar sehe ich wohl, daß es nicht genug sey, mich vermittelst dieser Ausflucht aus einer gegenwärtigen Verlegenheit zu ziehen, sondern daß wohl überlegt werden müsse, ob mir aus dieser Lüge nicht hinterher viel größere Ungelegenheit entspringen könne, und da die Folgen, bey aller meiner vermeinten Schlauigkeit, nicht so leicht voraus zu sehen sind, daß nicht einmal verlornes Zutrauen mir weit nachtheiliger werden könnte, als alles Uebel, das ich jetzt zu vermeiden gedenke, ob es nicht klüglicher gehandelt sey, hiebey nach einer allgemeinen Maxime zu verfahren, und es sich zur Gewohnheit zu machen, nichts zu versprechen, als in der Absicht, es zu halten. Allein es leuchtet mir hier sehr bald ein, daß eine solche Maxime doch nur die besorglichen Folgen zum Grunde habe. Nun ist es doch ganz etwas anders aus Pflicht wahrhaftig zu seyn, als aus Besorgniß der nachtheiligen Folgen; in : im ersten Fall der Begriff der Handlung an sich selbst schon ein Gesetz für mich enthält, im zweyten ich mich allererst anderwärts herum sehen muß, welche Würkungen wohl damit für mich verbunden seyn möchten. Denn wenn ich von dem Princip der Pflicht abweiche, so ist es ganz gewiß böse, werde ich aber nur meiner Maxime der Klugheit abtrünnig, so kann das mir doch manchmal sehr vortheilhaft seyn, wiewohl es freylich sicherer ist, bey ihr zu bleiben. Um indessen mich in Beantwortung dieser Aufgabe, ob ein lügenhaftes Versprechen pflichtmäßig sey, auf die allerkürzeste und doch untrüglichste Weise zu belehren, so frage ich mich selbst: würde ich wohl damit zufrieden seyn, daß meine Maxime (mich durch ein unwahres Versprechen aus Verlegenheit zu ziehen)

hen) als ein allgemeines Gesetz, sowohl für mich als für andere gelten solle, und würde ich wohl zu mir sagen können: es mag Jedermann ein unwahres Versprechen thun, wenn er sich in Verlegenheit findet, daraus er sich auf andere Art nicht ziehen kann; so werde ich bald inne, daß ich zwar die Lüge, aber ein allgemeines Gesetz zu lügen gar nicht wollen könne: denn nach einem solchen, würde es eigentlich gar kein Versprechen geben, weil es vergeblich wäre, meinen Willen, in Ansehung meiner künftigen Handlungen gegen andere vorzugeben, die diesem Vorgeben doch nicht glauben würden, oder wenn sie es übereilter Weise thäten, mich doch mit gleicher Münze bezahlen würden, mithin meine Maxime, so bald sie zu einem allgemeinen Gesetze gemacht würde, sich selbst zerstören müßte. Hieraus zieht nun der Verf. diese Folgerung: „was ich also zu thun habe, damit mein Wollen sittlich gut sey, dazu gebrauche ich gar keine weit ausholende Scharfsinnigkeit, unerfahren in Ansehung des Weltlaufs, unfähig auf alle sich ereignende Vorfälle desselben gefaßt zu seyn, frage ich mich nur: kannst du auch wollen, daß deine Maxime ein allgemeines Gesetz werde? wo nicht, so ist sie verwerflich, und das zwar nicht um eines dir oder auch andern daraus bevorstehenden Nachtheils willen" (und ist, dann die Aufhebung alles den Menschen zum Behuf ihres Lebens, der Nothdurft und Geschäffte desselben so nöthigen wechselseitigen Vertrauens, die Unmöglichkeit durch Versprechen weiter etwas auszurichten, nicht ein wahrer mir und andern zugezogner Nachtheil, der mir hauptsächlich erst durch Erfahrung bekannt werden muß, und ist dieser Nachtheil nicht die einzige Ursache, warum sich die Maxime sich durch lügenhafte Versprechungen zu helfen, nicht in eine allgemeine Gesetzgebung paßt?) sondern weil sie nicht als Princip in eine allgemeine Gesetzgebung passen kann. Für diese aber zwingt mir die Vernunft unmittelbare Achtung ab, von der ich zwar noch nicht einsehe, worauf sie sich gründet, wenigstens aber doch so viel verstehe; daß es eine Schätzung des Werths sey, welche allen Werth dessen, was durch Neigung angepriesen wird, weit überwiegt, und daß die Nothwendigkeit meiner Handlung aus reiner Achtung fürs praktische Gesetz dasjenige sey, was die Pflicht ausmacht, der jeder andere Bewegungsgrund weichen muß, weil sie die Bedingung eines an sich guten Willens ist, dessen Werth über alles geht."

Dies

Dies ist nun das Resultat, das dem Verf. die Beobachtung über die sittlichen Empfindungen und Erkenntnisse der Menschen hergeben soll, indessen läßt sich noch zweifeln, theils ob seine Vorstellungsart von einem guten Willen, von dem Werthe desselben und von Pflicht die einzig mögliche mit diesen Beobachtungen zu vereinigende sey, theils ob das von ihm aufgestellte Gesetz und höchste Princip der Sittlichkeit bloß wie er will, formell sey, und alles Materielle ausschließe. Weil es hier auf die Hauptsache dieses neuen Moralsystems ankömmt, so werde ich es wagen, einige Anmerkungen darüber herzusetzen, und will ich vom letztern anfangen. Hier scheint es mir nun, zwar daß das vom Verf. festgestellte Princip der Sittlichkeit: „handle so, daß du wollen kanst, daß deine Maxime des Wollens ein allgemeines Gesetz werde", wenig verschieden sey von der Behauptung anderer Moralisten, daß das Recht sey, dessen allgemeine Ausübung gemeinnützig, oder dem Interesse vernünftiger Wesen gemäß ist, und das Unrecht sey, dessen allgemeine Ausübung gemeinschädlich, oder dem Interesse vernünftiger Wesen entgegen ist; welches man dann auch so ausdrücken könnte; „handle so, daß deine Maxime, nach der du handelst, dem gemeinschaftlichen Interesse aller vernünftigen Wesen nicht entgegen, sondern gemäß sey. — Denn nur bey dem obigen Beyspiele zu bleiben, so kann man fragen: warum ich ein allgemeines Gesetz zu lügen nicht wollen könne, und da scheint es mir offenbar zu seyn, daß, wenn ein solches Gesetz gar keinen Einfluß, gar keine Beziehung auf ein vorausgesetztes Interesse vernünftiger Wesen hätte, oder wenn diese überhaupt gar kein Interesse, weder des Verstandes noch des Willens hätten, mit einem Worte, wenn sie gegen Einstimmung oder Widerspruch, gegen Wahrheit oder Falschheit, gegen Vollkommenheit oder Unvollkommenheit, gegen Vergnügen oder Schmerz ꝛc. ganz gleichgültig, und völlig unempfindlich wären, so müßte es ihnen auch gleich viel seyn, ob ein allgemeines Gesetz, die Wahrheit zu sagen, oder ein allgemeines Gesetz, zu lügen, festgestellt würde. Die Betrachtung, daß im letzten Falle gar kein Versprechen mehr möglich wäre, würde ein solches Wesen, dem nichts daran läge, ob es wahre oder falsche, oder überall gar kein Versprechen gebe, nicht bestimmen, und seine Maxime, wenn es anders überall Maximen haben könnte, würde sich durch gar nichts zu einer allgemeinen Gesetzgebung qualificiren können. Ja es scheint mir ganz ungedenkbar zu seyn, daß einem solchen völlig uninteressirten Wesen überall ein Gesetz gegeben, und daß es zu dessen Beobachtung moralisch, d. i. durch Vorstellungen genöthigt werden könne. Was kann dies aber für eine Vorstellung seyn, die ein vernünftiges Wesen an ein Gesetz bindet, oder demselben die reine Achtung für das Gesetz giebt; Unmöglich kann man sagen: die Vorstellung des Gesetzes selbst, denn dies wäre idem per idem, da das Gesetz selbst für ein vernünftiges Wesen nichts anders als eine gewisse Vorstellung ist, daß es so und so handeln soll; aber wir suchen hier eine dritte Vorstellung, die den nothwendigen Zusammenhang zwischen dem Gesetze und dem Willen des vernünftigen Wesens ausmache, und eine solche muß es geben, wofern das Gesetz moralisch und nicht physisch seyn soll. Eine solche Vorstellung könnte nun entweder die Wahrheit oder der Nutzen des Gesetzes, dessen Harmonie mit der Denkkraft, oder dessen Uebereinstimmung mit dem Begehrungsvermögen seyn. In beyden Fällen würde das Gesetz ein vernünftiges Wesen interessiren, in sofern es seiner Natur gemäß wäre; und die Vorstellung hiervon würde nur das Mittelband, und zwar das einzige mögliche seyn, wodurch ein vernünftiges Wesen überhaupt an ein Gesetz gebunden, und zur Befolgung desselben genöthigt werden könnte. Wäre dies Wesen gegen Nutzen und Schaden gleichgültig, so bliebe uns das Interesse der Wahrheit oder des speculativen Denkens übrig; aber auch da gründete sich die Verbindlichkeit oder das Ansehen des Gesetzes noch immer auf ein Interesse. Fände aber auch dies nicht statt, so könnte die Betrachtung, daß durch ein allgemeines Gesetz, betrügliche Versprechen thun zu dürfen, alle Versprechen wegfallen, und sich selbst vernichten würden, nie etwas über mich vermögen. Denn wie schon gesagt, wenn es mir gleich viel gilt, ob eine Sache überhaupt wahr oder falsch, gedenkbar oder nicht gedenkbar ist, so kann auch nie darum und dadurch, daß eine Sache als ein Versprechen, nur dadurch ein Gesetz in sich bestehend oder gedenkbar wird, eine Achtung für dies Gesetz statt finden.

Aber wenn sich die Sache so verhält, so werden wir das nie auffinden, was der Verf. nöthig hält, um Sittlichkeit von Klugheit, oder recht und pflichtmäßig handeln, vom blossen klug und schlau handeln zu unterscheiden, nämlich einen
sogenann-

sogenannten categorischen Imperativ, oder ein solches höchstes
Gebot der Sittlichkeit, das schlechterdings an und für sich
gilt, und auf keinerley Weise, und in keinem Betracht hy=
pothetisch ist. Ich frage: warum müssen wir denn einen sol=
chen categorischen Imperativ ausfinden? Etwa, um einen ab=
solut guten Willen annehmen zu können? Hier frage ich wei=
ter: warum müssen wir denn einen absolut guten Willen an=
nehmen; und was liegt in unsern moralischen Empfindungen
und gemeinen Kenntnissen von Sittlichkeit, das uns auf die Vor=
aussetzung eines solchen absolut guten Willens nothwendig füh=
ret? In der Erfahrung, dies gesteht der Verf. selbst, kann er
nie als wirklich gegeben werden. Es ist aber noch die Fra=
ge: ob ein solcher guter Wille etwas mehr als eine schöne, aber
unmögliche Idee sey, und ob das, was ihn allein zu einem abso=
lut guten Willen machen soll, das bloße Formelle nämlich, oder
der einzige Umstand der Gesetzmäßigkeit hierzu hinreichend
sey? Mir deucht es nicht, wie ich schon oben erinnerte, weil
ich doch immer die Gültigkeit oder verbindende Kraft des Ge=
setzes voraus setzen muß, wofern ein in Gemäßheit desselben
handelnder Wille gut seyn soll. Und diese Gültigkeit muß
doch irgend worin gegründet, muß doch irgend woraus er=
kannt werden, sonst müßte es ein angebohrnes physisches durch
Zwang des Instincts, nicht ein moralisches durch Vorstellun=
gen wirkendes Gesetz seyn. Nun macht eben das, worauf
sich die Gültigkeit desselben gründet, oder woraus sie erkannt
wird, die Bedingung seiner Gültigkeit aus, mithin giebt
es kein anderes sittliches Gesetz, als ein hypothetisches,
und kein bloß formelles Gesetz läßt sich als gültig denken,
so wenig ich einen Willen bloß darum, weil er gesetzmäßig,
oder weil das Gesetz bloß die Maxime seines Willens ist, für
schlechterdings gut erkennen kann, sondern es kommt immer
erst darauf an, ob sein Gesetz auch gut sey. Dies führt uns
dann darauf, was ich im Anfang erinnerte, daß die sittli=
che Untersuchung mit dem Begriff von gut anfangen, und
die Frage zuerst untersucht werden müsse, ob sich in Bezie=
hung auf das Verhalten des Menschen irgend etwas anders,
als gut angeben lasse, als was wirklich für den Menschen,
als ein empfindendes und denkendes Wesen gut ist. Wenn
sich nun bey dieser Untersuchung etwas findet, was ganz all=
gemein für empfindende und denkende Wesen ohne Ausnahme,
unter allen Umständen gut ist, so muß dies das höchste und

ab=

absolute Güte genannt werden. Giebt es ein solches höchstes Gut, so muß es eine gemeinschaftliche Natur, und ein hierin gegründetes allgemeines Interesse aller vernünftigen Wesen geben, denn nur durch die Uebereinstimmung mit jener, und der Conformität mit diesem, kann etwas überhaupt für ein solches Wesen gut seyn. Diesem zufolge würde nun der gute Wille derjenige seyn, dessen Maxime es ist: „thue das, was deiner, und zugleich aller vernünftigen Wesen gemeinschaftlichen Natur, und darin gegründetem gemeinschafftlichen Interesse gemäß und zustimmend ist." Dies ist das höchste Princip der Sittlichkeit, und wenn dies keinen categorischen Imperativ giebt, so ist keiner möglich. Denn höher oder tiefer in der gemeinschaftlichen Natur aller vernünftigen Wesen kann die Regel ihres Willens und ihres Verhaltens nicht aufgesucht werden. Dies Princip wird verbindend, und ein Gesetz für mich durch die Vorstellung, daß meines und aller vernünftigen Wesen Interesse eines und eben dasselbe ist, daß folglich nie eine wahre Collision meines wahren Vortheils, und des wahren Vortheils anderer vernünftigen Wesen entstehen könne, und daß in dem Falle, wenn ich nicht einen Theil meiner Natur, z. B. einer besondern Neigung, sondern meiner ganzen Natur folge, ich zugleich nicht nur mir selbst, sondern überhaupt alle vernünftige Wesen zu meinem Zweck mache, und ihr Interesse zugleich mit dem meinigen besorge. Folglich entspricht dies so angegebene Princip der Sittlichkeit auch der zweyten Formel, worin der Verf. sein Princip ausdrückt, dieser nämlich: „handle so, daß du vernünftige Wesen niemals bloß als Mittel gebrauchst, sondern immer auch als Zweck betrachtest.

Nun läßt sich auch leicht zeigen, daß mit dieser Vorstellungsart vom dem höchsten Princip der Sittlichkeit weder aller Unterschied zwischen Sittlichkeit und Klugheit aufgehoben, noch Pflicht in einen leeren chimärischen Begriff verwandelt werde, wir also, um diesen Unterschied und Pflicht als einen reellen Begriff zu erhalten, eines categorischen Imperativs nicht schlechterdings bedürfen. Sittlich, oder recht und pflichtmäßig handeln heißt das oben angeführte höchste Princip der Sittlichkeit zur Maxime seines Willens machen, und wenn scheinbare Collisionen des eigenen und des allgemeinen

meinen Interesse vorkommen, jenes diesem nachsetzen: dies heißt aber auch zugleich weise handeln, wenn es anders wahr ist, daß es eine allgemeine Harmonie im Reiche der Geister, oder, wie es der Verfasser ausdrückt, der Zwecke giebt, und daß ich mein eignes wahres Beste alsdann ohnfehlbar befördere, wenn ich dem allgemeinen Interesse gemäß zu handeln, zur Maxime meines Willens mache. Das Gegentheil davon heißt böse, unsittlich, pflichtwidrig handeln, wenn ich nämlich meinen besondern Vortheil dem allgemeinen Interesse vorziehe, oder wie man es auch vorstellen könnte, wenn ich nicht meiner ganzen Natur, in sofern sie mit der Natur aller vernünftigen Wesen eine und eben dieselbe ist, sondern nur einem Theile derselben z. B. einer Neigung folge; aber alsdann handle ich also unweise, wie dann überhaupt Weißheit und Tugend nur verschiedene Benennungen eben derselbigen Sache sind, und zwar wird jene in Rücksicht auf den Verstand, und diese in Beziehung auf den Willen gebraucht. Allein mit dieser Weisheit ist, nach dem Sprachgebrauch, Klugheit und Schlauigkeit nicht einerley, und darum kann ich zugleich unweise, und unpflichtmäßig und doch klug handeln, d. i. ich kann auf die nächsten von mir zu übersehenden Folgen meiner Handlung Rücksicht nehmen, und nach dieser meiner Voraussicht mein Bestes besorgen. Ich kann aber auch bloß aus Klugheit meine Pflicht thun, wenn nicht jenes gemeinschaftliche Interesse der Geisterwelt, nicht die Vorstellung von der Uebereinstimmung dieses allgemeinen Interesse mit dem meinigen, sondern die vorausgesehenen und vorausberechneten Vortheile, die mir mein Rechtthun einbringen wird, meinen Willen bestimmt, und ein gewisser kaufmännischer Rechnungsgeist die Maxime desselben ausmacht. Freylich wäre meine Voraussicht und Berechnung immer ohnfehlbar und richtig, und fänden sich in mir keine Hindernisse, das zu wollen, was mein wahrer von mir immer richtig erkannter Vortheil fordert, so wäre diese Klugheit mit Weisheit und Tugend einerley; aber alsdann fänden auch keine eigentliche Pflicht oder Nöthigung durch Achtung für ein Gesetz zu demjenigen statt, was meine Weisheit oder Klugheit mir untrüglich und unwiderstehlich vorschrieben, so wenig als bey Gott eine Pflicht kann angenommen werden. Aber nun, da meine Voraussicht und Berechnung sehr eingeschränkt und trüglich ist, und alle Schlauigkeit nicht zureicht, mir mein wahres Beste zuverlässig zu entdecken, nun da ich besondre mit meinem wahren Interesse streitende Absichten und Neigungen habe, kann Klugheit meine Maxime der Sittlichkeit nicht seyn, sondern ich muß mich, wenn ich für mein wahres Bestes sorgen will, an eine sicherere Maxime halten, d. i. ich muß recht zu thun zu meiner Maxime machen. Wenn ich mich nun hieran halte, so handle ich pflichtmäßig, und dies ist offenbar vom klug handeln, oder vom Berechnen und Beobachten meines eigenen Vortheils oder Schadens in jedem Fall weit unterschieden. Der Mensch also handelt pflichtmäßig und recht, der in dem obigen Beyspiele sich darum nicht durch ein betrügliches Versprechen aus der Verlegenheit ziehen will, weil er überzeugt ist, daß dies jener Maxime, nichts zu thun, was dem Interesse aller vernünftigen Wesen, und also eingeschlossen, seinem eignen wahren Interesse entgegen ist, widerstreitet; der handelt klüglich, der ohne auf das Interesse des Ganzen Rücksicht zu nehmen, das betrügliche Versprechen bloß darum unterläßt, weil er befürchtet, daß es ihn um seinen Credit bringen oder sonstige Nachtheile zuziehen würde.

Vergleichen wir endlich die dritte Formel, worin der Verf. sein Princip der Sittlichkeit, oder seinen categorischen Imperativ ausdrückt, so möchte sich auch mit dieser unser hypothetischer Imperativ einigermaaßen vereinbaren lassen. Diese dritte Formel ist: die Autonomie des Willens ist das höchste Princip der Sittlichkeit. "Diese Autonomie des „Willens ist die Beschaffenheit desselben, dadurch er ihm selbst „(unabhängig von aller Beschaffenheit der Gegenstände des „Wollens) ein Gesetz ist. Das Princip der Autonomie ist also, „nichts anders zu wählen, als so, daß die Maxime seiner Wahl „in demselben Wollen zugleich als allgemeines Gesetz mit begrif„fen sey." Dieß ist etwas undeutlich, aber ich verstehe es so, daß die Maxime nichts anders, als das Gesetz selbst sey, wird es nämlich objektive genommen, so heißt es das Gesetz, dem der Wille gemäß ist; nimmt man es subjektive, so ist es die Maxime, nach welcher der Wille handelt. Noch deutlicher wird dieß werden, wenn man das, was der Verf. Heteronomie des Willens nennt, dagegen hält. Diese Heteronomie soll alsdann statt finden, wenn der Wille irgend worin anders, als in der Tauglichkeit seiner Maxime zu seiner eigenen allgemeinen Gesetzgebung seine Bestimmung sucht, mithin wenn er

über

über sich selbst hinausgeht, und in der Beschaffenheit irgend eines seiner Objekte, das Gesetz sucht, das ihn bestimmen soll. Der Wille giebt alsdann nicht ihm selbst, sondern das Objekt, durch sein Verhältniß zum Willen, giebt diesem das Gesetz. Dieß Verhältniß gestattet nur hypothetische Imperativen; ich soll darum etwas thun, weil ich etwas anders will; dagegen sagt der categorische Imperativ: ich soll so oder so handeln, ob ich gleich nichts anders wollte, z. E. jener sagt: „ich „soll nicht lügen, wenn ich bey Ehren bleiben will; dieser sagt: „ich soll nicht lügen, wenn es mir auch nicht die mindeste „Schande zuzöge." Der Wille, sagt der Verf. soll nicht über sich hinausgehen, nicht in der Beschaffenheit irgend eines seiner Objekte, das Gesetz suchen, das ihn bestimmen soll. Indessen muß ihn doch etwas bestimmen, etwas an das Gesetz binden; soll dieß nun nicht die besondere Beschaffenheit des Objekts seyn (dahin dann auch die Folgen seiner Wahl dieses Objekts gehören), so bleibt schlechterdings nichts anders übrig, als seine eigene Natur, und das in derselben gegründete allgemeine Interesse jedes vernünftigen Wesens, das ich bestimmen kann und soll. Ein betrügliches Versprechen zu thun, ist diesem Interesse entgegen, dieser Umstand allein, (nicht die etwanigen guten oder schlimmen Folgen, die sein lügenhaftes Versprechen für ihn haben könnten) soll ihn bestimmen, dergleichen Versprechen nicht zu thun. Einen andern Sinn, als daß das in der gemeinschaftlichen Natur der vernünftigen Wesen gegründete doppelte Interesse der Wahrheit und des Nutzens, oder das aus der Harmonie eines Satzes mit den wesentlichen Gesetzen unserer Denkkraft, und das aus der Uebereinstimmung desselben mit unserm ganzen Begehrungsvermögen oder der Summe derselben resultirende Interesse aller vernünftigen Wesen den Willen als Gesetz, und als Maxime bestimmen soll, einen andern Sinn, sage ich, kann ich dieser Autonomie nicht beylegen; ich kann mir auch keine freyere Gesetzgebung gedenken oder wünschen, als die gleichsam meine eigene Natur ausübt, und die die Stoiker durch diese Formeln ausdrückten: naturam, optimam ducem, tanquam Deum sequi, naturae convenienter vivere etc. Und alsdann stimmt dieß mit dem von mir vorgeschlagenen hypothetischen Princip der Sittlichkeit überein. Versteht der Verf. aber dieß darunter, der Wille giebt sich ein Gesetz, ohne darauf zu sehen, ob dieß Gesetz irgend wozu gut sey, und auf irgend ein Interesse Beziehung habe, oder in so fern durch diese Formel

der

der Autonomie eine Lossagung von allem Interesse beym Wollen aus Pflicht soll angedeutet werden, so scheint mir diese ganze eigenmächtige Gesetzgebung ein blindes Verfahren, und von dem, was man sonst Eigensinn nennt, wo es heißt: Stat pro ratione voluntas, wenig unterschieden zu seyn. Es würde sich aber diese dritte Formel der Autonomie des Willens in diesem Sinn genommen, mit der ersten: **handle so, daß du wollen kannst, daß die Maxime deines Willens ein allgemeines Gesetz werde,** aus den oben angeführten Gründen nicht wohl vereinigen lassen, denn diese Formel weiset doch, so wenig dieß der Verf. auch zugestehen will, auf eine Bedingung hin, die meine Maxime haben muß, um in eine allgemeine Gesetzgebung zu passen. Wenn man daher diese erste Formel mit unserm hypothetischen Princip vergleicht, so wird man finden, daß beyde mit gleichem Rechte entweder **categorisch** oder **hypothetisch** genannt werden können. Nun scheint das Princip: ich soll etwas thun, weil es meiner und aller vernünftigen Wesen Natur und Interesse gemäß ist, noch mehr geradezu ausgedrückt zu seyn, als des Verf. categorisch seynsollender Imperativ von der allgemeinen Gesetzgebung, denn, wie gesagt, ich muß doch auf das erstere, als einzig mögliche Bedingung, zurückkommen, wenn ich einen Erkenntnißgrund suche, was? und warum es sich in die allgemeine Gesetzgebung paßt?

Nachdem ich nun dem Verf. bis hieher, da er den Hauptsatz seiner Schrift ausgeführt, daß der sittliche Imperativ categorisch seyn müsse, und wie derselbe in drey verschiedenen Formeln ausgedrückt werden könne, gefolgt bin, und einige meiner Gegengründe, warum ich einen categorischen Imperativ der Sittlichkeit weder für nöthig noch für möglich halte, angeführt habe, so wird es nun um so weniger nöthig seyn, ihm in dem übrigen Theil, der die abstruseste Metaphysik enthält, und zeigen soll, wie ein solcher, ganz unbedingter Imperativ möglich sey, und warum er nothwendig sey, noch weiter nachzugehen, oder vielmehr in die tiefste Grube der Spekulation nachzuklettern, um doch nur statt aller Ausbeute, dieß in der That wenig befriedigende Resultat heraufzubringen, „daß wir „zwar nicht die praktische unbedingte Nothwendigkeit des mora„lischen Imperativs begreifen, aber doch seine Unbegreiflichkeit „begreifen, wenn dieß auch alles seyn sollte, was man billigermaaßen

„maaßen von einer Philosophie, die bis zur Grenze der mensch„lichen Vernunft in Principien strebt, fordern könne." Es mag genug seyn, noch folgendes beyzufügen. Der Verf. gesteht, daß, obgleich uns kein Interesse irgend einer Art zur Unterwerfung unter dem Princip der Sittlichkeit treiben könne, (weil dieß nur immer einen bedingten Imperativ geben müßte) wir doch hieran nothwendig ein Interesse nehmen, und sehen müssen, wie das zugehe. Hier mußte nun der Weltweise allen seinen Scharfsinn aufbieten, nicht nur zu zeigen, wie dieß nöthige Interesse nehmen, an einem Princip der Sittlichkeit, das alles Interesse ausschließt, von dem, durch Interesse zur Unterwerfung unter demselben getrieben werden, unterschieden sey, sondern auch begreiflich zu machen, wie dieß Interesse nehmen überhaupt möglich sey. Er bedient sich dazu seines problematischen Freyheitsbegriffes, versetzt uns aus der Sinnen- in die Verstandeswelt, und holt aus dieser uns, seinen sonstigen Principien nach, völlig unbekannten Welt, die Gründe zur Möglichkeit und Nothwendigkeit seines categorischen Imperativs herüber. Da ich schon über diesen Freyheitsbegrif, worauf zuletzt das ganze Moralsystem des Verf. ruht, mich in der Anzeige der Schulzischen Erläuterungen über die Critik der reinen Vernunft erklärt habe, so sage ich davon weiter nichts, und begnüge mich nur noch dieß anzumerken: wenn auch alle die Vorwürfe, die der Verfasser den von dem seinigen abweichenden Moralsystemen macht, daß sie nämlich durch Angebung unächter (hypothetischer) Principien der Sittlichkeit die Moral auf mannigfaltige Weise verdorben, und der Sittlichkeit der Menschen schädlich gewesen, gegründet wären, das seinige doch diese Gebrechen, höchstens nur in der Theorie, oder der bloßen Speculation nach, heilen würde, für die Praxis aber gar keine Dienste leisten könne, weil sein Princip schlechterdings weder dem Verstande gemeiner und gewöhnlicher Menschen, und überhaupt denen, die nicht im speculativen Denken geübt sind, als verbindendes Gesetz einleuchtend zu machen ist, noch auf den Willen derer Einfluß haben kann, für die selbst der Begriff von Glückseligkeit noch zu hoch, zu abstrakt, und zu unwirksam zu seyn scheint. Was wollen wir bey Menschen, deren beynahe einzige Triebfedern Neigungen zum Vergnügen, und Abscheu vom Schmerz ist, wohl durch diese Vorstellung ausrichten? Du mußt Recht thun, wenn du auch alle deine Neigungen verleugnen, ja, wenn

du

du auch selbst den Trieb nach Glückseligkeit unterdrücken solltest, denn, nicht um glücklich zu werden, sondern um der Glückseligkeit würdig zu seyn, mußt du Recht thun. Zwar ist es wahrscheinlich, daß wenn du dich hier der Glückseligkeit durch Rechtthun würdig machst, du derselben dereinst theilhaftig werden wirst, aber diese Hofnung muß bey dir kein Bewegungsgrund seyn, deine Pflicht zu erfüllen, wofern du nicht deine Sittlichkeit verderben, und deine Tugend verfälschen willst, du würdest alsdann, so rechtmäßig auch deine Handlungen seyn möchten, doch immer nur klug nicht aber sittlich handeln.

§.